U0572917

新兴经济体蓝皮书

BLUE BOOK OF EMERGING ECONOMY

金砖国家经贸合作发展报告（2023）

REPORT ON DEVELOPMENT OF BRICS ECONOMIC AND TRADE
COOPERATION (2023)

金砖国家自贸区建设：机遇、挑战与前瞻

BRICS FTA Construction: Opportunities, Challenges and Prospects

主　编／胡钦太　　蔡春林　　林跃勤

社会科学文献出版社
SOCIAL SCIENCES ACADEMIC PRESS (CHINA)

图书在版编目（CIP）数据

金砖国家经贸合作发展报告 . 2023：金砖国家自贸
区建设：机遇、挑战与前瞻 / 胡钦太，蔡春林，林跃勤
主编 . --北京：社会科学文献出版社，2023.8
　（新兴经济体蓝皮书）
　ISBN 978-7-5228-2159-7

　Ⅰ . ①金…　Ⅱ . ①胡…　②蔡…　③林…　Ⅲ. ①国际合
作-经贸合作-研究报告-2023　Ⅳ. ①F114.4

中国国家版本馆 CIP 数据核字（2023）第 134132 号

新兴经济体蓝皮书

金砖国家经贸合作发展报告（2023）
　　——金砖国家自贸区建设：机遇、挑战与前瞻

主　　编 / 胡钦太　蔡春林　林跃勤

出 版 人 / 冀祥德
组稿编辑 / 恽　薇
责任编辑 / 高　雁　贾立平
责任印制 / 王京美

出　　版 / 社会科学文献出版社 · 经济与管理分社（010）59367226
　　　　　地址：北京市北三环中路甲 29 号院华龙大厦　邮编：100029
　　　　　网址：www.ssap.com.cn
发　　行 / 社会科学文献出版社（010）59367028
印　　装 / 天津千鹤文化传播有限公司

规　　格 / 开本：787mm×1092mm　1/16
　　　　　印张：19.25　字数：286 千字
版　　次 / 2023 年 8 月第 1 版　2023 年 8 月第 1 次印刷
书　　号 / ISBN 978-7-5228-2159-7
定　　价 / 158.00 元

读者服务电话：4008918866

"新兴经济体蓝皮书"编委会

主要编撰者简介

胡钦太　教育学博士，广东工业大学党委书记、教授、博士生导师，国家社科基金重大课题首席专家、广东省优秀社会科学专家。主要从事教育技术学、信息化教育与传播、智慧教育理论与应用研究。兼任第十届国家督学、第七届国务院学位委员会学科（教育学）评议组成员、教育部教育信息化专家组成员、教育部高等学校教育技术专业教学指导分委员会主任委员、教育部高等学校教学信息化与教学方法创新指导委员会副主任委员、教育部基础教育教学指导委员会委员、教育部基础教育教学指导专业委员会主任委员、中国教育信息化产业创新平台理事长，广东省基础教育与信息化研究院院长、广东省智慧学习工程技术研究中心主任。主持国家社科基金重大项目、国家自科基金重点项目、联合国教科文组织基金项目等40多项，发表论文100多篇，获第七届和第八届"高等学校科学研究优秀成果二等奖"等奖项10多项。

蔡春林　经济学博士，对外经济贸易大学博士生导师、广东工业大学经济学院教授、广东工业大学金砖国家研究中心主任。主要从事国际贸易及金砖国家、新兴经济体等研究。兼任金砖国家智库合作中方理事会理事、新兴经济体研究会副会长、广东省新兴经济体研究会创会会长、广东金砖国家研究中心主任、中国致公党广东省委经济委副主任、中国世界经济学会常务理事、中国拉丁美洲学会常务理事、中国高等教育学会"一带一路"研究分会常务理事。发表论文70多篇，出版著作10余部，主持完成国家级项目 2 项、省部级项目 13 项，研究成果获省部级奖 10 多项、省部级采用 70 余份。

林跃勤 经济学博士，中国社会科学院研究员、硕士生导师。广东工业大学金砖国家研究中心副主任，浙江大学、华中科技大学、云南财经大学等多所大学客座教授、特约研究员。兼任金砖国家智库合作中方理事会理事、中国新兴经济体研究会常务理事兼副秘书长、中国拉丁美洲学会常务理事等。主持国家社科基金、中央部委重点课题等多项，参与国家重大规划课题、国务院委托课题等多项。发表论文 90 余篇。主编《新兴经济体蓝皮书：金砖国家发展报告》系列蓝皮书，出版专著、译著等 10 余部。

About Editor-in-chief

HU Qintai   Ph. D. in Education, professor, Ph. D. supervisor, Chief expert of Major Project of National Social Science Fund, Outstanding Social Scientist of Guangdong Province, Party Secretary of Guangdong University of Technology. being mainly engaged in the research on educational technology, information-based education and communication, intelligent education theory and application. HU is one of the 10th national educational inspectors and a member of the Discipline (Pedagogy) Evaluation Group of the 7th Academic Degrees Committee of the State Council.

He is also a member of the expert group of education informatization of Ministry of Education, Chairman of Educational Technology in Colleges and Universities Teaching Guidance Sub-Committee, Vice-chairman of Teaching Informatization & Teaching Method Innovation Guidance Committee, member of Basic Education Teaching Guidance Committee, and Chairman of Basic Education Teaching Guidance Specialized Committee. All the above-mentioned organization is under the Ministry of Education.

Additionally, he is Managing Director of China Education Informatization Industry Innovation Platform, Dean of Guangdong Provincial Institute of Elementary Education and Information Technology, and Director of Guangdong Provincial Engineering Technology Research Center for Smart Learning.

He has presided over more than 40 major projects such as the National Social Science Fund, key projects of National Natural Science Foundation of China and UNESCO. HU published more than 100 papers, and won more than 10 honors such as the Second Prizes in the 7th and 8th Scientific Research Achievement Awards in Colleges and Universities.

CAI Chunlin Graduated from the University of International Business and Economics, majoring in world economy, Doctor of Economics, Doctoral supervisor. He has been engaging in teaching and studying *international trade and international issues* such as BRICS and Emerging Economies.

He is a professor of School of Economics, Guangdong University of Technology, director of the China Council for BRICS Think Tank Cooperation, director of Center for BRICS Studies, Guangdong University of Technology, vice chairman of the Economic Committee of Guangdong Provincial Committee of China Zhi Gong Party, President of Guangdong Emerging Economies Society, director of Guangdong Center for BRICS Studies, Executive Director and Vice-president of China Society of Emerging Economies, Executive Director of China Society of World Economics, Executive Director of Chinese Association for Latin American Studies, and executive director of Belt and Road Institute of China Association of Higher Education. He has published more than 70 papers and 10 books, presided over 2 national projects, 13 provincial and ministerial projects. More than 10 of his findings won provincial and ministerial awards, and more than 70 of his research reports have been adopted by provincial and ministerial departments.

LIN Yueqin Ph. D. in Economics from Russian Saint Petersburg State University, Research Fellow of the Chinese Academy of Social Sciences (CASS). He used to work as director of the International Department II at the Social Sciences in China Press under CASS.

He now serves asvice-director of Center for BRICS Studies, Guangdong University of Technology, and vice-director of Guangdong Center for BRICS Studies, professor and postgraduate and MBA and MPA supervisor at the CASS Graduate School. He is also the guest professor and special researcher of Zhejiang University, Huazhong University of Science and Technology, Yunnan University of Finance and Economics and other universities. He is the director of the China Council for BRICS Think Tank Cooperation, executive director and Deputy Secretary General of China Society of Emerging Economies, executive director of Chinese Association for Latin American Studies. In recent years, Lin has chaired and completed quite a few research projects supported by the National Social Sciences Fund, or entrusted by the Commission for Discipline Inspection of the Central Committee of the CPC and the Ministry of Human Resources and Social Security, as well as CASS projects to investigate China's national conditions, while participating in several major bidding projects of the National Social Science Fund. Specializing in International Economics and Transition Economy, he has published over 90 papers, and 10 books at home and abroad and as editor-in-chief, compiled the Annual Report on BRICS Development, China's Economic Development Strategy, and more.

摘　要

　　半个多世纪以来，经济全球化持续推进，各国对促进经贸合作繁荣和效益提升的渴求不断高涨，加之关贸总协定/世界贸易组织逐渐僵化低效，促使各国积极探索新型多边合作机制与模式，以摆脱传统多边贸易组织谈判冗长、成本高昂和决策低效的困境，各种区域性多边自由贸易协定广泛缔结和快速发展。自由贸易协定作为国家间、区域间开展经贸与投资活动障碍较少、自由度和效率较高的合作形式和机制，在帮助降低和消除合作行为体间的贸易投资门槛和障碍，深化国家间和区域间经贸、技术、投资合作，促进参与者经济增长，加快区域发展与实现全球繁荣中扮演着日益重要的角色，其灵活性、活力与效率受到国际社会日益广泛的认同和支持，逐渐成为与世界贸易组织并驾齐驱的国际经贸合作新取向、新规制与新范式。截至 2023 年 3 月，向关贸总协定/世界贸易组织通报并生效的区域贸易协定（RTA/FTA）数量达 356 个，而且还在不断增加。

　　但是，作为较为复杂的深度合作制度和模式，区域贸易协定对参与国家和地区的价值取向、合作诉求、政治互信、地缘关系、开放水平、规制建设等提出了相当高的要求，因而它既是经济主体间的深度合作，也对参与行为体的制度、规则和政策对接协同提出了高要求和约束。

　　金砖国家合作是新兴大国间的一种合作模式探索，自 2009 年在俄罗斯叶卡捷琳堡举办第一次金砖国家领导人会晤并发表合作宣言、宣告金砖合作机制面世以来，金砖国家战略协作关系得到全面提升，经贸务实合作以及合作机制等也不断迈上新台阶。2022 年 6 月北京举行的金砖国家第十四次领

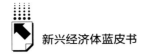

导人会晤批准了《金砖国家数字经济伙伴关系框架》《金砖国家贸易投资与可持续发展倡议》《金砖国家加强供应链合作倡议》等重要合作文件，同意通过推进落实《金砖国家电子商务消费者保护框架》，加强电子商务消费者保护。同时，同意加强金砖国家服务贸易交流合作并加强《金砖国家服务贸易合作框架》中确定的国家联络点与金砖国家工商理事会的接触，以推动《金砖国家服务贸易合作路线图》《金砖国家专业服务合作框架》《金砖国家政府间关于海关事务的合作与行政互助协定》等相关文件的落实。这些显示，金砖国家经贸合作意识逐步增强，合作广度、深度和强度得到提高，为鼓励金砖国家合作加强供应链互联互通、推进贸易投资流动指明了方向并夯实了制度基础。总体而言，过去十多年，金砖国家经贸合作规模、结构、水平以及机制等都有十分令人欣喜的进步和成就，不仅推动了金砖国家各自的经贸合作发展和经济增长，如金砖国家的贸易增长率超过了世界平均贸易增长率，而且增强了金砖国家在国际经济体系中的话语权和影响力。

但是，金砖国家经贸合作模式依然较为单一，停留在浅层次上，经贸与投资合作水平不够高，巨大合作潜能未被发掘，缺乏多边自贸协议这一经贸一体化合作方式的驱动是重要原因。截至 2023 年 3 月，金砖国家向关贸总协定/世界贸易组织通报并生效的区域贸易协定（RTA/FTA）共 62 个，其中巴西 9 个、俄罗斯 12 个、印度 18 个、中国 16 个、南非 7 个。然而，金砖国家之间并没有签署 FTA，建立自由贸易区尚未被金砖国家提上议事日程。这显然与金砖国家大力推进务实合作，推动建立更全面和高水平的合作关系的总体目标不相符，也与国际上区域合作一体化、各类多边自贸协议不断诞生和发展并总体大获成功的大趋势不协调。从长远看，必然不利于金砖国家全面务实合作水平和质量效率的提升，并会造成巨大的潜在福利损失，也会阻碍金砖国家合作机制的提质增效、妨碍自身经济发展、拖累其对经济全球化和全球经济治理变革发挥推动作用和做出贡献。

全面深入探讨金砖国家自贸区建设面临的机遇、挑战，分析各方态度、取向，明晰努力方向以及可能采取的合作行动等，可为未来金砖国家深化启动包括自贸区协定谈判在内的高水平合作及完善合作机制提供新的目标指向，也为遏制唱衰金砖国家合作机制及金砖国家合作发展前景，促进经济全球化、区域经济合作和全球经济合作提供新动能，同时还可为丰富国际经贸理论、南南合作理论以及自贸区发展规律研究提供新的内容和样本。

为此，本书编委会邀约多位金砖国家领域专家、学者集体探讨这一重大问题，旨在解析在多边自贸协定如雨后春笋般涌现的大背景下，金砖国家之间开展自贸区建设合作的意义、内涵、障碍以及未来路径等，为金砖国家相关决策部门厘清现实，深入探讨金砖国家自贸区谈判和协议签署的可行性、推动经济全球化和区域合作一体化肩负的责任，为提升金砖国家务实合作水平和完善经贸合作机制，坚定合作信念和达成合作共识，提出对策建议。同时，也为丰富和深化金砖国家合作研究内涵做出努力和贡献。

本书主要包括总报告、国别报告、专题报告三大部分，共12篇报告。各部分主要内容如下。

一、总报告

《新的动荡变革期构建金砖国家自贸区的新态势与新思路》分析了金砖国家自贸区建设的背景动因。全球经贸合作态势面临重大调整，如多边贸易体系陷入困境导致自贸区成为各国的普遍选择，多重因素叠加使产业链、供应链处于不稳定和回缩阶段，数字经济推动金砖国家经贸合作加快转型等，都要求金砖国家加强务实合作，将自贸区建设提上议事日程。同时，提出自贸区建设面临多重挑战，金砖国家多优先巩固所在地区的自贸区，部分金砖国家面临西方国家发起的经济，尤其是技术"脱钩"挑战等。在此基础上，为金砖国家自贸区建设提出了基本取向与对策建议。

二、国别报告

国别报告主要是巴西、俄罗斯、印度、中国及南非五国的自贸区报告，分别阐述五国建设自贸区的政策举措、进展以及合作建设自贸区的观点和态度。

《巴西对外签署自由贸易协定的观点设想及政策举措》基于多年来巴西致力于构建多边贸易体制的实践，梳理并评估巴西外交战略中对外贸易的地位和巴西一体化战略中自由贸易协定的地位，巴西对外签署的自由贸易协定

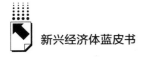

及其成效，并对卢拉回归之后巴西对外签署自由贸易协定的现实可能和政策举措进行前瞻。受南方共同市场的制度性约束以及巴西立足南方共同市场推动南美洲一体化的长期战略考量，短期内巴西对成立金砖国家自由贸易区的关注度及采取实际行动的可能性较低。

《俄罗斯对金砖国家自贸区和中俄自贸区建设的观点设想》介绍了近年区域自贸协定增多的背景、金砖国家自贸区建设面临的困境及其对提高金砖国家务实合作水平的影响和被国际多边贸易机制化趋势边缘化的风险；梳理了俄罗斯学界、智库及政界对金砖国家自贸区、中俄自贸区建设的意义、可能性和现实性的解读及对前景的展望，以及俄罗斯方面对启动金砖国家自贸区及中俄自贸区谈判进程需要解决的难题和挑战的若干思考。

《印度自贸区建设及对金砖国家自贸区建设的态度》分析了印度自贸区建设的进展和趋势以及印度在国际大背景下出于经济、政治、外交等考量的自贸区建设行动和参与金砖国家自贸区的实际取向。出于实现"大国梦"的战略目标，印度将自贸区作为开放发展的重要战略选择。但印度表现出借助"印太战略"等减少对中国战略依赖并提升自身国际地位的态度，对中国积极呼吁的多边服务贸易协定以及双边和金砖国家多边自贸区建设均持消极或观望态度，推进印度参与建设金砖国家自贸区谈判意义重大，任重道远。

《中国的区域经济合作与自贸区战略》在对中国推进区域经济合作的理论观点进行介绍和分析的基础上对中国自贸区协定谈判进程及阶段进行了回顾，总结了不同阶段的策略、布局特点和任务目标；还结合"一带一路"倡议分析了中国区域合作新方式以及下一阶段中国实施自贸区战略的重点和策略问题。

《南非自贸区建设及对金砖国家自贸区建设的观点态度》分析了南非对于自贸区建设的战略构想、政策取向及实践。整体上，南非以确保其民族工业发展不受侵害为前提，对于与非洲大陆的服务贸易协定以外的国家和地区建立自贸区均持十分保守的态度。对于与金砖国家启动自贸区建设谈判则是讨论很少、态度消极甚至持否定态度，主流观点认为建立金砖国家自贸区

"道阻且长"，金砖国家自由贸易协定将对南非造成威胁、弊大于利，短期内南非尤其不会考虑与中国洽谈建立自贸区。南非政府一直没有就金砖国家自贸区启动谈判明确做出官方表态，金砖国家自由贸易协定短期内不会提上政府正式议程。

三、专题报告

本部分由 6 篇与金砖国家自贸区建设相关的专题报告组成，分别对金砖国家自贸区建设的不同层次、不同现状、不同挑战和前景设想进行分析，意在勾画金砖国家未来合作建设自贸区的前景。

《欧亚经济联盟及其对外自贸区建设现状及前景》分析了欧亚经济联盟自 2015 年成立生效以来内部一体化进程及现状，以及与联盟外国家开展自贸区建设的进展，认为联盟内部一体化进程不断加快，但在一定程度上受美西方国家对俄罗斯采取的经济制裁以及政治孤立的连带影响；同时，通过对外签订自由贸易协定和非特惠贸易协定、与第三国或国际组织签订合作备忘录等形式，在加强多边合作、积极构建对外自由贸易区网络方面取得一定成效；欧亚经济联盟及其对外自由贸易区建设的发展前景仍然较为乐观，并将给金砖国家自贸区建设带来借鉴。

《中国与欧亚经济联盟共建自贸区的现实基础与对策建议》分析了在中美贸易摩擦局势趋于缓和、新冠疫情对世界经济负面影响逐渐消退的背景下中国与欧亚经济联盟共建自贸区对于推动区域经济一体化、优化各国资源配置、提高区域国家的经贸合作和对外开放程度，真正实现各国的互利共赢，提高地区国家对"一带一路"倡议的信心和支持力度的重大意义、潜力、基础和可能性，并提出增强政治互信，借鉴联盟建设自贸区经验，落实已经签署的经贸合作协定和尽早签署自贸协定推进"一带一路"与"一带一盟"的合作对接，加强沿线国家与联盟国家的多方合作和基础设施建设的政策建议。

《中印自贸区建设：机遇、困境与出路》认为韧性十足的经贸关系是中印两国关系良性发展的"稳定剂"，在全球经济复苏乏力、通胀压力加剧和主要经济体货币政策变化外溢风险上升之际，中印携手共商自贸区建设将成为两国应对纷繁复杂的国际贸易纷争、提升国际贸易竞争力的重要手段和途

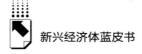

径。在阐释了中印自贸区建设迎来重大机遇期的基础上，重点分析了中印自贸区建设面临的困境与挑战，并为中印双方就中印自贸区达成协议和推动建设进程提出了增信释疑、求同存异、协同行动等相关对策建议。

《孟中印缅经济走廊建设：进展、困境与出路》总结了孟中印缅走廊自2013年启动建设以来在互联互通、人文交流、科技互助、经贸合作、项目建设等方面取得的一系列具体进展以及存在的一些问题和挑战，在此基础上深入剖析了政治互信不足、交通基础设施落后、人文交流合作有限、经贸竞争摩擦凸显、投资环境风险上升、域外势力阻挠等严重影响走廊顺利推进建设的深层因素，提出了加强政治互信、推动互联互通、扩大直接投资、加强人文领域合作、创新经贸合作模式等具体政策建议。

《中国—南非自贸区建设前景展望》认为建立自由贸易区是实现金砖国家之间贸易合作和共同发展的关键方针，而中国和南非建立自贸区是金砖国家自贸区建设的重要基础和支撑。中国和南非经贸关系悠久而深远。报告通过选取 HS（2002）海关二位码测度中国和南非的贸易强度指数、专业性系数、一致性系数、显性比较优势指数和贸易互补性指数，显示两国互补性较高而竞争性并不强，自贸区建设基础良好，但也存在一些需要克服的难题。为此，需要对中南两国自贸区建设的可能性以及障碍展开研究并探索增强互补性和克服竞争性的有效途径，以推动中国—南非自贸区建设进程。

《金砖国家自贸区建设思路及前景》回顾和肯定了过去十多年金砖国家合作机制建设及务实合作所取得的显著成效，同时发现作为区域多边经贸合作重要内容和推手的自贸区建设尚未进入金砖国家合作机制建设议程。为进一步深化务实合作，需要分析金砖国家启动自贸区建设谈判的重大意义、必要性以及启动自贸区谈判面临的机遇与挑战，并在此基础上探讨消除分歧增进共识、尽快启动自贸区谈判的可行性及基本对策思路。

关键词： 金砖国家　经贸合作　经贸发展　自贸区战略　区域战略

目 录 ↰

I 总报告

II 国别报告

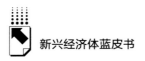

Ⅲ 专题报告

皮书数据库阅读**使用指南**

总 报 告

General Report

B.1

新的动荡变革期构建金砖国家自贸区的
新态势与新思路

蔡春林　蔡淇旭　黄丹宇*

摘　要： 本报告分析了金砖国家自贸区建设的背景动因，全球经贸合作态
势面临重大调整，如多边贸易体系陷入困境导致自贸区成为各国
的普遍选择，多重因素加剧产业链、供应链不稳定和回缩趋势，
数字经济推动金砖国家经贸合作加快转型等，要求金砖国家为应
对贸易体系困境和挑战而增进务实合作。将自贸区建设提上议事
日程，可以有效应对金砖国家自贸区建设面临的诸多难题，如金

* 蔡春林，博士，教授，广东工业大学金砖国家研究中心主任，广东金砖国家研究中心主任，
广东省习近平新时代中国特色社会主义思想研究中心特约研究员，致公党广东省委经济委副
主任，对外经济贸易大学中国 WTO 研究院博士生导师，研究领域：国际贸易与国际问题；
蔡淇旭，广东省新兴经济体研究会助理研究员，研究领域：国际贸易；黄丹宇，博士，广东
工业大学经济学院讲师，研究领域：旅游管理、文化旅游。
本报告系广东工业大学"特色智库"建设引导专项"金砖国家在'一带一路'高质量发展
中的角色和作用研究"（编号：2022TSZKZX004）及国家社科基金社科学术社团主题学术活
动资助项目"金砖国家贫困问题及治理创新研究"（21STA016）的阶段性成果。

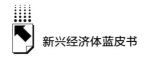

砖国家对经贸关系互补性与竞争性的认知存在很大差异，金砖国家多优先巩固所在地区的自贸区，部分金砖国家面临西方国家发起的经济或技术"脱钩"挑战等。在此基础上，本报告提出了未来金砖国家自贸区建设的基本取向与政策建议。

关键词： 动荡变革期　金砖国家自贸区　"早期收获"　包容性思路

党的二十大报告指出，"当前，世界百年未有之大变局加速演进"，"单边主义、保护主义明显上升，世界经济复苏乏力，局部冲突和动荡频发，全球性问题加剧，世界进入新的动荡变革期"。在此背景下，世界各国经贸合作态势面临重大调整，新兴经济体和发展中国家强化经贸合作的诉求明显上升。尽管构建金砖国家自贸区、促进统一大市场形成的目标短期内难以实现，但金砖国家优化产业合作方式、提升创新和技术水平、实现互补性发展的诉求没有变，五国仍致力于打造一个更加公平、开放和有效的经贸合作机制。鉴于此，金砖国家应根据新的形势，及时调整金砖国家自贸区"早期收获"的思路，尽快克服金砖国家深化经贸合作的诸多障碍，以适应新的经济形势和发展需求，为金砖国家和其他新兴经济体的发展提供更多的市场机遇。

一　构建金砖国家自贸区的学术探索

长期以来，贸易是金砖国家合作推动实现互利共赢的重要引擎。习近平主席在2017年金砖国家领导人厦门会晤上提出构建"金砖国家贸易投资大市场"，为金砖国家自贸区研究与建设指明了方向。不少学者从战略角度强调金砖贸易机制创新和构建金砖国家自贸区的重大意义。林跃勤探讨了金砖国家合作降低对发达国家经济依赖的问题。从内部看，金砖五国通过共享技术、知识和资源来促进本土产业的发展，有利于金砖国家的经济和社会发展，同时也减少了对发达国家技术和资源的依赖。从外部看，金砖国家积极参与全球经济治理和内部合作，将逐渐使金砖国家在全球经济中拥有更重要的话语权，从而摆脱对发达国家的经济依赖。① 随着金砖国家间经济贸易的不断升温，金砖国家之间形成的贸易网络也越来越庞大和复杂，并扩散到了全球各地。李鸿阶等着重探讨了金砖国家贸易网络对"一带一路"沿线地区的影响，阐述了其对共建"一带一路"国家的发展、投资和生产的推动作用，进而阐明如何通过金砖合作优化全球贸易布局，实现互利共赢。②

也有学者从规则构建角度提出金砖国家自贸区建设的发展方向。蔺捷提出在建立金砖国家自贸区的过程中，金融话语权也是一个重要的问题。金砖国家之间存在着不同的金融制度和模式，这可能会导致贸易和投资的不平衡。因此，金砖国家需要建立一种全球范围内的金融合作机制，以协调各自的金融政策和促进全球经济的发展，探索构建新的开放型经济模式，加强经济联系和贸易往来，为成员国的经济增长提供更多的机会，确保金砖国家自贸区的顺利建立和运作。③ 王琳认为随着全球贸易的深入发展，金砖国家正在积极加强贸易联盟的建设。然而，金砖国家之间的贸易网络仍然存在许多问题，特别是在与欧美贸易网络的竞争中，金砖国家自贸区网络的优势并未得到充分发挥。金砖国家应加快制定自贸区网络发展的规章制度，加强在贸易网络构建方面的合作和协调，进一步提高贸易的竞争力和效率。为了推进贸易一体化，金砖国家还需要结合欧美贸易网络的特点和借鉴其优势，着力加强各方在投资、金融等领域的合作。④

关于金砖国家自贸区可能产生的经济影响，相关学者从不同角度进行了模拟分析。周元诚通过基于 GTAP 软件模拟了金砖国家自贸区的经济效应，结果显示金砖国家自贸区建立后，关税和非关税壁垒会适度降低国内市场商

---

① 林跃勤：《探索深化金砖国家经贸投资合作新途径》，《中国经贸导刊》2013 年第 12 期。
② 福建社科院"金砖国家研究"课题组、李鸿阶：《"一带一路"倡议与金砖国家自由贸易区建设研究》，《福建论坛》（人文社会科学版）2017 年第 10 期。
③ 蔺捷：《自贸区战略下我国金融规制体系建构和路径初探》，《学术研究》2016 年第 3 期。
④ 王琳：《全球自贸区发展新态势下中国自贸区的推进战略》，《上海对外经贸大学学报》2015 年第 1 期。

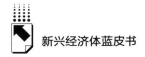

品生产成本，有助于解决金砖国家面临的贸易壁垒问题和经济多元化问题，在促进双边贸易往来的同时进一步增强各国在国际市场上的竞争力，并推动金砖国家经济的发展。[①] 金砖国家之间的贸易关系比以往更加复杂和深入，张晓涛、王淳选用 HS（2002）二位码数据对金砖国家间贸易竞争性与互补性进行分析。一方面，金砖国家经贸关系存在明显的差异性和互补性，如印度和中国较为注重制造业和出口贸易，巴西和俄罗斯则集中于资源出口和农业，这意味着五国之间的贸易可以互惠互利，提升整体福利。另一方面，由于各国的经济实力和产业政策不同，金砖国家之间的贸易也存在竞争性，部分国家实行严格的市场准入和保护主义政策。[②]

在农业领域，刘合光、王静怡、陈珏颖模拟了金砖国家自贸区的建立对五国农业部门的可能影响，发现贸易自由化可以使巴西、俄罗斯等农业发达的成员国产品进入其他成员国市场，但会导致后者国内的农产品价格下跌，冲击这些国家的农业发展和农民生计。鉴于此，金砖五国必须防范自贸区可能带来的贸易不平衡，尤其是对部分成员国的农业环境产生的负面影响。[③] 陈竹韵利用 GTAP 模型模拟了金砖国家建立自贸区后的情况，发现自贸区一方面为五国的农产品出口提供了新机遇，促进五国农产品在国际市场上竞争力的提升；另一方面，金砖国家自贸区也存在一些可能对五国农业发展产生负面影响的因素，如产业政策调整和关税降低造成的农产品倾销等问题。但总体来说，金砖国家自贸区对五国 GDP 增速、贸易和投资发展的影响是正向的，将会促进跨国直接投资、技术经验交流和劳动力跨国流动等。[④]

还有学者指出当前构建金砖国家自贸区存在的某些障碍。蔡春林、刘畅指出，由于金砖国家之间存在很大的经济、贸易和政治制度等方面的差异，

① 周元诚：《基于 GTAP 一般均衡模拟的金砖国家自贸区经济效应分析》，《商业经济研究》2015 年第 4 期。
② 张晓涛、王淳：《以自贸区为发展方向的金砖国家经贸合作——基于相互贸易关系视角的分析》，《宏观经济研究》2017 年第 4 期。
③ 刘合光、王静怡、陈珏颖：《金砖国家建立 FTA 对五国农业的可能影响及中国对策》，《农业经济问题》2015 年第 12 期。
④ 陈竹韵：《金砖国家建立 FTA 对农业领域的影响及发展启示》，《世界农业》2017 年第 4 期。

一些国家对于外资的接受程度、扩大对外开放的幅度和速度也不同，导致金砖国家自贸区建设存在不少的利益冲突和差异。① 李权探讨了"金砖国家贸易自由化悖论"，认为印度和南非设置比较高的关税是为了保护国内重点产业和市场，导致五国在自由贸易问题上的冲突和排斥不可避免，成为金砖国家实现贸易模式转型升级的根本难题。② 梅冠群认为金砖国家的贸易和投资关系已经相当密切，建立自贸区可以为各国带来更多的贸易和投资机会，促进国际贸易的发展。但在当前的贸易环境下，金砖国家缺少双多边投资协定谈判、税收协定等，难以从根本上解决贸易成本和贸易壁垒高企等深层次难题。③

二　新的动荡变革期全球经贸合作态势面临重大调整

随着中美贸易摩擦、新冠疫情、俄乌冲突的接踵而至，全球经贸网络在供需两侧均受到严重冲击，历经数十年的经济全球化进程面临严峻挑战。世界主要经济体开始强化安全考量，更加强调产业链、供应链的自主可控，特别是由本国掌握涉及国家命脉的战略产业。全球经贸多边贸易体系陷入困境、产业链供应链稳定性下降、产业数字化转型加速、西方民粹主义上升等新态势对金砖国家经贸合作转型产生重大影响。

（一）多边贸易体系陷入困境导致自贸区成为各国的普遍选择

从 2001 年启动的多哈回合谈判陷入长期停滞到特朗普政府奉行单边主义，多边贸易体系的困境迟迟未得到缓解甚至有不断加深的趋势。多哈回合谈判的停滞不仅反映了 WTO 内部的机制问题，更显示出各国之间的利益分歧。美国等发达国家主要关注知识产权保护、农业产品准入等问题，并多次

---

① 蔡春林、刘畅：《金砖国家发展自由贸易区的战略冲突与利益协调》，《国际经贸探索》2013 年第 2 期。
② 李权：《贸易便利化与金砖国家贸易模式的优化》，《东南学术》2017 年第 4 期。
③ 梅冠群：《金砖国家投资贸易机制研究》，《国际经济合作》2017 年第 11 期。

就缩减发展中国家享有的特殊和差别待遇提出议案；以巴西、印度为代表的发展中国家则要求减少贸易限制、扩大特殊和差别待遇，反对发达国家在知识产权保护、农业补贴等问题上的立场。由于双方立场悬殊，且 WTO 决策需要各成员一致通过，多哈回合谈判长期陷入僵局，削弱了世界各国对多边贸易体系的信心。需要指出的是，多哈回合谈判又称"发展回合谈判"，此次谈判所关注的农业、非农产品、服务贸易、贸易便利化等问题均对世界经济发展有重要意义。因此，多哈回合谈判停滞阻碍了货物和服务贸易的发展进程，减少了世界各国特别是发展中国家的贸易和投资机会。

特朗普政府执政后，不仅公然违反 WTO 规则单方面向多国征收额外关税，而且破坏 WTO 上诉机构的法官任命和正常运作。拜登政府执政后，WTO 上诉机构的瘫痪状态没有改变，表明多边贸易体系的困境进一步加深。首先，WTO 上诉机构是贸易争端解决的最高机构，其瘫痪使得美国等国家的单边主义行为无法受到惩罚。其次，WTO 上诉机构瘫痪可能推动一些 WTO 成员采取类似的单边主义、保护主义措施，从而引发更多的贸易争端，进一步削弱各国对国际贸易合作和自由贸易原则的信心。最后，WTO 上诉机构是发展中国家争取更多发展和贸易收益的重要平台，其瘫痪导致发达国家向国内企业提供补贴、对进口商品征收高额关税等行为得不到有效制约，使发展中国家在国际贸易和投资活动中的维权处于更加不利的地位。

由于多边贸易体系陷入长期困境，自贸区建设成为金砖国家以及世界各国推动贸易自由化的次优选择。与过去局限于区域、次区域的自贸区谈判不同，新时期自贸区谈判呈现出全球性、开放性等特征，越来越多的国家开展跨区域自贸区谈判或出现区域外成员加入区域自贸区的情形，如东亚国家与澳大利亚和新西兰达成的《区域全面经济伙伴关系协定》（RCEP）、英国加入《全面与进步跨太平洋伙伴关系协定》（CPTPP）都属于此类。这有助于推进全球贸易和投资便利化，增强世界经济的韧性和可持续性。更重要的是，自贸区谈判中的议题已经不再局限于关税问题，而是涉及知识产权、环境保护、劳工保护、竞争、投资保护和公共采购等新兴领域，在规则上出现超越 WTO 既有规范的情形。金砖国家传统上是多边贸易体系的积极支持者，但在 WTO 陷入长期困境的背景下，加快自贸区谈判不仅能够减少相互间贸易摩擦、降低外部经济风险，而且有助于使自身在新兴经贸规则领域建构谈判中占据一席之地。

（二）多重因素加剧产业链、供应链不稳定和回缩趋势

产业链回流问题指的是企业将生产、供应等环节迁回本地或本国，以减少对外部供应链的依赖，降低成本并提高供应链安全性的现象。近年来，新冠疫情、俄乌冲突以及由此产生的粮食问题、通货膨胀问题接踵而至，加剧了已有产业链、供应链的不稳定性和回缩趋势。

1. "经济民粹主义"推动产业链、供应链回缩

尽管经济全球化促进了世界经济繁荣和各国整体福利上升，但也因其加剧经济不平等、西方国家失业问题而受到批评，一些国家主张利用更加"本地化"的经贸发展模式解决上述问题。2008 年国际金融危机发生后，"经济民粹主义"思潮在一些西方国家大行其道，采用保护主义、单边主义、脱钩断链等推动跨国企业本地化生产，加剧了全球产业链、供应链回缩趋势。近年来，美国等发达国家实施了一系列鼓励国内生产的政策和举措，包括：实施旨在鼓励国内生产的经济刺激计划，如加大基础设施投资和新技术开发力度以及对小企业提供支持等；为选择在国内生产产品的企业提供一系列税收优惠，扩大税收抵免、折旧和税收减免的范围；为投资于新技术和工艺流程的企业提供研发税收抵免，从而提高生产率并降低成本；鼓励本国民众尽可能从国内采购商品和服务，旨在创造就业、促进经济增长和增加国内生产，进而减少对外国进口的依赖。

2. 新冠疫情对全球产业链、供应链产生中长期影响

新冠疫情对国际物流、生产能力、国际贸易和企业的金融状况都造成了不同程度的影响，这些问题可能会持续一段时间，使得产业链、供应链的稳定性和效率提高面临更大的挑战。

3. 俄乌冲突加剧欧洲能源危机、全球粮食危机发生的风险

俄罗斯是很多国家能源、矿产、化肥、粮食等产品的重要进口来源地，

美欧对俄罗斯实施包括能源、贸易、金融在内的全方位制裁，特别是俄罗斯银行被踢出国际支付结算平台 SWIFT，导致油气卖方市场重现、全球能源商品分化为俄与非俄商品、欧洲天然气因供应短缺出现"欧洲溢价"现象，进而出现能源进口成本上升、减排和可再生能源产业链上的博弈加剧、中俄能源贸易面临二级制裁风险等情形。① 随着俄乌冲突升级，全球粮食供应趋紧，粮食价格攀升，全球多个地区陷入了粮食恐慌。不少国家因此采取风险管控措施，以保障国内粮食安全。但俄乌两国占全球粮食贸易的份额难以被其他粮食出口国所替代，受粮食不安全影响的人数持续增加，各国参与全球粮食安全治理的意愿和能力下降，粮食政治化、武器化趋势日益严重，全球粮食体系转型变得更加困难。② 在全球贸易增长乏力，各国产业链、供应链面临重构的背景下，金砖国家产业链、供应链也受到不同程度的负面影响，强化金砖国家经贸合作的需求和独特价值进一步凸显。

4. 通货膨胀问题加剧全球产业链、供应链紧张

为应对新冠疫情的冲击，美国等主要经济体纷纷采取量化宽松措施，俄乌冲突带来的油气能源供求不平衡以及全球物流业严重扭曲，使得多数国家陷入长时间的结构性通货膨胀，进而给全球产业链、供应链带来广泛影响。从供给侧来看，通货膨胀会导致原材料、劳动力成本上升，进而推高产业链供应链的上游生产成本和最终产品价格。从需求侧来看，通货膨胀会导致消费者购买力下降，最终产品需求因此减少，从而影响产业链、供应链的稳定和效率提高。通货膨胀还会触发主要经济体的加息进程，推动国际资本加速向发达国家回流，从而导致新兴经济体和发展中国家出现金融市场动荡和产业投资回流。

（三）数字经济推动金砖国家经贸合作加快转型

近年来，数字经济发展明显加快。大数据、人工智能、物联网、5G、

---

① 王永中：《全球能源格局发展趋势与中国能源安全》，《人民论坛·学术前沿》2022 年第13 期。
② 张帅：《乌克兰危机下的全球粮食安全》，《当代世界与社会主义》2022 年第 4 期。

云计算等新技术持续突破，以及与制造、能源、材料、生物、空间等技术的交叉融合，促进了新产品、新模式、新业态层出不穷。随着数字化技术的高速发展，传统经济形式已无法适应数字时代的发展要求。经贸合作数字化不是某个交易过程的数字化，也不是一些单独的数字化技术的整合，而是通过建立数据中心、通信网络，打造能够实现数字化认证、数据安全的数字化基础设施，从而实现简化贸易流程、提高贸易效率和降低交易成本的目的的过程。经贸合作数字化通过数字化货物流通、数字化商业凭证、数字化金融等手段，实现跨国贸易数据的互通和共享，从而打破传统经贸合作模式的限制。数字技术和数字经济还推动全球自贸区合作进入更深层次的一体化，越来越多的自贸区谈判增加了知识产权、电子商务、数据保护、电子互联互通等方面的条款和规定，围绕数据保护及隐私权等问题构建数字经济下的交易环境。

作为数字经济的重要参与者，金砖国家利用数字和信息技术推动经贸合作的全面转型。在制定《金砖国家经济伙伴战略2025》的过程中，金砖国家提出推进数字贸易自由化，加快数字贸易协定的谈判进程，内容包括在线购物、跨境电商、数字支付、数字证书认证等，目的是促进数字贸易便利化。五国重点探讨了电子商务收益与风险、跨境支付安全、欺诈防范、在线纠纷解决、数字商品和服务的消费保护等问题。[①] 数字经济在提高效率、达成共赢的同时，也考验着金砖国家的数字化创新能力。如何以数字技术为依托不断加强合作、构建开放型经济，是金砖五国持续发展和推进经济全球化的关键。金砖国家均主张基于自身优势抓住数字化创新的机遇，通过打造具有行业优势的数字产业群体，进一步提升五国经济的竞争力。中国、俄罗斯、印度凭借相对的技术优势和较为齐全的工业门类，在金砖国家数字经济发展中发挥领先优势。巴西、南非等国更强调要加强金砖国家数字产业务实合作，缩小发达国家与发展中国家之间的"数字鸿沟"，推动金砖国家机制下数字经济、数字贸易等新兴领

---

① 沈陈、徐秀军：《新冠肺炎疫情下的金砖国家合作：挑战、机遇与应对》，《当代世界》2020年第12期。

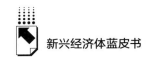
域的合作。随着金砖国家合作进入第二个"黄金十年"，数字经济、数字贸易已成为五国重点探讨的内容，也是构建金砖国家一体化大市场的重要目标。

（四）部分金砖国家面临西方国家经济或技术"脱钩"的风险

随着美国贸易政治化现象的日益突出，政治考虑占据了贸易谈判的主导地位。美国政府在进行国际贸易谈判时，经常将政治议题作为谈判的首要考虑因素，这些议题包括劳工和环境保护等，导致了贸易谈判的复杂性和时间成本的上升。贸易成为政治宣传的工具。在美国国内，贸易常常成为政治竞选的争议焦点，政治候选人也常常将其在贸易中的立场作为拉票资本，这种做法会导致贸易变得不稳定和矛盾重重。美国政府近年来愈发倾向于采取单边主义、政治化方式解决经济问题，例如特朗普政府时期的加征关税、拜登政府时期的"小院高墙"等。这种做法使得美国在国际贸易中的信誉和声誉受到质疑，同时也阻碍了全球贸易的健康发展。

近年来，美国等西方国家对俄罗斯、中国等部分金砖国家的经济、技术围堵明显加码。2014年克里米亚事件发生后，美国和欧盟开始对俄罗斯的能源、金融和国防等领域的关键行业、个人和机构实施了经济制裁。自2014年至2022年2月21日的8年多时间里，俄罗斯遭到2695项制裁，超过了伊朗，成为世界上被制裁最多的国家。俄乌冲突升级后，至2023年7月14日，西方针对俄罗斯的制裁激增，达13840项，远远超过伊朗成为世界上被制裁最多的国家。[①] 在俄乌冲突发生一周年之际，欧盟轮值主席国瑞典宣布，欧盟已通过第十轮对俄罗斯制裁方案。美国也宣布与其他G7国家联合对俄罗斯采取经济制裁措施，继续加码对俄罗斯的制裁。西方国家制裁不仅限制和阻挠本国公司与俄罗斯的经济技术合作，还针对其他国家与俄罗斯在制裁领域的合作，导致俄罗斯在相关领域的生产、运营、研发、服务等

---

① 制裁跟踪平台 Castellum. AI，https：//www. castellam. ai/russia-sanctions-dashboard。

活动日益与外界分离，也给金砖国家经贸合作带来巨大负面影响。

与此同时，美国等西方国家的"脱钩断链"行为也有增无减。早在特朗普政府时期，美国就以"公平贸易""竞争中立"为由采取提高贸易壁垒、加征关税、加强贸易救济等手段，限制中国和其他国家产品进入其市场；同时联合其他国家对中兴、华为等中国科技企业进行围堵打压，阻挠这些企业正当的海外经营、海外收购。拜登政府执政后，美国继续维持对华加征关税，还加强了其芯片等高科技产品的对华出口管制。在高科技领域，美国对华采取"小院高墙"这一更有针对性的围堵方式，以实现与中国在通信技术、量子理论、半导体等前沿科技的"精准脱钩"。美国还增加了与盟国的政策协调，通过组建美欧贸易和技术委员会（TCC）、印太经济框架（IPEF）等机制，推动与盟国共同制定通信技术、人工智能等科技创新领域的技术标准，采取限制向中国出口尖端技术、限制高科技公司对华投资等措施遏制中国企业在相关领域的快速发展。美国企图通过技术"脱钩"的方式阻滞对象国的技术进步和创新能力提升，从而相对提升自身的战略竞争力。

三 动荡变革期金砖国家自贸区的建设难度进一步增大

金砖国家合作机制创立十多年来，贸易和投资合作快速推进，但也存在结构性矛盾和诸多不确定性因素，迫切需要五国继续奉行互利共赢的合作理念、强化政策协调沟通，推动经贸、金融、产业合作机制创新。[1] 但贸易保护主义、经济民粹主义在发达国家以及部分新兴经济体有增无减，有些国家甚至采取"脱钩断链"等非常规的贸易限制措施，给贸易自由化和经济全球化带来了严峻挑战，金砖国家建设自贸区的可能性和现实性也受到极大制约。

---

① 蔡春林、刘美香：《金砖国家贸易投资合作现状和机制创新方向》，《亚太经济》2017 年第3 期。

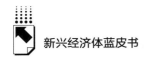
（一）金砖国家对经贸关系互补性与竞争性的认知存在很大差异

金砖国家经贸合作具有很大的互补性。巴西、南非在初级和资源型产品上具有比较优势；中国在制造业上具有较强的比较优势；印度在服务业特别是信息产业上的优势可与其他国家形成互补；俄罗斯在资源型产品特别是能源出口方面具有优势。① 在各国经济逐渐走出疫情阴霾的背景下，这种互补性成为金砖国家贸易复苏的重要推动力。2022 年，中国对其他金砖国家进出口总额超过 3.7 万亿元，占中国外贸进出口总额的 8.8%，同比增长8.49%。大宗商品如能源、农产品等进口增长加快，占自金砖国家进口总额的 76.83%。另外，我国对其他金砖国家机电产品出口占比过半，太阳能电池、锂离子蓄电池等新能源产品出口分别增长了 7.13%、7.75%。②

值得注意的是，一些金砖国家对经贸互补性的认知较为消极。受资源禀赋影响，俄罗斯、巴西、南非等国对华出口集中在原材料和初级产品领域，如石油、铁矿石、大豆、小麦等；而中国对其他金砖国家的出口产品则多为机械设备、纺织品等制成品，二者属于互补性贸易。但巴西、俄罗斯、南非不希望只处于原料提供者的地位，这些国家担心一旦金砖国家自贸区建成，本国的进出口总量虽然会因关税削减而出现明显增长，但国内汽车、鞋类、服装等制造业也将受到不同程度的冲击。正因如此，尽管中国提出加快构建高标准的全球自贸区网络、在金砖国家之间建立自由贸易区的想法，但其他金砖国家对大幅削减关税和非关税壁垒的态度较为谨慎和消极。

此外，由于中国与金砖国家的出口贸易增长往往快于进口贸易，这可能促使其他金砖国家由于贸易逆差增大、国内利益集团施压等原因，过度关注相互间贸易的竞争性。例如，2022 年中印双边贸易额达到 1359.84 亿美元，创历史新高。但其中的增长基本来自中国对印度出口，总额达到 1185.02 亿

① 刘文革、吴妹：《基于价值链视角的金砖国家一体化大市场构建》，《亚太经济》2017 年第3 期。

② 中华人民共和国商务部：《商务部召开例行新闻发布会（2023 年 2 月 9 日）》，http：//www.mofcom.gov.cn/article/xwfb/xwfbhsl/xwfbhsltp/202302/20230203383907.shtml。

美元，同比增长超过 20%；与此同时，印度对中国出口额却从 2021 年的 281.44 亿美元下降到了 2022 年的 174.83 亿美元，导致印度对华贸易逆差进一步拉大。① 从印度的角度看，中印贸易额在上升的同时印度进口上升和贸易赤字进一步扩大，因此对构建自贸区等推动贸易便利化的措施持消极态度。为了降低赤字，印度等国可能继续采取"双反"、推出自贸区谈判等措施以保护本国市场。在其他金砖国家多倾向于采取贸易保护而非自由贸易措施的情况下，五国难以在短期内就金砖家自贸区建设谈判取得明显进展。

（二）印度对中国政策的民粹主义和战略竞争色彩更加浓厚

由于历史和现实原因，印度对中国长期采取具有很强战略竞争色彩的政策态度，给金砖国家自贸区建设蒙上了沉重的阴影。首先，中印两国由领土争端引发的边境对峙事件时有发生，这在很大程度上影响了两国关系，增加了双方的不信任感。其次，中印经济竞争也一直存在，包括贸易赤字、两国之间存在贸易壁垒等。中国以较低的劳动力成本为基础，在制造业方面占有明显优势，成为许多跨国企业的首选制造地；印度则希望复制中国的经济发展模式，获得中国的"世界工厂"地位。最后，欧美国家民粹主义倾向愈发明显，并有向印度等新兴经济体和发展中国家蔓延的趋势。

经济民粹主义主张维护狭隘的本土利益、排斥他国利益，对自由贸易持怀疑甚至敌视态度。在印度，贸易保护政策主要表现在以下三个方面。一是加征关税，保护本国市场和产业发展。印度实施"自给印度"战略，采取贸易保护措施来保护本国的制造业，对一些进口品征收高额关税，以此抑制进口。例如，钢铁、汽车等产品的进口关税较高，旨在提高国内相关产业的市场竞争力。二是限制进口。在国际贸易中，一些原材料和成品价格存在倒挂现象。印度对这类产品实行配额等限制进口的方式，防止原材料价格高于

---

① 《去年中印贸易额再创新高，专家：印度没必要"盯着逆差不放"》，https：//www.yicai.com/ news/101650812.html。

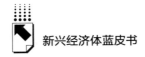
成品价格的倒挂情况出现。三是收紧对外直接投资。印度政府加强对对外直接投资的控制，例如对印度企业对外投资的资产规模、投资目标、投资行业等进行限制。

在产业链、供应链调整的背景下，莫迪政府加快实施"自给印度"政策，甚至将产业链、供应链重组视为印度经济的"命运转折点"。莫迪政府不断提高进口商品关税，设置进口许可限制，进行更严格的质量检查。印度对中国加征关税的商品种类既有家具、鞋类、钟表、玩具等劳动密集型制成品，也有通信设备、电子仪器等关键技术产品。为了防止中国产品借助东盟"再出口"，印度还计划大幅提高东盟产品的关税和非关税贸易壁垒，考虑重新审议东盟—印度自由贸易协定。① 莫迪政府鼓励本国生产、运输和采购，目的不仅是实现广泛的进口替代，还意图从中国承接更多的产业转移，使印度在这一轮全球产业结构调整中取代中国成为新的全球制造中心。总之，出于迎合国内民粹主义和强化对华战略竞争的考虑，莫迪政府很可能继续维持加征关税的措施、设置贸易壁垒，这必然会削弱其对达成金砖国家自贸区或中印自贸区的兴趣。

（三）金砖国家多优先考虑与所在区域国家的自贸区建设

关税同盟具有对外协调关税政策的作用。部分金砖国家把地区关税同盟作为本国对外贸易谈判的基石。由巴西与阿根廷、乌拉圭和巴拉圭建立的南方共同市场，在成为南美地区最大一体化组织的同时，也对地区国家的对外关税起到协调作用。南非与莱索托、斯威士兰、博茨瓦纳、纳米比亚建立南部非洲关税同盟，按照协议，五国在改变税率、税收共享及机构范围等方面采用协商一致原则。巴西、南非根据自身经济实力和在世界政治经济中的地位，将自由贸易区作为多边贸易体制的有益补充，按照 WTO 关于区域贸易协定的规则将南方共同市场、南部非洲关税同盟作为其自由贸易区政策的核

---

① 《再次剑指中国！印度拟提高进口壁垒，严防转口中国产品至印度》，https://m.21jingji.com/article/20200804/herald/d14380c12ba2a8dc94de64287b27e52d_ ths.html。

心。在推动自由贸易区建设时，巴西、南非将各自主导的南方共同市场、南部非洲关税同盟作为一个整体与外界进行谈判，以实现自己的利益诉求和获得更大的主动权。

近年来，金砖国家加快与周边地区的自贸区建设进程，如中国与东盟共同推动的《区域全面经济伙伴关系协定》（RCEP），以及正在申请加入的《全面与进步跨太平洋伙伴关系协定》（CPTPP）和《数字经济伙伴关系协定》（DEPA）等。俄罗斯与白俄罗斯、哈萨克斯坦建立了俄白哈关税同盟，并在此基础上组建了欧亚经济联盟。印度主导的南亚区域合作联盟还不是完全意义上的关税同盟，成员国关税水平普遍较高，贸易保护色彩较为明显。进入 21 世纪，俄印进一步扩展自由贸易区的地域范围，两国都参与了东亚峰会、亚太经济合作组织（APEC）、上海合作组织等一系列区域或次区域合作组织，与新加坡、越南等国签署不同形式的自贸协定。尽管如此，金砖国家相互签署的自贸协定数量仍然非常有限。金砖各国尚未签署一个真正的双边或多边自由贸易协定（FTA），只有四个低层次的多边特惠贸易协定（PTA）。其中，南非以南部非洲关税同盟与巴西主导的南方共同市场签有双方特惠贸易协定，并分别与中、印开展类似的贸易协定谈判。巴西以南方共同市场与印度签有特惠贸易协定，南方共同市场在发展中国家全球贸易优惠制度框架（SGPC）内同印度等国签署关税优惠协定。① 俄罗斯与其他金砖国家尚未签署任何自由贸易协定或进行相关谈判，中国与俄罗斯主导的欧亚经济联盟正在就经贸合作协议进行谈判。中国与印度双边 FTA 仍处于可行性研究阶段，中国与印度曾共同参与 RCEP 谈判，最终印度退出签署。此外，中国与南方共同市场的 FTA 谈判也尚未启动。不难看出，金砖国家之间的经贸合作水平仍然较低，且倾向于以区域贸易集团的方式参与金砖国家自贸区谈判。

总体上，金砖国家所参与的地区关税同盟被认为是金砖国家自贸区建

---

① 福建社科院"金砖国家研究"课题组、李鸿阶：《"一带一路"倡议与金砖国家自由贸易区建设研究》，《福建论坛》（人文社会科学版）2017 年第 10 期。

立的主要障碍之一。例如，根据南方共同市场章程，成员国缔结自贸协议必须得到成员国议会的全体同意，而中国目前尚未与巴拉圭建交，因此与南方共同市场开展自贸谈判将会遇到较大阻力。因此，早在 2004 年，中国—南共市对话联络小组正式启动，初步就中国—南共市自由贸易谈判交换看法，但此后陷入停滞。2021 年乌拉圭绕过南方共同市场单独与中国开展自贸谈判，遭到巴西的强烈反对。巴西认为，如果乌拉圭与中国达成自贸协定，将会让其一直推动的南方共同市场"形同虚设"，因此主张将南方共同市场作为整体开展对话经贸谈判。①

四　推动金砖国家自贸区"早期收获"的包容性思路

尽管金砖国家自贸区"早期收获"通常被认为是打造金砖国家一体化大市场和建设金砖国家自贸区的必由之路，但与多数自贸区是邻近国家间的合作不同，金砖国家地理距离较远、制度差异很大，使得双边和多边自贸区建设存在较大空间障碍。作为复杂经贸合作系统工程，为推进自贸区协定谈判和达成协议，金砖国家需要在经济、政治、法律等不同层面加强协调，在动荡变革背景下，金砖国家必须调整思路，打造包容性的政治环境，构建经贸合作框架、重点领域规则和敏感商品保护机制，加快推进金砖国家自贸区建设的前期准备，取得"早期收获"。

（一）打造包容性的总体框架，最大限度维护产业链、供应链稳定

金砖国家法律制度体系相差甚大，制定具备法律约束力的、完整意义上的自贸区协定绝非一日之功。金砖国家坚持主权平等、不干涉他国内政原则，构成金砖国家合作及推动全球治理改革的包容性基础，但也在一定程度上不利于为达成多边自贸区协定进行让步协调。五国应根据本国制度传统、

---

① 《卢拉向乌拉圭提议：南方共同市场可作为整体与中国签订自贸协定》，https://www. guancha. cn/internation/2023_ 01_ 28_ 677593. shtml？ s = zwyxgtjbt。

现实条件进行交流互鉴，同时关注本国法律和现行国际法的对接，将构建灵活包容的、符合国际通行规则和五国国情的"早期收获"框架作为五国自贸区建设的重点。

金砖国家在推进取得"早期收获"的思路上可不拘泥于传统自贸区，而应基于当前的新态势尝试构建一种涉及经济、贸易、金融等多领域的合作框架。随着全球化的加速和经济格局的改变，新兴产业成为各国竞争的焦点。金砖国家在新兴产业领域的投资增长迅速，尤其注重各自优势领域的投资。这些国家都拥有丰富的资源和优势产业，如矿产资源、高科技产业等。此外，它们之间也进行了大量的贸易投资合作，这有助于增强其在全球市场的竞争力。由于贸易保护主义的存在，金砖国家之间的贸易合作难以有序进行。为了解决这一问题，五国应加强规则制定、推动自由贸易协定的签署、构建更加稳定可靠的贸易体系，进而提升贸易合作的效率和稳定性，为新兴产业的发展提供更宽广的平台，以推进更加公平、开放、高效的贸易体系建设。

对于经济民粹主义和产业链、供应链收缩趋势，金砖国家应挖掘潜在资源、信息和产业开展协作，形成一个相对完整的生产和贸易体系，实现产业链、供应链的互利互惠。首先，建立稳定的产业链、供应链合作机制。金砖国家可以加强贸易投资合作，建立长期稳定的供应链关系，避免对某些国家和产业的过度依赖，降低单一供应链的负面影响和风险。其次，加强全球风险治理合作。金砖国家可以在政治、金融等领域进行风险治理合作。例如，建立有效的粮食安全监测和防控机制，减少由粮食安全引发的产业链、供应链问题。最后，打造跨区域经济合作区、加强联合开发制造、构建稳定的配套互补协作供应运作机制，推动金砖五国合作互利共赢，保障经济持续稳定发展。

需要指出的是，地区关税同盟并不必然给成员国参与双边经贸谈判带来阻碍。事实上，与地区关税同盟开展自贸区建设存在很大的灵活性。随着全球贸易与投资协定安排在形式上趋于灵活和开放，双边或地区经贸合作不再拘泥于自贸区形式，如美国发起的印太经济框架等。金砖国

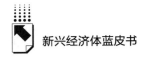

家自贸区"早期收获"可参考印太经济框架灵活的谈判方式，以行政令的形式推动谈判进程，绕开个别国家国会批准和国内保护主义团体的掣肘，在短时间内加快推进金砖国家双边或多边经贸合作。鉴于此，金砖国家应继续坚持"先构筑总体合作框架，再进行各项具体谈判；谈判先易后难，逐步推进"的方针，首先为金砖国家自贸区"早期收获"构建包容性、灵活性的合作框架，再为单个国家或关税同盟参与谈判做好可行性准备。此外，金砖国家还应建立良性的调整机制和成员引入机制，成员可以自主选择是否加入自贸区，也可吸引更多的相关经济体或组织参加，不用复杂的谈判，可以直接选择。[1] 这种对接可以更好地促进经济、贸易以及金融领域的有机联结，进一步加深金砖国家的合作程度和完善相关机制。

（二）扩大政策对话范围，为推进取得"早期收获"创造包容性的政治环境

中美贸易摩擦、俄乌冲突等给金砖国家乃至全球经贸合作带来诸多不确定性，同时也使五国在加强经贸合作问题上有很多共同诉求。当前，推进金砖国家自贸区取得"早期收获"的关键是五国加强政治层面的互信。金砖国家应立足各自的多样性实际，坚持渐进性和差别待遇，在协商一致的基础上推进经济一体化建设。这既有利于调动相关国家加快金砖国家自贸区建设的积极性，也有利于强化金砖经济伙伴关系和增进"金砖+合作"共识，促进五国之间的政策协调和利益融合。

具体来说，应大幅度扩展金砖国家的政策对话范围，将金砖国家自贸区可行性研究的范围从贸易官员和技术专家，扩展到政府首脑、其他部门、跨国公司、民间机构、智库等更广泛的层面，加强政策对话，探讨大型新兴经济体实现共同发展的路径，从不同角度论证金砖国家自贸区及其"早期收获"的作用、意义以及将产生的影响。为实施更广泛、更深入的贸易自由

---

① 宗良、王任远：《金砖国家开放合作的模式选择与前景》，《国际金融》2018 年第 7 期。

化路线图，可通过金砖国家新开发银行为部分成员国关注的部分产业提供融资，为复杂环境下的供应链和贸易稳定提供保障，提升各成员在全球产业链、供应链中的地位和安全性，从而弱化部分金砖国家国内利益集团反对贸易自由化、便利化的声音。

中国和印度具有相对复杂的历史、政治和安全关系，两国应通过边界问题政策对话，重视寻找和解之路和共同立场，努力解决历史遗留的边界问题和其他重要问题。两国应加强在重大地区和国际事务中的立场协调，共同维护两国和周边国家的安全稳定。中印两国有悠久的历史文化传统，两国可以加强文化交流、教育交流、科技交流、青年交流等，促进两国人民之间相互了解，减少误解和负面影响。总之，作为世界上最大的两个发展中国家和推进金砖国家合作的中坚力量，中印两国应坚持平等相待的原则，摒弃偏见和意识形态差异，尊重彼此的核心利益和关切，注重沟通和对话，秉持非冲突、非对抗、互利共赢的合作精神。

（三）以新兴领域为突破口，针对重点经贸领域优先制定包容性规则

作为一种新型的贸易理念和行为实践，包容性经贸合作的核心是互信、互利、共赢、公平和可持续发展。这就要求在制定包容性贸易规则时兼顾国内与国际经济利益，维护各国的合法权益，注重资源优化配置和环境保护，营造公正透明的国际贸易环境。同时，制定包容性贸易规则还要适应当前国际贸易的发展趋势和变化，处理好竞争与合作的关系。制定包容性贸易规则要充分考虑数据保护和数字化贸易的需求，与国际标准和规则相适应，保障信息安全和数据安全。在数字化时代，数字化贸易成为越来越重要的经济活动方式，因此要确保数字经济的发展基于公平和可持续的规则和标准，反映和尊重不同国家和地区的文化和道德价值观。

长期以来，由于产能合作、融资合作、高铁和港口建设合作等是促进贸易投资便利化的重要途径，因此金砖国家多将货物贸易、能源贸易、非可再生能源交易等作为合作重点，推动各成员的战略对接、贸易合作和资金流

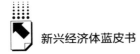
通。但在现实中，由于五国间存在较为明显的产业互补性和竞争性，以传统领域作为合作重点进展有限。与此同时，金砖国家在科技、产能、金融等方面都具有优势和差异，因此五国应通过拓宽和深化双边经贸关系，促进各成员之间相互依存，增强合作信心。

从短期来看，金砖国家可在共同关心的领域进行沟通协商，从而在部分优先领域形成政策共识和制度对接。金砖国家可从绿色能源、数字经济等新兴领域入手，提升五国推动金砖经贸合作的意愿和收益。在绿色能源方面，可通过加大绿色能源投资力度、促进减排技术转让等方式，扩大五国在风能、太阳能、绿色航运、绿色城市、电动汽车等重点领域的合作深度和广度。例如，数字经济是各方高度关注、亟待合作的领域，同时又是相关规则不明晰和存在分歧的领域。对此，金砖国家可在电子商务、数字医疗等较为容易达成合作的行业优先协调，争取使这些领域先行达到金砖国家合作的标准和规范。金砖国家均启动制定数字货币、数字支付等金融新业态的发展规划。但除中国外，其他金砖国家在5G、物联网、云计算等数字技术和数字基础设施方面都有较大缺口。中国可与金砖国家加强数字基础设施建设方面的合作，联合建立支付系统或金融市场，减少对美元、欧元以及西方金融基础设施的依赖。

从长期来看，各国应加强沟通、推进多边科技合作，建立可持续发展的科技合作机制，并在相关领域制定标准和规范，降低技术合作门槛，尽可能地打破技术壁垒。首先，应开放并加强自身核心技术的研发。五国需要进一步提高自身的技术水平，做到在全球技术领域更具竞争力。其次，金砖国家可以共同推进数字化和智能化供应链的建设，避免人为因素和非自然灾害因素对供应链的影响。例如，采用物联网、人工智能等技术手段，实现智能感知、实时监测、预警预测和风险管理等。最后，金砖国家可以推进绿色供应链建设，减少环境污染和碳排放，提高供应链的可持续性和稳定性。金砖国家可以共同制定环境保护政策和标准，推广环保技术和产品，建立绿色供应链贸易机制，并加强环境保护合作和交流。

（四）完善重点领域经贸合作机制，对敏感产品保护采取包容性态度

金砖五国在大宗商品贸易领域的发展潜力巨大，中国和印度在需求上占有举足轻重的地位，而巴西、俄罗斯和南非的资源储备丰富。与此同时，大宗商品领域存在着较强的市场竞争和价格波动风险，这也给跨国企业带来了较大的外汇风险。为了有效降低此种风险，金砖五国可以通过开展丰富多样的投资和合作，如采用本币结算或设立共同货币，避免美元波动带来的风险；打造金砖国家国际大宗商品交易平台，签订长期合同锁定远期价格，推动大宗商品交易合作机制创新；通过扩大贸易规模、细化市场领域、创新贸易形式，为各国的经济发展注入新的活力。金砖五国可以借鉴欧美成熟经济体的做法，设立国际大宗商品储备基金、建立以规则为基础的市场准入机制，确保企业的公平竞争。在此基础上，金砖五国可以在石油、天然气、煤炭、矿产等领域建立长期合作机制，共同促进国际市场的稳定运转。

尽管建立金砖国家自贸区符合金砖国家的长期利益，但由于几个国家经济发展阶段相似、部分领域商品结构存在雷同和替代性，构建金砖国家自贸区可能导致五国产业竞争加剧，部分国家的脆弱产业由此遭受冲击。因此，建设金砖国家自贸区应顾及不同缔约方的发展水平和接受程度，允许缔约方根据自身发展水平做出灵活的义务承诺，坚持贸易和投资的公平竞争原则，增强金砖国家自贸区建设的包容性。应设定过渡期和保护性措施，积极应对金砖国家自贸区"早期收获"对敏感产品的可能影响。例如，建立自贸区后中国大部分农产品将会受到冲击，中国可将糖类、油料和棉花等易受冲击的产品列为敏感产品、设置例外机制或者设立较长的过渡期，防止自贸区的过度冲击。[①] 总之，推动构建包容性框架必须关注规则的公平、公正及弹性空间，这样才能使金砖国家自贸区"早期收获"适应全球经贸新态势的客观要求，也符合金砖国家进行国内经济结构调整、更好地参与全球经贸合作的需要。

[①] 刘合光、王静怡、陈珏颖：《金砖国家建立 FTA 对五国农业的可能影响及中国对策》，《农业经济问题》2015 年第 12 期。

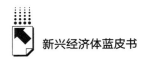

参考文献

[1] 蔡春林、刘畅：《金砖国家发展自由贸易区的战略冲突与利益协调》，《国际经贸探索》2013 年第 2 期。

[2] 蔡春林、刘美香：《金砖国家贸易投资合作现状和机制创新方向》，《亚太经济》2017 年第 3 期。

[3] 陈竹韵：《金砖国家建立 FTA 对农业领域的影响及发展启示》，《世界农业》2017 年第 4 期。

[4] 段秀芳、苏梦玲：《中国与其他"金砖国家"制成品贸易：竞争、互补与贸易潜力》，《欧亚经济》2020 年第 3 期。

[5] 福建社科院"金砖国家研究"课题组、李鸿阶：《"一带一路"倡议与金砖国家自由贸易区建设研究》，《福建论坛》（人文社会科学版）2017 年第 10 期。

[6] 蓝庆新、窦凯：《中国与其他金砖国家贸易利益协调分析》，《理论学刊》2018 年第 6 期。

[7] 李权：《贸易便利化与金砖国家贸易模式的优化》，《东南学术》2017 年第 4 期。

[8] 林跃勤：《探索深化金砖国家经贸投资合作新途径》，《中国经贸导刊》2013 年第 12 期。

[9] 蔺捷：《自贸区战略下我国金融规制体系建构和路径初探》，《学术研究》2016 年第 3 期。

[10] 刘合光、王静怡、陈珏颖：《金砖国家建立 FTA 对五国农业的可能影响及中国对策》，《农业经济问题》2015 年第 12 期。

[11] 刘文革、王文晓：《建立金砖国家自贸区可行性及经济效应分析》，《国际经贸探索》2014 年第 6 期。

[12] 刘文革、吴妹：《基于价值链视角的金砖国家一体化大市场构建》，《亚太经济》2017 年第 3 期。

[13] 梅冠群：《金砖国家投资贸易机制研究》，《国际经济合作》2017 年第 11 期。

[14] 沈陈、徐秀军：《新冠肺炎疫情下的金砖国家合作：挑战、机遇与应对》，《当代世界》2020 年第 12 期。

[15] 史沛然：《量变引发质变？中国与其他金砖国家的贸易潜力分析》，《太平洋学报》2019 年第 10 期。

[16] 王琳：《全球自贸区发展新态势下中国自贸区的推进战略》，《上海对外经贸大学学报》2015 年第 1 期。

[17] 王永中：《全球能源格局发展趋势与中国能源安全》，《人民论坛·学术前沿》

2022 年第 13 期。

［18］王友明：《金砖机制建设的角色定位与利益融合》，《国际问题研究》2015 年
第 5 期。

［19］张帅：《乌克兰危机下的全球粮食安全》，《当代世界与社会主义》2022 年第
4 期。

［20］张晓涛、王淳：《以自贸区为发展方向的金砖国家经贸合作——基于相互贸易
关系视角的分析》，《宏观经济研究》2017 年第 4 期。

［21］周元诚：《基于 GTAP 一般均衡模拟的金砖国家自贸区经济效应分析》，《商业
经济研究》2015 年第 4 期。

［22］宗良、王任远：《金砖国家开放合作的模式选择与前景》，《国际金融》2018
年第 7 期。

国别报告
Country Reports

B.2
巴西对外签署自由贸易协定的
观点设想及政策举措

王 飞*

摘　要： 本报告基于巴西多年来作为多边贸易体制积极参与者这一背景，梳理并评估巴西的对外贸易在其外交战略中的地位、自由贸易协定在巴西一体化战略中的地位，以及巴西对外签署的自由贸易协定及其成效，并对卢拉回归之后巴西对外签署自由贸易协定的观点设想及政策举措进行前瞻，预计受南方共同市场的制度性约束以及巴西立足南方共同市场推动南美洲一体化的长期战略考量，巴西短期内对成立金砖国家自贸区关注度及采取实际行动的可能性较小。

关键词： 巴西　自由贸易协定　南方共同市场　金砖合作

---

* 王飞，博士，副研究员，平顶山学院客座教授，中国社会科学院拉丁美洲研究所巴西研究中心副秘书长，研究领域：拉美经济。作者感谢西安外国语大学葡萄牙语专业研究生周楚涵在资料搜集方面的帮助。

当下，美国挑起的冲突和大国竞争不断加剧，全球供应链、产业链重组，全球经济治理失序。"断裂"和"脱钩"的世界打断了各国之前的紧密联系，但由此产生的不确定性却又令各国认识到彼此依存的现实，以至于出现了区域性的重新联结。在贸易领域，《区域全面经济伙伴关系协定》（RCEP）正式签署、非洲大陆自由贸易区启动运行，经济全球化模式向以劳动地域分工为主的全球化转型，形成了由供应链节点连接的国际产业分工新体系。作为拉丁美洲和加勒比（以下简称"拉美"）地区最大的经济体，巴西在拉美的重要性不言而喻，而同时作为金砖国家和 G20 的成员，巴西的对外贸易政策及其对外签署自由贸易协定的观点设想值得关注。

学术界对自由贸易区（Free Trade Area）通常有两种理解。第一种仅限于一国内部，即一国或独立的关税地区在本国或本地区所划出的特定贸易区，在这个区域内对外国或其他地区实行特殊优惠税收和监管政策。第二种涉及一国的对外合作，即两个或两个以上的国家或独立关税地区根据世界贸易组织（WTO）的相关规则，通过签署自由贸易协定（Free Trade Agreement，FTA）所组成的贸易区。本报告聚焦于第二种定义，梳理巴西的对外贸易格局，并把研究重点集中在巴西 FTA 谋划上。通过全面总结巴西当前 FTA 战略的现状及成效，结合其政策立场，对巴西参与金砖国家自贸区的诉求和立场进行前瞻性分析。

一 巴西的对外贸易战略

对外贸易在巴西的发展战略中占据重要地位。自独立以来，巴西的经济发展同世界紧密相连，美国、欧盟、南方共同市场是巴西传统的主要贸易伙伴。进入 21 世纪，包括中国和印度在内的亚洲国家和巴西的贸易联系越来越密切，巴西也积极参与到对外签署自由贸易协定的浪潮中。

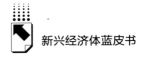

（一）巴西对外经济政策中的对外贸易

巴西是世界上重要的农产品出口国，白砂糖、可可、咖啡、烟草、棉花、橡胶、兽皮等是其主要出口产品。农产品出口在巴西独立初期的发展进程中发挥了关键作用，带动了巴西现代工业的发展。20世纪30年代，巴西开启了进口替代工业化，保持了殖民地时期的对外贸易结构，出口少数几种农矿产品，进口工业消费品、原材料和机器设备。实施了长达50年的进口替代工业化发展战略在1979年初见成效，巴西工业品出口额首次超过初级产品出口额，在其总出口额中的比重达到52.5%。[①]但是，进口替代工业化发展战略在一定程度上忽视了出口，既未改善进出口结构，反而使巴西出口初级农矿产品、进口工业品的进出口结构进一步固化。

在1930~1980年的进口替代工业化发展时期，巴西经济较为封闭，对外贸易不是经济政策的重点。特别是在儒塞利诺·库比契克·德·奥利韦拉（Juscelino Kubitschek de Oliveira）政府时期（1956~1961年），巴西出口额连续下降。同时，20世纪60年代，巴西也意识到进口替代工业化的种种弊端，开始进行战略调整。由于维持进口替代需要出口创汇，巴西政府开始强调出口并促进出口多样化。1967~1968年，巴西对外经济政策发生较大变化，联邦政府和地方政府决定采取联合退税、鼓励出口政策。1968~1973年，巴西出口额年均增长率达到26.9%。巴西在世界出口中的比重也从0.87%提高至1.18%，扭转了1950年以来持续下降的趋势。[②]成立于1957年的马瑙斯自由港也在1967年升级为自由贸易区。20世纪70年代，巴西对外政策发生了变化，采取了"负责的实用主义"外交政策，进一步明确

---

① 陈作彬：《巴西经济发展战略研究》，载苏振兴、徐文渊主编《拉丁美洲国家经济发展战略研究》，经济管理出版社，1986，第64页。
② 〔英〕莱斯利·贝瑟尔主编《剑桥拉丁美洲史》（第九卷），吴洪英等译，当代中国出版社，2013，第485~486页。

了对外贸易在其外交政策中的重要地位。① 为实施外向发展的全球战略并使其对外经济关系更加多样化，巴西采取了取消出口税、奖励工业品出口、提供出口信贷等措施，鼓励出口并限制进口。经历了 20 世纪 80 年代"失去的十年"后，巴西在 90 年代全面对外开放。但时至今日，巴西仍然是拉美最封闭的国家之一，进出口总额在 GDP 中的比重显著低于世界上其他主要国家。② 巴西贸易结构还带有自 20 世纪 90 年代中后期以来实行的出口产品去工业化政策的特点。根据巴西发展工业外贸部（MDIC）的数据，制成品在巴西总出口中的比重从 2000 年的 62% 急剧下降到 2015 年的 41%，高技术制成品和中高技术制成品不断扩大的贸易赤字使巴西自 2008 年以来在制成品贸易方面保持"入超"。③ 由此，关于出口产品去工业化的讨论被提上了巴西对外贸易政策的议程，延续了巴西对外贸易政策服务于国家发展战略的传统。④

巴西积极参与国际事务，寻求加强多极化并参与国际组织，并主张建构国际新秩序。正是参与全球发展的理念，使巴西对外政策兼具全球性与自主性，这也成为巴西外交政策的基础。⑤ 全球性伴随着巴西从一个国际贸易参与者向一个全球参与者转变，其对外政策渴望参与全球事务，具有全球性特点。自主性则体现在巴西侧重在地区和全球事务中掌握自主权。⑥ 例如，在卢拉政府第一届任期结束后的总结中，时任外交部长塞尔索·阿莫林（Celso Amorim）就指出，"巴西改变了 WTO 谈判的动力，美国、欧盟、日

① Tullo Vigevani and Gabriel Cepaluni, *Brazilian Foreign Policy in Changing Times: The Quest for Autonomy from Sarney to Lula*, Rowman & Littlefield Publishing Group, 2009, pp. 4–6.

② 吴国平、王飞：《浅析巴西崛起及其国际战略选择》，《拉丁美洲研究》2015 年第 1 期。

③ 王飞：《从货币政策看巴西工业化升级的失败》，《文化纵横》2019 年第 3 期。

④ Bacha E., de Bolle M., Futuro da Industria no Brasil: Desindustrialização em debate, Rio de Janeiro: Civilização Brasileira, 2013, pp. 2–3.

⑤ Vigevani y Ramanzini Jr., "Brasil en el centro de la integración", *Nueva Sociedad*, número 219, enero-febrero de 2009, pp. 76–96.

⑥ Giaccaglia, Clarisa, "Pequeños gigantes del sistema internacional: un estudio sobre la naturaleza y las funciones de las potencias medias", Tesis de grado de la Licenciatura en Relaciones Internacionales de la Facultad de Ciencia Política y Relaciones Internacionales de la Universidad Nacional de Rosario, mimeo, diciembre de 2006.

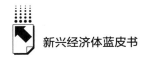

本和其他国家都寻求巴西的支持"。①

尽管巴西重视对外贸易，而且巴西贸易政策制定及实践活动几乎完全依赖多边谈判机制，但对开展优惠贸易谈判很不积极，即使在20世纪90年代和21世纪头十年优惠贸易协定遍地开花的繁荣时期，巴西也始终处于边缘地位。除了参与南方共同市场、南美国家其他协议与少数其他伙伴签署了一些自由贸易协定外，巴西对其他新兴经济体贸易协议的参与非常有限。②

（二）FTA在巴西一体化战略中的作用

自20世纪50年代初开始，巴西对外贸易政策就以建立多样化的自主工业体系为目标，完成工业化也成为巴西实现强国抱负的目标之一。③ 巴西对外贸易政策服务于其经济发展战略，在进口替代工业化时期，其贸易保护主义色彩浓厚。这种保护主义依然体现在巴西的国际参与之中。例如，1986年9月，《关税和贸易总协定》乌拉圭回合多边贸易谈判启动。在此之前漫长的谈判中，各方对于是否把服务业、知识产权、投资与贸易、高科技产品纳入谈判进程存在分歧，以巴西和印度为代表的发展中国家"十国集团"坚决反对，坚持要求服务业单独谈判。

1990年，巴西启动关税改革，标志着其贸易自由化进程加速。巴西也开始顺应全球范围内的贸易自由化趋势，积极探索对外贸易合作。20世纪90年代中期，巴西顺应国际形势，积极参与地区性的贸易谈判。但是，无论是经济总量、人口、规模还是地区影响力，身为拉美最大的国家，巴西在自由贸易协定谈判中始终以强化和提升本国竞争力为核心关切。这种战略立场决定了巴西地区一体化的实践。一方面，在面对美国提出的建立"美洲自由贸易区"（Free Trade Area of Americas，FTAA）时，巴西显示出强烈的

---

① "Brasil não Perdeu Prestígio. Ele Nunca Foi Tão Alto", en Gazeta Mercantil, 19/10/2006.
② Ivan Oliveira et al. , "The Political Economy of Trade Policy in Brazil", IPEA Report, 2019, p. 7.
③ 〔美〕戴维·R.马拉斯、哈罗德·A.特林库纳斯：《巴西的强国抱负：一个新兴大国崛起之路的成功与挫折》，浙江大学出版社，2018，第55页。

独立自主追求，不愿加入其中。另一方面，巴西提出了自己的区域集团化方向，即加快南方共同市场的建设，并作为一个整体与美国展开自由贸易谈判。1993年10月，巴西甚至提出建立南美自由贸易区的倡议，试图在美国范围之外进行独立探索。① 巴西坚持认为，开放市场应该是双向的而非单向的，鉴于美国在乌拉圭回合中对拉美产品降低关税的幅度不及预期，因此需要另辟蹊径。例如，巴西橙汁出口到美国享受的关税降幅仅为15%。1989～1993年，美国对巴西出口从38.22亿美元增加到60.28亿美元，而巴西对美国出口则从83.7亿美元降至80.28亿美元。

1990年6月，时任美国总统乔治·赫伯特·沃克·布什（George Herbert Walker Bush）提出把北美自由贸易区（NAFTA）扩展为"从阿拉斯加到火地岛的美洲自由贸易区"，此后的比尔·克林顿（Bill Clinton）总统坚持了该倡议。1994年12月，在迈阿密举行的西半球国家首脑会议上，美洲国家商定发起谈判，在2005年之前建立纵贯南北美洲的自由贸易区。由于巴西和美国在谈判中存在严重分歧，这一愿景最终落空。巴西对FTA的立场之所以不同于其他拉美国家，原因在于巴西一直采取出口多样化的政策，对美国的贸易依赖度较低，这使美国在巴西对外经济关系中的地位不断下降。例如，1993年，巴西最大的出口市场是欧盟（占比29.6%），美国排在拉美和亚洲之后，仅占巴西出口的10.6%。但是，尽管美国不是巴西最大的出口市场，却是巴西最大的进口来源国。如果巴西向美国开放市场，美国将是最大受益者。美国高度发达的工业将对巴西经济，特别是民族工业的发展造成巨大冲击。正是基于保护国内工业部门特别是制造业部门的考虑，巴西在对外签署自由贸易协定方面较为谨慎。在多边领域，巴西于1996年对进口汽车实施配额制度，并试图争取1994年关税和贸易总协定框架下的豁免，但未能得到WTO的认可。自2003年坎昆会议后，巴西在WTO谈判中发挥了突出作

---

① 贺双荣：《巴西为何不愿加入北美自由贸易区》，《拉丁美洲研究》1995年第6期。

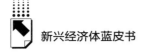

用。① 巴西反对发达国家在农产品贸易领域迟迟不做让步的做法，积极主导与发展中国家诉求相关的谈判议程。

巴西总体贸易及与贸易有关的政策目标是发展工业、促进生产多样化、实现技术升级、提高国内产品的竞争力、融入全球价值链和国际市场，以及加强出口和使出口多样化。其贸易政策议程三大支柱包括强化以南方共同市场为依托的贸易协定网络，实现南方共同市场共同对外关税结构的现代化，以及减少非关税贸易壁垒。② 近年来，巴西采取了简化法规、增加透明度和鼓励贸易的措施，并促进使用与有效监管有关的政策工具，包括开展监管影响分析或评估，巴西还在电子政务和反腐方面取得了进展。巴西坚持把参与建立国际经济规则作为其首要兴趣，并借此来强化其在拉美地区事务方面的领导作用。③

二 巴西 FTA 战略的现状及成效

贸易协定一直是巴西融入世界经济体系和实现提高生产率战略目标的支柱。近年来，巴西将目光转移到拉美地区的贸易伙伴或贸易集团之外，寻求新的合作对象。与此同时，巴西依托拉丁美洲一体化协会（Asociación Latinoamericana De Integración，ALADI）和南方共同市场，将一些双边或多边贸易协定落到实处。

（一）巴西对外签署的自由贸易协定及其特点

第二次世界大战特别是冷战结束以来，各国经济的相互依赖度日益加深，全球经济一体化趋势加强。拉美是世界上最早开展区域经济合作和一体化运

---

① 2003 年 9 月，在坎昆召开的 WTO 第五次部长级会议上，在巴西政府的倡议下，二十国集团成立，这一集团旨在寻求消除或减少发达国家对农产品的补贴。

② WTO, "Trade Policy Review: Brazil", Oct. 2022, p. 10.

③ Gladys Lechini, Clarisa Giaccaglia, "El ascenso de Brasil en tiempos de Lula ¿Líder regional o jugador global?" *Revista Latinoamericana de Economía*, Vol. 41, No. 163, 2010, pp. 53-73.

动的地区，为发展中国家之间开展南南合作、寻求集体互助提供了有力的理论依据和丰富的实践经验。作为拉美最大的经济体，巴西积极参与地区一体化。20世纪90年代，由于南方共同市场内部、北美自由贸易区和欧盟—南方共同市场同时进行谈判，贸易谈判在巴西的贸易政策中发挥了前所未有的作用。这一变化对贸易政策的制度结构产生了影响，不仅对所涉公共实体产生了巨大影响，而且对公共和私人利益相关者之间的关系也产生了巨大影响。

巴西对外签署的自由贸易协定可以划分为四个层次。第一，巴西积极参与全球多边贸易谈判。作为GATT最早的缔约国之一，巴西1948年7月就已经入关。但是，在入关后长达40多年的发展过程中，巴西对国内产业的保护程度较高，对出口产业也实行过多种直接和间接的支持措施，巴西的对外贸易体制与GATT对缔约国的要求有较大差距。① 近年来，巴西积极参与WTO改革，支持WTO上诉机构恢复，积极参与贸易便利化、监管实践、反腐败和政府采购等WTO新议题。第二，南方共同市场被巴西视为最重要的贸易协定，也是其对外战略的关键一环。巴西以南方共同市场为依托，积极探索与南美洲国家的贸易联系，已经同智利、秘鲁、玻利维亚、墨西哥等国家签署了相关贸易协定。第三，巴西重视与区域外国家的贸易合作，通过南方共同市场与其他国家开展贸易谈判。目前，南方共同市场与埃及、印度、以色列和南部非洲关税同盟签署了自由贸易协定。南方共同市场还积极加强与发达国家经济集团的合作，与欧盟结束了自由贸易协定谈判，与加拿大和欧洲自由贸易联盟（EFTA）的谈判也在进行之中。第四，巴西积极参与优惠贸易协定（Preferential Trade Agreements）谈判。根据美洲国家组织（OAS）的认定标准，巴西与苏里南、墨西哥、圭亚那、阿根廷和乌拉圭签署优惠贸易协定，南方共同市场则与墨西哥签署汽车优惠贸易协定，还与哥伦比亚、厄瓜多尔和委内瑞拉联合签署了优惠贸易协定。② 表1列出了巴西签署的自由贸易协定。

---

① 王选庆：《巴西加入WTO的应对措施及启示》，《中国经贸导刊》2000年第9期。
② OAS的认定和WTO的认定标准并不完全一致，具体可参见：http://www.sice.oas.org/ctyindex/BRZ/BRZagreements_ e.asp，访问日期：2023年1月14日。

表 1　巴西签署自由贸易协定一览①

进展程度	自贸协定名称	实施状况
已经签署并实施的自由贸易协定	巴西—墨西哥	2002 年 7 月签署,2003 年 5 月生效,双边协定(商品)
	巴西—智利	2018 年 12 月签署,2022 年 1 月生效,双边协定(商品和服务)
	巴西—苏里南	2005 年 4 月签署,2006 年 7 月生效,双边协定(大米)
	发展中国家间全球贸易优惠制度(GSTP)	1988 年 4 月签署,1989 年 4 月生效,诸边协定(商品)
	拉丁美洲一体化协会(ALADI)	1980 年 8 月签署,1981 年 3 月生效,诸边协定(商品)
	贸易谈判协定(PTN)	1971 年 12 月签署,1973 年 11 月生效,诸边协定(商品)
	南方共同市场(MERCOSUR)	1991 年 3 月签署,1991 年 11 月生效,诸边协定(商品和服务)
	南方共同市场—埃及	2010 年 8 月签署,2017 年 9 月生效,双边协定*(商品)
	南方共同市场—哥伦比亚	2017 年 7 月签署,2017 年 12 月生效,双边协定*(商品)
	南方共同市场—印度	2004 年 1 月签署,2009 年 6 月生效,双边协定*(商品)
	南方共同市场—秘鲁	2005 年 11 月签署,2006 年 1 月生效,双边协定*(商品)
	南方共同市场—以色列	2007 年 12 月签署,2009 年 12 月生效**,双边协定*(商品)
	南方共同市场—古巴	2006 年 7 月签署,2007 年 7 月生效,双边协定*(商品)
	南方共同市场—安第斯共同体(除玻利维亚和秘鲁)	2004 年 10 月签署,2005 年 1 月生效,双边协定***(商品)
	南方共同市场—南部非洲关税同盟	2008 年 12 月签署,2016 年 4 月生效,双边协定***(商品)
正在谈判的自由贸易协定(WTO 认定)	南方共同市场—加拿大	2013 年 3 月开始谈判,双边协定*
	南方共同市场—欧洲自由贸易联盟	2017 年 6 月开始谈判,诸边协定

　　* 一方是区域贸易协定;　** 南方共同市场各国和以色列生效时间各异;　*** 双方都是区域贸易协定。

　　资料来源:WTO,Regional Trade Agreements Database;Trade Policy Review-Brazil(2022)。

---

　　① 根据 WTO 自由贸易协定数据库和 WTO 年度报告整理,详见:http://rtais.wto.org/UI/PublicSearchByMemberResult.aspx?MemberCode=076&lang=1&redirect=1,访问日期:2023 年 1 月 14 日。

（二）谈判或计划中的自由贸易协定

2000 年南方共同市场的 32 号决议规定，南方共同市场成员国必须以集体形式与区域外的第三国或集团就优惠关税的贸易协议进行谈判，这被视为成员国对外贸易谈判的瓶颈。但是，自贸协定不局限于关税减让，非关税壁垒的消除以及贸易便利化也是促进自由贸易的关键。巴西积极推动南方共同市场的对外集体谈判，同时在规则之外寻求突破。特别是美国特朗普政府掀起的贸易保护主义从区域外推动了南方共同市场的再次开放。

首先，巴西和海湾阿拉伯国家合作委员会（GCC）（以下简称"海合会"）之间的自由贸易协定谈判停滞，油气和食品成为双方谈判的关键部门。作为南美洲和阿拉伯世界两个重要的区域合作组织，双方自贸区谈判开始于 2005 年 5 月首届南美—阿拉伯国家首脑会议期间。会议通过了旨在加强双边政治和经济合作的《巴西利亚宣言》（The Brasilia Declaration），强调通过多边贸易谈判提升双方在全球贸易中的地位和作用。但是，由于双方在海合会成员国石油产品的关税优惠问题上一直存在分歧，再加上原定于 2011 年 2 月召开的第三届南美—阿拉伯国家首脑会议因中东变局而不断延期，南方共同市场与 GCC 的自贸区谈判被迫中止。尽管双方经济结构和贸易结构互补性强，对于南方共同市场和海合会而言，双方缔结自贸区协议的政治和战略意义较经济利益更加突出。[①] 南方共同市场与海合会自 2005 年以来虽然在自贸区谈判上取得颇多进展，但是始终没有为自贸区协议签署制定具体时间表。

其次，南方共同市场和欧盟之间的自贸谈判虽已签署协议，但仍难以落地。2019 年 6 月，在 G20 大阪峰会期间，经济总量之和约占全球 1/4 的两大区域组织——欧盟与南方共同市场宣布达成自贸协定。双方除实施传统关税减让措施之外，还在政府采购、贸易便利化、卫生检验检疫以及知识产权等多领域达成共识。欧盟和南方共同市场结束长达 20 年的自贸谈判不仅在

---

① 左品：《南共市与海合会自贸区谈判及合作前景》，《阿拉伯世界研究》2013 年第 1 期。

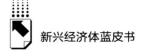

世界范围内用实际行动捍卫了多边贸易体制，更为南方共同市场加深融入全球价值链的深度以及为国内改革提供机会窗口。但是，由于双方在各自最为关注的领域各执己见，自贸协定仍未落地。以农产品出口为主的南方共同市场国家希望欧盟开放更大的市场，但法国和爱尔兰等国坚决反对；欧盟希望南方共同市场完全放开工业品市场，而这势必会冲击其民族工业而遭到南方共同市场成员国的抵制。

再次，巴西以南方共同市场为依托，积极开展与其他国家和地区的自由贸易协定谈判。[①] 第一，南方共同市场和黎巴嫩在 2015 年 5 月启动贸易协定谈判，涵盖的主题包括货物贸易、原产地规则、技术性贸易壁垒、卫生和植物检疫措施、贸易防御和争端解决。第二，2021 年 12 月，南方共同市场和印度尼西亚启动了全面经济伙伴关系协定（APEA）的谈判，涵盖的主题包括货物贸易、原产地规则、服务、投资、政府采购、贸易便利化和海关合作、贸易技术壁垒、卫生和植物检疫措施、贸易防御、竞争、可持续发展、知识产权、小型和中型企业和争议解决。第三，南方共同市场与加拿大的谈判于 2018 年 3 月启动，至今已完成 7 轮谈判，涵盖的主题包括货物贸易、原产地规则、服务、投资、政府采购、知识产权、贸易救济、贸易便利化和海关合作、技术性贸易壁垒、卫生和植物检疫措施、环境、包容性商业、微型和小型企业、劳动力市场、电子商务、争议解决和监管。第四，南方共同市场与韩国的谈判启动于 2018 年 5 月，至今已完成 7 论谈判，涵盖的主题包括货物、原产地规则、贸易便利化和海关程序、贸易技术壁垒、卫生和植物检疫措施、贸易防御、政府采购、知识产权、服务、投资、电子商务、竞争、合作、贸易和可持续发展、争端解决。第五，南方共同市场于 2020 年公布了与越南进行全面、具有商业意义和互惠互利的自由贸易协定谈判的可能性，涵盖的主题包括货物贸易、原产地规则、贸易便利化和海关合作、技术性贸易壁垒、卫生和植物检疫措施、贸易防御、竞争、可持续发展和争端

---

① 关于巴西对外谈判和签署的商业协议，参见：Siscomex：Acordos comerciais，https：//www. gov. br/siscomex/pt - br/informacoes/acordos - comerciais？b_ start：int = 0，访问日期：2023 年 1 月 14 日。

解决。第六，南方共同市场与新加坡之间的自由贸易协定谈判自 2018 年 7 月正式启动以来，共举行了 6 轮谈判，并于 2022 年 7 月结束。谈判达成的协议涵盖两国间的商品和服务贸易以及双方之间的投资。此外，它在贸易便利化、知识产权、政府采购和电子商务等现代问题上做出了具有约束力的承诺。目前，该协议的文本正在接受法律审查程序。

最后，巴西积极探索与中国在贸易协定谈判方面取得突破。中国 - 南方共同市场磋商对话机制始于 1996 年。2004 年中国—南方共同市场对话联络小组启动，并就双边 FTA 进行可行性研究。2012 年，《中华人民共和国与南方共同市场关于进一步加强经济、贸易合作联合声明》发布。2019 年 12 月 4 日，巴西经济部下属应用经济研究所（IPEA）发布了《关于中国—巴西自贸协议对巴经济影响》的研究报告。报告称与中国签订自贸协定将为双边经贸和巴西外贸带来积极影响。

（三）巴西自由贸易协定效果评析

巴西的贸易政策模式可以追溯到 20 世纪 60 年代，受到 20 世纪 90 年代自由化趋势的轻微影响，贸易战略继续按照广泛的政治框架来设计，这种框架由保护主义工业化时期所形成的对外经济政策的基本假设所确定。因此，尽管巴西在 20 世纪 90 年代末 21 世纪初参与了诸多贸易谈判，但这些谈判几乎没有产生经济成果。巴西在 1994 年实施雷亚尔计划后，没有改变其贸易政策，即使是 20 世纪 90 年代初的单边自由化事件也没有动摇保护主义工业化战略的主要要素。[1] 巴西政府、行业和社会在签订自由贸易协定方面基本达成一致意见，即认为巴西已签署的自由贸易协定对促进对外贸易的效果极为有限。

巴西与发达国家的贸易谈判集中在 WTO 的多哈回合，巴西在一些议题上发挥了关键作用。然而，随着 1999 年巴西金融动荡的影响越来越明显，

---

① Pedro da Motta Veiga e Sandra Polónia Rios, "O papel dos acordos preferenciais de comércio em um novo ciclo de abertura comercial do Brasil nos anos 2020", CINDES Reporte, No. 123, 2022.

巴西对多哈回合谈判的热情逐渐消退。保护主义范式也一直在左右着巴西的贸易谈判立场。由工业部门官僚和商业协会组成的广泛联盟在贸易和投资谈判立场方面发挥了核心作用，在卡多佐、卢拉和罗塞夫总统任期内，它一直主导着谈判战略。尽管巴西参与了几项贸易协定谈判，但始终采取防御立场。卢拉政府在外交政策上有更大的雄心，旨在提高巴西的国际形象。然而，在贸易谈判议程失去了卡多佐时期的优先地位，北美自由贸易区和南方共同市场—欧盟谈判陷入停滞，巴西在南美和区域外发起了许多新的南南倡议，但在贸易和投资领域没有相关产出。加入北美自由贸易区的谈判于2003年被放弃，与欧盟的谈判则于2004年暂停。

受制于合作规范①，南方共同市场在对自由贸易谈判上需集体行动，这在一定程度上限制了巴西自由贸易谈判的灵活性。2019年6月，南方共同市场与欧盟完成了自贸谈判；2020年6月，双方又完成了政治和合作章节谈判，目前处于各方议会审议阶段。南方共同市场与欧洲自由贸易联盟（冰岛、挪威、瑞士、列支敦士登组成的贸易集团）的谈判从2017年1月开始，于2019年8月23日结束，目前处于各国对文本进行法律审查阶段。2018年3月、5月和7月，南方共同市场先后与加拿大、韩国和新加坡启动自贸谈判，内容涉及传统关税减让之外的高级自贸谈判新内容。2021年5月19日，巴西政府发布南方共同市场—印度尼西亚和南方共同市场—越南自由贸易协定公众咨询文件，向国内各利益相关方征询意见。

三 新时期巴西自贸区建设立场与前瞻

巴西是拉美地区贸易开放度最低的国家之一，长期以来内顾发展，贸易保护主义根深蒂固。极右翼总统雅伊尔·博索纳罗（Jair Bolsonaro）上台后，以扩大巴西在国际贸易中的参与度为目标，其贸易战略包括降低非关税

---

① 即南方共同市场00/32条款，南方共同市场成员国必须以集体身份与其他国家进行自由贸易谈判。

贸易壁垒、促成南方共同市场关税结构现代化、扩大自由贸易协定网络（以亚洲为重点）。2020 年后，巴西的贸易开放取向更加清晰，特别在 2021年下半年担任南方共同市场轮值主席国之后，其在南方共同市场开放议题上较为主动。作为世界贸易组织创始成员之一，巴西积极为由发展中国家和主要新兴经济体组成的金砖国家集团发声，并致力于加强多边贸易体制建设。随着卢拉回归，巴西多边主义立场将更加清晰，其自贸区建设也将驶入快车道。

（一）卢拉回归与多边主义

2019 年，博索纳罗上台执政。在"巴西高于一切"的口号下，博索纳罗逆转了前总统米歇尔·特梅尔"外交政策去意识形态化"的方针，与美国前总统特朗普政府"盲目"结盟。巴西对外政策主基调从"南南合作"转向"与美结盟"，从"多边主义"转向"追随美国"，不仅放弃在 WTO的发展中国家经济地位，并且通过加强和美国的联系希望加入"富国俱乐部"——OECD，背离了巴西一贯的南方国家身份认同。① 然而，无论是特朗普还是拜登，均未给予巴西支持，反而是同样来自拉美的哥伦比亚和哥斯达黎加先后成为 OECD 成员。

2022 年 10 月 30 日，巴西前总统卢拉在大选第二轮中胜出，巴西左翼时隔 6 年再次回归。2003~2010 年，卢拉政府坚持推行多边主义，将其视为建立国际政治新秩序的原则和一种广泛的国际运动，以实现国际社会的权力多元化、合理化和规范化。② 多边主义的全球回归契合巴西外交传统。跨界性挑战和风险层出不穷，世界各国的命运紧密联系，全球性问题只能以多边主义的方式来化解，多边主义也是巴西 1985 年再民主化以来对外政策的基调。博索纳罗依托美国提升巴西国际地位的单边主义倾向并未取得成果，国

---

① 周志伟：《国家身份、集体身份与激励机制——巴西参与金砖国家的核心动机分析》，《拉丁美洲研究》2022 年第 5 期。
② 王飞：《全球治理视角下的巴西多边主义外交与金砖合作》，《中国社会科学院研究生院学报》2018 年第 1 期。

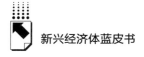

内各政治势力也在反思，希望回归传统路径开展多边外交。

自巴西独立以来，发展与拉美国家尤其是南美洲国家的关系是其对外政策的优先方向。2003 年卢拉上台执政后，巴西这一外交传统得以延续。2003~2010 年在卢拉任期内，巴西在地区一体化方面的三大支柱是加强与阿根廷的战略关系、加强南方共同市场建设和推进南美地区一体化。[①] 在其对外战略的指导下，巴西高度重视对外贸易，希望在自由贸易上取得突破性进展。首先，巴西强调南方共同市场是一个战略性计划，希望深化区域内的自由贸易并加强关税同盟建设，最终实现建立共同市场的目标。巴西还强调南方共同市场作为整体在应对美国发起的美洲自贸区谈判中的重要作用。其次，巴西重视"南美"地缘概念，并以此作为其国际战略的依托。为此，巴西积极协调南方共同市场和安第斯共同体这两个拉美地区组织之间的关系。2004 年 10 月，南方共同市场和安第斯共同体签署自由贸易协定，2005 年 1 月正式实施，巴西与哥伦比亚、厄瓜多尔、委内瑞拉三个安第斯共同体国家之间的进出口享受了关税减免。最后，阿根廷是巴西重要的贸易伙伴，卢拉回归后，两国均由左翼政府执政，意识形态上的趋同有利于两国联合突破多年来南方共同市场的升级。事实上，在博索纳罗政府后期，巴西重拾对外贸易开放姿态，积极通过降低关税等手段激活南方共同市场。例如，鉴于南方共同市场集体行动进程缓慢，巴西于 2021 年 11 月 5 日单方面宣布削减进口关税 10%，范围涉及南方共同市场 87% 的税目，有效期至 2022 年 12 月31 日。2022 年 5 月，巴西再次对大多数进口商品降低 10% 的进口关税，有效期至 2023 年 12 月 31 日。

（二）巴西参与多边自贸区的立场与构想

巴西传统的外交战略和对外政策，认为在国际机构中的参与度和代表性是施展政治作为的潜在机会，因此积极参与并推动有利于巴西的规则或规定

---

① 周志伟：《巴西卢拉政府的地区战略评估》，《江汉大学学报》（社会科学版）2010 年第 3 期。

的制定，并在一定程度上拒绝可能产生不利影响的规则。[1] 巴西在实施对外政策的过程中，强调南方国家的代表性，并维护南方国家的利益。当集团利益与本国利益不一致时，巴西会将本国利益提升至地区利益之上。这也被一些学者称为"实用的制度学派理论"[2]。

1. 对南方共同市场升级的立场

南方共同市场是一个完全由发展中国家组成的共同市场，也是南美地区最大、影响范围最广的经济一体化组织。1991 年签订的《亚松森条约》（Treaty of Asuncion）和 1994 年签订的《欧鲁普雷图议定书》（Oropreto Protocol）是南方共同市场成立的纲领性文件。阿根廷、巴西、乌拉圭、巴拉圭 4 个南美洲国家于 1991 年 3 月 26 日组建成立这一区域性经济合作组织，1995 年 1 月 1 日正式启动。作为巴西对外政策的优先选项，南方共同市场与统一的共同市场在很多方面相去甚远。因此，在促进区域内贸易增长的同时，巴西视南方共同市场为强化与拉美其他国家经济联系的渠道和手段，希望通过扩大规模邀请南美洲其他国家加入，最终建立以南方共同市场为核心的南美洲自由贸易区。[3] 在 2003~2010 年的卢拉任期内，委内瑞拉加入了南方共同市场[4]，秘鲁、哥伦比亚和厄瓜多尔相继成为南方共同市场的联系国，墨西哥则成为观察员国。

经济和贸易议题是南方共同市场最为关注的领域，共同关税问题则是南方共同市场各成员国之间最重要的分歧。南方共同市场成员国的关税税率受南方共同市场的统一限制，其进口税率在全球范围内处于最高水平之列。涵盖南方共同市场进口品类 75% 的商品的进口税率分为四档：第一档为 16%~20%，包括纺织品和生活消费品；第二档为 12%~16%，包括农产品和通信设备；第三档为 10%~15%，包括金属合金；第四档为 0~14%，主要是资

---

① Hurrell, A., Cooper, A. F., González González, G., Ubiraci Sennes, R., & Sitaraman, S., Some Reflections on the Role of Intermediate Powers in International Institutions. Washington DC: Woodrow Wilson International Centre for Scholars, March 2000.

② Pinheiro, Letícia, *Política Externa Brasileira*, *1889-2002*, Río de Janeiro: Jorge Zahar, 2004.

③ 王飞：《南方共同市场》，社会科学文献出版社，2019，第 3 页。

④ 委内瑞拉因国内局势自 2017 年 8 月起被无限期终止成员国资格。

本商品。特别地，小汽车和公交车的进口税率高达35%。南方共同市场共同对外关税的问题由来已久，自1994年后未曾进行调整，已经成为南方共同市场国家提高竞争力的一大掣肘。2019年3月后，博索纳罗政府坚持将调整南方共同市场共同关税作为政策优先选项。巴西的提案是分两步降低20%的进口关税，第一步是立即降低10%，第二步则是在2021年底前完成剩余10%的关税减免。2021年，南方共同市场成员国就共同关税调整问题形成对峙局面，巴西和乌拉圭支持降低关税，而阿根廷和巴拉圭则较为保守。2020年以来，各成员国都开始积极寻求增长的新突破口，南方共同市场对外贸易谈判立场成为重要选择。特别是2021年7月初，巴西就任轮值主席国，开始积极接触阿根廷，希望能去除这一顽疾。2021年10月8日，巴西外长与阿根廷外长发布联合声明，宣布双方达成协议，决定将南方共同市场对外关税降低10%，并表示将尽快与另外两个成员国展开磋商。目前，决议内容尚未落地，而巴西已迫不及待。2021年11月5日，巴西经济部和外交部联合发表声明，将暂时性（持续到2022年底）降低部分巴西进口商品的关税，降低幅度为10%。除汽车、糖、酒精关乎巴西经济安全的三类产品外，其余87%的巴西进口商品进入降低进口关税的列表中。由于巴西国内面临通货膨胀率高企甚至奔腾起来的不利局面，根植于历史上对高通胀的恐惧，政府竭尽全力控制价格水平过快上涨。降低进口关税是扩大供给的重要手段，有利于政府实现抑制通货膨胀的目标。因此，时任巴西经济部长格德斯表示将在2021年底结束轮值主席国任期前积极推进南方共同市场关税税率调整进程。阿根廷虽然做出让步，但协议只涉及87%的征税产品，汽车、纺织品和鞋等"敏感品"并不在列。同时，由于巴西大选的临近，内政显然是博索纳罗的重心，南方共同市场共同对外关税调整的计划再次落空。

与博索纳罗不同，卢拉对南方共同市场的态度自其第一次就职总统时就十分积极，而且他不止一次强调南方共同市场对巴西的重要性。[①] 在卢拉

---

① Pronunciamento de LUIZ INACIO LULA DA SILVA em 14/12/2006, https：//www25. Senado. leg. br/web/atividade/pronunciamentos/-/p/pronunciamento/366366，访问日期：2023年1月14日。

2022 年竞选期间的几次演讲中，其就南方共同市场的升级提出了几个新目标：一是尽快落实南方共同市场和欧盟之间的自由贸易协定；二是推动南方共同市场与加拿大的自由贸易协定谈判，卢拉视其为强化与发达国家经贸联系的关键；三是针对乌拉圭寻求绕过南方共同市场而单独签订自由贸易协定的做法，对南方共同市场进行制度改革。

2. 对其他多边自贸区的态度

自 2019 年以来，巴西一直在推进基于三大支柱的贸易政策议程，即强化贸易协定网络、优化南方共同市场关税结构和减少非关税贸易壁垒。尽管在监管和制度方面取得了进展，但巴西维持了长期的贸易保护主义基调和与贸易有关的政策框架，从而保护某些国内生产商免受外部竞争。因此，其政策设置一定程度上仍然具有坚持"幼稚产业"保护和"关税跳脱"（tariff jumping）的特点。[①]

2020 年以来，巴西仍然注重通过南方共同市场和拉丁美洲一体化协会加强区域经济一体化。在实践中，巴西并不完全认同乌拉圭试图越过南方共同市场与其他国家单独开展自由贸易谈判的做法。巴西的贸易战略目标是实现与拉丁美洲的"生产性"一体化，以及与主要或传统贸易伙伴签订区域贸易协定。巴西采取行动强化与传统伙伴的贸易关系，并通过谈判和缔结贸易协定为巴西产品打开新的市场，这些贸易协定不仅涉及关税，还涉及投资、服务、电子商务、公共采购、贸易便利化和技术法规、卫生和植物检疫措施、知识产权、国有企业、可持续发展和透明度/反腐败等方面。然而，南方共同市场自成立以来，集体对外贸易谈判收效甚微。南方共同市场2000 年的第 32 号决议中提到"重申南方共同市场成员国以集体形式与区域外的第三国或集团谈判优惠关税的贸易协议"。这意味着南方共同市场只能以集体的形式进行谈判以及签署与第三方的自贸协定。对外自贸谈判的历程充分体现了"集体谈判"的优势与制约。因此，鉴于 00/32 条款的制约，

---

① 关税跳脱是指为了避免关税，通过外国直接投资或颁发许可证，在外国生产。详见：WTO, "Trade Policy Review：Brazil"，Oct. 2022, pp. 38-39。

短期内巴西难以超越制度约束，其单独参与群体性自由贸易谈判的可能性不大。此外，由于四个成员国国情迥异，集体一致行动的约束时有发生，影响了南方共同市场"合力"的发挥。长期以来，巴西希望与美国和日本签署自贸协定，乌拉圭希望尽快推进与美国和中国的自贸谈判，巴拉圭于2003年与美国签署了贸易和投资框架协定，但是2005年听从了巴西和阿根廷的建议，表示放弃与美国寻求签署双边自贸协定的计划。① 例如，2020年6月阿根廷曾宣布退出南方共同市场与韩国、新加坡、加拿大和黎巴嫩的新自贸协定谈判，表示需要优先考虑受新冠疫情困扰的国内经济，但仍将执行南方共同市场已签署的自贸协定，包括南方共同市场与欧盟和欧洲自由贸易协会之间的自贸协定。

（三）巴西对金砖国家自贸区的态度

截至2022年底，巴西参加了世界贸易组织的所有联合倡议，加入世界贸易组织的《政府采购协定》和《民用飞机贸易协定》的程序正在进行中。与此同时，巴西继续侧重于加强区域经济一体化，重点是深化拉丁美洲的现有协定，并作为南方共同市场成员，与区域外的贸易伙伴进行谈判。在金砖国家层面，尚未有要达成某种贸易协定的制度化承诺，金砖各成员间贸易问题的解决还需要通过双边谈判的方式完成。当下，该集团深化贸易协定的利益融合点尚在探索中。② "以史为鉴，可以知兴替"，尽管金砖国家自贸区并不是巴西对外贸易谈判的关注方向，也非巴西各界关注的内容，但从巴西对外签署自由贸易协定的选择和谈判可以展望巴西对这一倡议的观点设想。例如，在以什么方式加入北美自由贸易区的问题上，巴西主张以集团的方式而不是以单个国家的方式加入，避免丧失其在南美洲的主导权。

---

① Paraguay, No FTA with US, no withdrawal from Mercosur, https：//www.latinnews.com/component/k2/item/2544.html，访问日期：2023年1月14日。

② 〔巴西〕莉亚·瓦尔斯·佩雷拉、路易莎·尼埃美尔：《巴西对外贸易与直接投资》，载费尔南多·奥古斯都·阿德奥达托·韦洛索等主编《跨越中等收入陷阱：巴西的经验教训》，经济管理出版社，2013，第269页。

　　自 2006 年金砖国家合作机制启动以来，巴西的政治生态已经经历了数次变革：从 2006 年的左翼劳工党政府到 2019 年上台的极右翼博索纳罗政府，再到 2022 年左翼归来。受此影响，巴西对外政策体现出与金砖国家合作不太一致的意识形态倾向，如积极追随美国、忽视"南南合作"等。然而，即便是政治"右转"时的巴西，也依然在金砖国家问题上延续了合作的态度，并未因意识形态差异而采取类似退出南美洲联盟、暂停参加拉美和加勒比国家共同体等过激的外交行为。金砖国家自贸区的设想在巴西并没有过多回应，少数政客就此曾发表过相关言论。例如，巴西自由阵线党（Partido da Frente Liberal）① 的参议员马可·马西尔（Marco Maciel）早在 2006 年就曾建议，成立金砖国家自贸区比推动南方共同市场深度合作更加重要。②

　　总之，巴西始终致力于争取国际社会对其"大国"地位的广泛认同，不仅要成为具有地区代表性的区域大国，更要成为具有发展代表性的新兴大国，但是未来巴西政府如何看待这两者之间的关系，决定了其对建立金砖国家自贸区的态度。金砖国家已成为全球治理体系改革的重要推动力量，从领导人会晤宣言来看，金砖国家针对几乎所有的全球和地区重要及热点问题都有一致立场的表达，涉及议题从最初的经济性议题扩展到诸如气候变化、能源安全、公共卫生、地区冲突、恐怖主义等多领域议题。不难理解，与综合实力较一般的巴西相比，金砖国家在全球治理中的参与维度和深度都具有明显优势。巴西将金砖国家视为成本收益率较高的国际多边机制，甚至认为巴西是从中获益更多的国家。③ 这在一定程度上有助于提升国际社会对巴西国家身份的正向认同程度，这种核心动机使得巴西即使在博索纳罗极右翼政府执政时期依然对金砖国家采取积极的合作态度，金砖合作超越了意识形态分歧。展望卢拉执政的未来 4 年，尽管有较大可能推动建立金砖国家自贸区，

---

①　后更名为民主党。

②　Pronunciamento de Marco Maciel em 24/03/2006，https：//www25. senado. leg. br/web/atividade/pronunciamentos/-/p/pronunciamento/361072，访问日期：2023 年 1 月 14 日。

③　José Vicente de Sá Pimental eds. ，*Debatendo o BRICS*，Brasília：FUNAG，2013，p. 54.

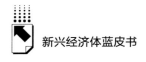

但南方共同市场的制度约束、巴西不同党派之间的共识程度不高都将成为理想变为现实的重重阻力。

参考文献

［1］〔美〕戴维·马拉斯、哈罗德·特林库纳斯：《巴西的强国抱负：一个新兴大国崛起之路的成功与挫折》，熊芳华等译，浙江大学出版社，2018。

［2］〔巴西〕费尔南多·奥古斯都·阿德奥达托·韦洛索等主编《跨越中等收入陷阱：巴西的经验教训》，经济管理出版社，2013。

［3］〔英〕莱斯利·贝瑟尔主编《剑桥拉丁美洲史》（第九卷），吴洪英等译，当代中国出版社，2013。

［4］王飞：《从货币政策看巴西工业化升级的失败》，《文化纵横》2019 年第 3 期。

［5］王飞：《南方共同市场》，社会科学文献出版社，2019。

［6］吴国平、王飞：《浅析巴西崛起及其国际战略选择》，《拉丁美洲研究》2015 年第 1 期。

［7］周志伟：《国家身份、集体身份与激励机制——巴西参与金砖国家的核心动机分析》，《拉丁美洲研究》2022 年第 5 期。

［8］Bacha E., de Bolle M., Futuro da Industria no Brasil：Desindustrialização em debate, Rio de Janeiro：Civilização Brasileira, 2013, pp. 2-3.

［9］Giaccaglia, Clarisa, "Pequeños gigantes del sistema internacional：un estudio sobre la naturaleza y las funciones de las potencias medias", Tesis de grado de la Licenciatura en Relaciones Internacionales de la Facultad de Ciencia Política y Relaciones Internacionales de la Universidad Nacional de Rosario, mimeo, diciembre de 2006.

［10］Ivan Oliveira et al., "The Political Economy of Trade Policy in Brazil", IPEA Report, 2019.

［11］Pedro da Motta Veiga e Sandra Polónia Rios, "O papel dos acordos preferenciais de comércio em um novo ciclo de abertura comercial do Brasil nos anos 2020", CINDES Reporte, No. 123, 2022.

［12］Vigevaniy Ramanzini Jr., "Brasil en el centro de la integración", Nueva Sociedad, número. 219, enero-febrero de 2009, pp. 76-96.

B.3
俄罗斯对金砖国家自贸区和中俄
自贸区建设的观点设想

林跃勤[*]

摘　要： 本报告首先分析了近年区域自贸协定增多的背景及金砖国家自贸区建设的重要意义、面临的困境及其对提高金砖国家务实合作水平的不利影响和被国际多边贸易机制化趋势边缘化的风险；其次梳理了俄罗斯学界、智库及政界对金砖国家自贸区和中俄自贸区建设的意义、可能性和现实性的看法及前景展望，呈现了俄罗斯对启动金砖国家自贸区建设及中俄自贸区谈判进程需要解决的难题和面临的挑战的基本思考。

关键词： 俄罗斯　金砖国家自贸区　中俄自贸区

在 WTO 改革阻力巨大、国家间经贸合作成本居高不下、全球贸易发展效率偏低的情况下，建立自贸区成为世界各国改进经贸合作机制、保障经贸繁荣的理性选择。作为区域贸易合作的重要平台、机制和引擎，自贸协定为一些国家创造更加宽松的贸易环境、促进各自经济发展提供了强大动能。近年，区域自贸协定不断增多，欧盟、东盟、北美自贸协定、日欧自贸协定、CPTTP、RCEP均在稳定运行并取得明显成效，印太经济框架也在推进中。但金砖国家合作机制运行 10 多年来迄今没有启动自贸协定谈判。这不仅不符合提高金砖国家务实

---

* 林跃勤，博士，中国社会科学院研究员，广东工业大学金砖国家研究中心副主任、广东金砖国家研究中心副主任，研究领域：俄罗斯经济、金砖国家合作、全球经济治理。

合作水平的目标，也落后于借助自贸区促进经贸合作这一合作方式的国际大趋势。金砖国家有被国际多边贸易机制化趋势边缘化的风险。整体而言，俄罗斯学界及政界对金砖国家自贸区以及中俄自贸区建设的探讨并不多，已有的研究多数对自贸区建设对于金砖国家以及中俄深化经贸合作、加快贸易发展、推动经济增长和促进福利改善的积极意义和潜力持肯定意见，但也认为启动自贸协定谈判需要破解认知分歧、产业分工和贸易结构不对称、自贸协定给各方带来的损益差距较大以及各自参与的区域自贸协定制度协调成本高等障碍需要破解。短期内，难以看到启动金砖国家自贸区、中俄自贸区谈判的可能性。俄罗斯对待金砖国家自贸区及中俄自贸区的观点态度，可以为探讨如何弥合创建金砖国家自贸区及中俄自贸区的分歧和推动启动谈判进程提供启示。

一 俄罗斯对金砖国家自贸区建设动因、意义的若干看法

区域贸易协定是成员国之间旨在减少贸易壁垒的一种制度安排，是作为WTO 的一项基本原则，即最惠国规则的例外而建立的。获得更大商业、社会经济和政治利益的考量、技术转让刺激外来直接投资以及 WTO 多哈回合谈判中普遍存在的僵局等因素客观上促进了区域贸易协定的发展。[1] 虽然俄罗斯学界在金砖国家经贸合作尤其是金砖国家自贸区以及中俄自贸区建设方面的研究成果不够丰富、全面和深入，但也不乏对金砖国家深化经贸合作意义的肯定，也对金砖国家自贸区、中俄自贸区等建设前景、潜力及现实性等表达了原则意见和看法。

（一）肯定金砖国家深化经贸合作和建构自贸区的现实意义

建构区域合作与对话平台是当今经济与地缘关系变化的最新趋势和特点，在发展中国家经济合作方式中占有极其重要的地位。将最新参与者纳入全球经济合作体系以适应当今世界舞台权力配置的条件正在形成，这涉及经

---

① Sachin Kumar Sharma, Murali Kallummal, "A GTAP Analysis of the Proposed BRICS Free Trade Agreement, Submitted to 15th Annual Conference on Global Economic Analysis 'New Challenges for Global Trade and Sustainable Development'", *Geneva*, Switzerland, June 27-29, 2012, p. 1.

济发展水平、地缘政治地位、文化和宗教倾向不同的行为体的"对等"合作和融合问题。自由贸易区是两个或两个以上的国家签署取消全部或多数出口商品和服务的关税、进口配额的自由贸易协定（FTA）机制，其目标是减少商品交换、服务壁垒，降低交换成本以及增加参与者的福利和财富。原则上，深化贸易合作的共同利益有利于降低贸易壁垒对经济部门的影响。① 虽然金砖国家还不是严格意义上的国际法形式的国际合作联合体，但在地缘政治经济不稳定条件下建立稳定可预期的经贸合作模式有利于金砖国家获取更大的红利。俄罗斯确立了清晰的对外伙伴关系合作立场：在俄罗斯对外政策纲要（2017-2024）中确立了面向区域经济一体化的重要政治经济任务，要实现这些任务需要加强与金砖国家的合作。② 迄今，金砖国家间建立的是一种不同于自贸区实质内涵的伙伴合作关系，它是一种在保持国家主权基础上的互惠互利的跨区域间伙伴关系。金砖国家进行区域合作的核心目标是为有效合作创造条件，以便极大地提高各成员国的经济和技术发展潜力，通过公平的经济整合和产业协调，确保国内金融稳定和社会可持续发展。因此，金砖国家能够在经济全球化条件下通过深化合作实现自身的外交政策目标以及为国内发展创造有利的环境。③ 金砖国家的全球目标可以归结为三个方面：加速成员国经济增长；以集体协作解决全球性问题；推进实现共同的国际政治利益。④

金砖国家融合发展触及全球经济关系的多个方面：改革国际金融货币体系促进其公正和有效运行；尊重国际经济关系中的法制化原则；扩

---

① Н. К. Григорьева, Зоны свободной торговли между РФ и КНР, СОВРЕМЕННЫЕ ИННОВАЦИИ № 12（14）2016.

② М. М. Вячеславовна, Исследование трансрегистралЬного оБЪедиления БРИКС как нового типа интеграции в УсловияХ глоБалЬноЙ ЭкоНоМики, Магистерская диссертация, ИнститУт ЭконоМики и Управления, НИУ《Бел ГУ》, 2019, р. 4.

③ М. М. Вячеславовна, Исследование трансрегистралЬного оБЪедиления БРИКС как нового типаинтеграции в УсловияХ глоБалЬноЙ ЭкоНоМики, Магистерская диссертация, ИнститУт ЭконоМики и Управления, НИУ《Бел ГУ》, 2019, р. 18.

④ М. М. Вячеславовна, Исследование трансрегистралЬного оБЪедиления БРИКС как нового типа интеграции в УсловияХ глоБалЬноЙ ЭкоНоМики, Магистерская диссертация, ИнститУт ЭконоМики и Управления, НИУ《Бел ГУ》, 2019, р. 20.

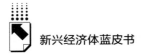
大金砖国家在和平安全和尊重他国主权基础上的外交合作；巩固金砖国家在合作中的双边经济关系；提升语言文化和信息在国际舞台上的存在感和影响力等。① 俄罗斯学者 H. K. 格利戈里耶娃基于比较优势理论分析认为，新兴经济体需要在巨大的全球市场上发挥自身专业化、分工和贸易的比较优势。自由贸易区是由两个或两个以上的国家签署自由贸易协定建立的贸易制度框架。在全球竞争日益激烈的情况下，经济行为体建立自由贸易区的目标是减少商品或者服务交换的壁垒。签署自由贸易协定的成员排除了对大多数商品和服务的关税、进口配额以增加这些国家之间的贸易优惠。与关税联盟不同，自由贸易区的成员没有区域内关税，即它们针对非成员国有不同的关税和配额政策。在自贸区内部，为了避免逃避国家关税通常使用被称为"产地规则"的货物来源认证制度，保证当地运输和加工成本以增加对商品价值最低限度的需求。只有符合这些最低要求的商品才有资格获得特殊优惠待遇。在国际经济再平衡的过程中，推动金砖国家自贸区建设是拓展和深化金砖国家务实合作的重要手段，有利于形成新型南南合作样板，探索出发展中经济体新型国家合作模式。总体而言，建构自贸区是金砖国家作为中等收入国家南南合作的新范式和新取向。金砖国家能否通过整合各国资源与优势以自贸区为载体促进参与国包容性增长，既对金砖国家发展有重大影响，也对世界政治经济发展格局产生深远影响。②

　　俄罗斯学界认为，自贸区在促进各国经济均衡、协调发展方面具有积极意义。近十多年来，金砖国家在经济、金融、科学、工业、农业、文化、教育、医疗等方面的合作范围不断扩大，在联合国、G20、世界银行、国际货币基金组织中的地位也在稳步上升。在现代地缘经济和宏观经济议程下金砖

① M. Милена Вячеславовна, Исследование трансрегистралЪного оБъедиления БРИКС как нового типа интеграции в УсловияХ глоБалЪноЙ ЭкономМики, Магистерская диссертация, ИнститУт ЭкономМики и Управления, НИУ«Бел ГУ», 2019, p. 21.

② Н. К. Григорьева, Зоны свободной торговли между РФ и КНР, СовреМеннЫе инновации № 12（14）2016, pp. 69−71.

国家间扩大贸易将促进经济增长、投资总量和实际收入增加。① 整体而言，经贸合作是金砖国家经济增长潜力的激发器。但迄今金砖国家相互间的贸易规模依然偏小、结构不平衡，并存在一定的贸易竞争，尤其是关税水平偏高，如近年金砖国家间各类非关税壁垒有所增加，这些都不利于破除相互间贸易的障碍，需要金砖国家共同努力加以消除。

俄罗斯学者认为，第四次工业革命背景下国际贸易、资本运动和国际经济的快速调整、金砖各国内部及其所在区域面对的外部挑战增多、捍卫金砖国家参与全球价值链重要环节的权益要求等，均对金砖国家深化经贸合作、提高经济发展包容性和协调性等提出新要求，其中，将自贸区协议列入金砖国家合作议程、加快自贸区谈判进程的现实意义尤其显得重要。从扩大金砖国家贸易的视角而言，在兼顾金砖各国在与其他国家签署的自由贸易协定及其他协议中的权力和责任的基础上商谈并签署金砖国家自贸协定，可能是金砖国家最具前景性的自由贸易合作构想。依据基于美国普渡大学（Purdue University）全球贸易分析项目（GTAP）模型及数据测算的结果也显示，金砖国家建立从双边贸易合作转向多边贸易合作的自由贸易区合作发展具有显著合理性和可行性。② 俄罗斯瓦尔代国际辩论俱乐部软件总监雅罗斯洛夫·利索沃里克也强调，影响建设南南自由贸易区可行性的一个关键因素是，南南国家间贸易合作发展充分程度低于其内部 GDP 水平和实际合作潜力，另一个因素是发展中国家的合作协调规模和质量还远低于发达经济体，即与发达国家间的深度贸易合作机制水平相比，发展中国家之间的合作潜力和空间还很大。建立南南国家自由贸易协定可以帮助南南国家实现这一目标。贸易保护主义抬头趋势、全球滞胀风险和南北国家地位分化对发展中国家提高经济开放水平和贸易自由化程度提出了更高要求。全球南方国家为实现这一雄

---

① И. Ю. Ткаченко, С. Вячеславович Пискунов , Вопросы перспективности создания зоны свободной торговли в рамках БРИКС, Российский внешнеэкономический вестник, 7 – 2022, p. 31.

② И. Ю. Ткаченко, Сергей Вячеславович Пискунов, Вопросы перспективности создания зоны свободной торговли в рамках БРИКС, Российский внешнеэкономический вестник, 7 –2022, p. 30, p. 49.

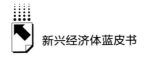

心勃勃的南南合作目标并为此建构强大动力，需要认真考虑建立自由贸易区。①

（二）看好金砖国家自贸区建设前景

俄罗斯学界普遍看好俄罗斯与金砖国家的合作潜力以及金砖国家多边合作前景。随着金砖国家在俄罗斯对外贸易中的地位日益提高，如金砖国家在俄对外贸易中的份额从 2001 年的 7% 上升到 2021 年的 21%，金砖国家正成为俄罗斯最重要和最优先的合作伙伴，未来俄罗斯与金砖国家的合作前景十分广阔。② И. Юрьевна Ткаченко 和 С. Вячеславович Пискунов 在分析金砖国家经贸合作前景时指出，金砖国家从双边合作优先转向多边合作的重要性和前景日益凸显。金砖国家在包括要素禀赋及产业结构间的几乎所有领域都呈现出互补关系，这意味着金砖国家具有进一步加深经贸合作乃至建立自贸区的坚实基础，在金砖国家贸易议程框架内开启新的自贸协议谈判具有急迫性和广阔前景。金砖国家日益意识到，要推进金砖国家之间的经贸一体化协作进程，需要不断消除合作障碍和打破桎梏，如降低金砖国家相互间的贸易关税及其他非关税限制程度。虽然签署金砖国家自由贸易区协定和在五国内部实施最大限度自由贸易的可能性较大，但目前尚难以笼统给出关于金砖国家商建自贸区具备"肯定"性的答案。随着金砖国家全面务实合作关系的提升以及相应的合作保障机制的逐渐完善，大致可以肯定的是，即便面临剧烈震荡的国际经济贸易环境，金砖国家如能开启和达成自贸区协定，将对促进其经济发展产生巨大积极意义，而且这种前景是不容忽视的。③

---

① Я. Лисоволик, На пути к зоне свободной торговли для Глобального Юга, 008. 2022.

② 《多国专家：金砖合作意义重大 前景广阔》，中国新闻网，https：//baijiahao. baidu. com/s? id = 17366130428 80468772&wfr = spider&for = pc。

③ И. Ю. Ткаченко, С. Вячеславович Пискунов, Вопросы перспективности создания зоны свободной торговли в рамках БРИКС, Российский внешнеэкономический вестник, 7 - 2022, p. 51.

二 承认金砖国家自贸区商建存在挑战和困难

在分析金砖国家扩大和深化经贸一体化合作潜力和前景的基础上，俄罗斯学者也对金砖国家进行自贸区谈判面临的难题及原因做了一些分析和探讨。

（一）成员国对启动金砖国家自贸区建设缺乏共识

尽管金砖国家间的贸易合作不断推进、外部发展环境持续改善，但鉴于世界经济深层次问题尚未解决、贸易保护主义抬头以及金砖国家自身存在结构性矛盾等，未来金砖国家经贸合作仍将面临诸多困境与挑战。俄罗斯专家分析指出，俄罗斯经济外向度整体不高，多年来，进出口贸易占经济的比重大致维持在 20% 左右，除了对自身主导的欧亚经济联盟——在俄罗斯占绝对经济优势与贸易优势条件下建立起来的自由贸易协定能够满足俄罗斯维护和巩固传统地缘政治经济发展需求和主导地位目标——这一自贸协定较为积极外，俄罗斯对于参与其他跨区域经贸一体化组织的积极性不是太高，尤其是对有其他强大经济贸易优势主体参与的跨区域经贸一体化组织，俄罗斯因担忧缺乏主导能力和竞争优势参与动力不足。俄罗斯总统国民经济与公共管理学院国际贸易研究中心主任亚历山大·克诺贝尔（Alexandr Knobel）认为，签订合作协议、互相减免关税、提供市场准入特惠是各国推动贸易发展的通行做法。虽然金砖国家签署此类协议并无障碍，但却一直未能在组织层面上开展这一工作。①2015 年中俄签署的《关于丝绸之路经济带建设和欧亚经济联盟建设对接合作的联合声明》并不是很多研究者所理解的俄罗斯直接参与"一带一路"倡议。换句话说，这只是欧亚经济联盟成员与中国达成了《倡议友好备忘录》而非其他。②

---

① 〔俄〕阿列克谢·洛桑（Алексей лозанн）：《金砖国家应推动自贸谈判》，转引自《环球时报》，2015-06-27。
② М. Коростиков, Дружба на расстоянии руки Как Москва и Пекин определили границы допустимого，Коммерсантъ，31.05.2019，https：//www.kommersant.ru/doc/3984186.

（二）金砖国家地缘联系紧密度不高

迄今为止，世界上业已生效的自贸区或者正在谈判中的其他自贸区协定，多数都是具有紧密空间相关度的经济体之间达成的合作协定。地缘关系紧密度高有利于商品货物监管和节省运输费用及时间等。金砖国家分散在四大洲，除了俄罗斯、中国和印度较为邻近外，巴西和南非相互间以及与中俄印之间均相距遥远。空间距离过于遥远不利于建构紧密的贸易合作体、降低运输成本费用和周期等。因此，俄罗斯学者认为，金砖国家推动一体化合作关系受相互间地缘距离遥远影响。[①] 金砖国家在推进一体化合作过程中还面临着政治协调不够密切、相互间直接投资偏少和资本市场融合发展指标不完善等问题。金砖成员国更加倾向于参与由其他国家搭建的自贸协定和合作机制。[②]

（三）金砖国家自贸区建设面临的法律障碍

金砖国家各自参与了所在区域的一些经贸合作协定，这些区域自贸协定对成员国参与其他自贸区建设存在一些法律约束，如需要集体一致同意或者不得违背对集体协议的义务。这对金砖国家相互间达成自贸协定是个严峻的法律约束，牵扯面广，增添了金砖国家进行自贸协定谈判的难度，需要克服各自对业已加入的自贸协定承担的责任约束。可见，金砖国家开展自贸协议谈判和建设面临较大的法律制度障碍，如俄罗斯参与了欧亚经济联盟，在与金砖国家其他成员共建自贸区时会产生一些法律矛盾和冲突。俄罗斯法律专家亚历山大·科诺瓦洛夫（Alexandr Konovalov）指出，立法不协调以及缺乏自由贸易协议这类法律基础阻碍着金砖国家组织内部贸易一体化进程。为

---

① М. М. Вячеславовна, Исследовние трансрегиональНОгО оБединения БРИКС как нового тиПа интеграиции в условияХ глоБаЛьНОЙ ЭКОНОМики, Магистерская диссертация, Институт ЭКОНОМики и уПравиялеНея, НИУ «Бел ГУ», 2019, p. 97.

② М. М. Вячеславовна, Исследовние трансрегиональНОгО оБединения БРИКС как нового тиПа интеграиции в условияХ глоБаЛьНОЙ ЭКОНОМики, Магистерская диссертация, Институт ЭКОНОМики и уПравиялеНея, НИУ «Бел ГУ», 2019, pp. 104–105.

扩大彼此间贸易合作、适应欧亚经济联盟和金砖国家等组织一体化发展要求，各成员国首先需要解决制约贸易增长的自由贸易协议问题。健全相关法律会对各成员国建立自贸区起到推动作用。必须通过调整本国法律使各成员国法律制度和司法体系达成适合签署自贸协定的一系列框架协议。①亚历山大·科诺瓦洛夫在 2016 年 5 月 27~30 日举办的圣彼得堡国际法律论坛上表示，缺乏自由贸易协议是制约金砖国家贸易增长的重要制度因素。因此，推进金砖国家自贸区建设首先需要解决自身参与的其他一系列自贸区带来的相关法律约束问题以及其他规制基础建设问题。

（四）金砖国家产业发展与贸易分工水平不平衡

俄罗斯学者认为，金砖国家经贸一体化及合作深化存在一些障碍：第一，金砖国家内部俄罗斯、印度和南非外贸结构相对不平衡，分享包括经济结构多元化在内的长期战略合作利益的可能性偏低；第二，俄罗斯、印度和南非等国家与金砖国家伙伴主要是中国的贸易存在较大失衡；第三，调节金砖国家对外贸易中的一些保护主义政策，特别是巴西与印度以及中国与巴西采取的一些非关税措施存在较大难度；第四，金砖国家存在一些影响投资环境改善的制约因素。②

俄罗斯贸易结构单一，出口主要是资源性产品和大宗商品，资源型出口占主导地位，对关税较为敏感的制造品较少。因而，进口国对俄罗斯商品的刚需较大，对关税敏感度不大；尤其是俄罗斯在金砖国家内部的贸易体量不大及竞争力不强，面对中国和印度强大而成本低廉的工业制造和出口能力缺乏竞争力。

俄罗斯的产业和贸易结构使其参与自贸区谈判和建设的红利分享空间不

---

① 〔俄〕阿列克谢·洛桑（Алексей лозанн）：《金砖国家应推动自贸谈判》，转引自《环球时报》，2015-06-27。

② М. М. Вячеславовна, Исследовние трансрегиональНОгО оБединения БРИКС как нового тиПа интеграиии в условияХ глоБаЛьНОЙ ЭКОНОМики, Магистерская диссертация, Институт ЭКОНОМики и уПравияЛеНея, НИУ «Бел ГУ», 2019, p. 108.

够大。因而，俄罗斯对于参与金砖国家自贸协定兴趣不大。随着与中国这一十分重要的贸易伙伴关系的加深，俄罗斯的贸易劣势扩大，签署金砖国家自贸协定对俄罗斯而言收益不够大，而比较贸易损失风险将增加。在可见的中长期，中国是俄罗斯的主要伙伴以及占据比较优势地位的状况将维持，因而建构中俄自贸区以及金砖国家自贸区，对于俄罗斯来讲为时过早。俄罗斯需要进一步推进其外贸特别是和出口多元化。正如 A. B. 拉蒂绍夫 和 张平 研究得出的结论，鉴于中俄相互贸易关系中存在的结构缺陷和约束，为维护俄罗斯自身利益，在当下及可见的未来谈论建立中俄自贸区（自由经济区）无论如何是操之过急的。①

（五）金砖国家自贸区建设面临较大的外部压力

西方国家对金砖国家的不友好态度也是阻碍金砖国家商建自贸区、实现深度一体化的重要阻力。② 以美国为首的西方发达国家不愿意看到金砖国家壮大发展和对现行国际经济格局造成冲击而设法给金砖国家经贸合作制造阻力。发达国家在通过其主导的世界银行、国际货币基金组织和七国集团等对金砖国家进行施压，一方面拖延世界银行、世界贸易组织和国际货币基金组织变革步伐，拒绝给予金砖国家等新兴与发展中国家更大制度性发言权；另一方面，通过掌控地缘政治关系变化趋势制约金砖国家经济一体化和贸易合作深化，策划推动"印太经济框架"（IPEF）、《全面与进步跨太平洋伙伴关系协定》（CPTPP）、美日印澳"四方联盟"等建立，排斥中俄的同盟性关系，美国、西方不仅抓紧对俄罗斯进行全方位制裁打击，也对中国实施经济贸易和技术围堵和脱钩，如通过"重建更美好世界"（B3W）、"全球门户计划"（Global Gateway）对冲中国"一带一路"倡议以及中国作为重要角

① A. B. Латышов, Чжан Пинь, К воПросу о возМожности строитеЛьства РоссиЙско - китаЙской Зоны свободной торговли, Международная торговля и торговая политика, 2022, Том 8, № 2（30）, p. 162, p. 168.
② М. М. Вячеславовна, Исследовние трансрегионаЛЬНОгО оБединения БРИКС как нового тиПа интеграиии в условияХ глоБаЛЬНОЙ ЭКОНОМики, Магистерская диссертация, Институт ЭКОНОМики и уПравияЛеНея, НИУ «Бел ГУ», 2019, p. 95.

色的《区域全面经济伙伴关系协定》（RCEP）的稳定运转。此外，美日欧积极分化瓦解金砖国家，如拉拢印度参与"印太经济框架"，拉拢巴西参与美洲共同体和加入经合组织，以及拉拢印度与巴西等参与其全球供应链计划、加入所谓高标准自贸协议和高标准基础设施建设框架等，反制和削弱金砖国家合作机制，阻挠和遏制金砖国家自贸区建设。受到多方面因素的影响，迄今为止，金砖国家仅签署了 4 个低层次的多边关税优惠协定（PTA），尚未签署一个真正的双边或多边自由贸易协定（FTA）。西方国家对金砖国家持不友好态度和遏制金砖国家相互间紧密合作等，制约着金砖国家自贸区商建进程。[1]

总体而言，俄罗斯专家、学者充分肯定自贸协定对于金砖国家推动贸易投资以及经济发展的正面作用以及可行前景，并认为金砖国家深化经贸一体化、进行自贸区建设是金砖国家贸易合作议程中一个令人兴奋的议题，也认为启动和达成金砖国家自贸协定将充满争议性、复杂性和艰难性，并建议为此展开更加深入的研究和详细的讨论。[2]

三 建议完善金砖国家自贸区建设基础条件

对于如何启动和促进金砖国家自贸区建设进程，俄罗斯专家、学者提出了一些设想。

（一）增强对于自贸区建设价值的认知和共识

俄罗斯学者 Н. К. Григорьева 认为，金砖国家不仅应该直接推进经贸合作，提高在现代地缘政治经济中的威望和扮演重要的角色，还应推进金砖国

---

① М. М. Вячеславовна, Исследовние трансрегиональЬНОгО оБединения БРИКС как нового тиПа интеграиии в условияХ глоБаЛЬНОЙ ЭКОНОМики, Магистерская диссертация, Институт ЭКОНОМики и уПравиялеНея, НИУ «Бел ГУ», 2019, pp. 104-105.

② И. Ю. Ткаченко, С. В. Пискунов, Вопросы перспективности создания зоны свободной торговли в рамках БРИКС, Российский внешнеэкономический вестник, 7 - 2022, p. 35.

家一体化融合进程（包括自贸区商建）。在完成这些任务方面，金砖国家可以考虑建设不受美国影响的特别地缘空间自由合作机制，其中包括金砖国家自贸区。为了推动五国经济务实合作必须认真建构包括制度层面和实体层面的合作基础设施。为此，第一，需要发挥金砖国家来自4大洲具有广泛代表性的重要优势；第二，金砖国家必须集中力量构建贸易和投资合作（经济联盟、自贸区等）的基础设施，如贸易结构、法律机制等。[①]

（二）完善金砖国家自贸区建设的法律基础

金砖国家利益的多样性是经常出现相互分歧的客观根源。俄罗斯学者М. М. Вячеславовна 认为，完全消除分歧和矛盾是不可能的，因为相互间不可能完全满足对方要求而不损害自身利益。利益协调的本质是找到克服困难的可能方法机制。经济利益的实现在很大程度上取决于主观因素——一国的经济和政治立场及对国家利益的理解和坚持。在这方面，为国内外投资者创造统一的投资活动调节法律体系和具有组织基础的共同投资空间规则意义重大。[②]金砖国家需要在不影响国内权益以及履行各自承担区域自贸协定义务的前提下，最大化地寻求金砖国家间的自贸协定商建利益对接点，集中精力构建贸易和投资合作（经济联盟、自由贸易区等）的基础设施，并在此基础上研究制定自贸区协定法律文件。[③] 俄罗斯法律专家亚历山大·科诺瓦洛夫在 2016 年 5 月 27～30 日举办的圣彼得堡国际法律论坛上表示，为扩大金砖国家彼此间贸易，各成员国必须通过合理性框架协议并对本国法律进行调整。需要采取一定措施使各成员国法律制度和司法体系适应欧亚经济联盟和金砖国家一体化组织的发展需要。俄罗斯总统国民

[①] Н. К. Григорьева, Зоны свободной торговли между РФ и КНР, Современные инновация № 12（14）2016, pp. 97–98.

[②] М. М. Вячеславовна, Исследовние трансрегиональьНОгО оБединения БРИКС как нового тиПа интеграиции в условияХ глоБаЛьНОЙ ЭКОНОМики, Магистерская диссертация, Институт ЭКОНОМики и уПравияеНея, НИУ «Бел ГУ», 2019, pp. 106–107.

[③] Н. К. Григорьева, Зоны свободной торговли между РФ и КНР, Современные инновация № 12（14）2016, 98.

经济与公共管理学院国际贸易研究中心主任亚历山大·克诺贝尔也强调，各国为发展贸易通常都会签订法律协议，各方根据协议互相减免关税、提供市场准入特惠规制。从这一点看金砖国家内部签署此类协议并无障碍，但需要在组织层面上采取切实措施落实这一工作。俄罗斯天然气银行副总裁叶卡捷琳娜·特罗菲莫娃（Ekaterina Trofimova）建议为深化中俄经贸合作制定合作规则。①

（三）夯实金砖国家自贸区建设的基础设施

俄罗斯专家 Н. К. Григорьева 在 2016 年发表的《中俄自贸区》一文中指出，金砖国家应该在完善已有区域协作机制和促进区域内合作机制发展的同时，逐步提高金砖国家成员在现代地缘政治中的影响和作用，努力建成不受美国影响的金砖国家自贸区。为进一步深化贸易和投资领域一体化进程，金砖国家需要采取以下行动：开展金砖国家内部投资问题对话并达成投资协议；加强金砖国家投资促进机构之间的合作交流；强化政府与私营部门之间的伙伴关系以吸引更多资源，将金砖国家内部政府—私营伙伴的潜力挖掘出来以推动基础设施项目的建设；促进金砖国家海关部门更加密切的合作（进行港口管理部门的协调、寻求达成互利性海洋经济和促进沿海经济的有效发展）；加强金砖国家统计部门在信息收集、分析和交换方面的合作；鼓励金砖国家包括从事技术和创新领域的青年企业家和学者的灵活互动交流；组织更多旨在建立业务合作关系的展览、行业论坛、圆桌会议和商务洽谈会，如举办金砖国家年度工业贸易展览会等；加强知识产权保护协调；振兴服务贸易（如文化、旅游等）合作；推进金砖国家间的合作法律机制建设。金砖国家可以重点推进建立平衡、安全和活跃的跨境口岸间合作，制定长期跨境物流合作政策，促进运输基础设施建设，寻找和运用创新技术以及旨在建立金砖国家新的国际运输走廊的规划设计和法律机制，

---

① 〔俄〕阿列克谢·洛桑（Алексей лозанн）：《金砖国家应推动自贸谈判》，转引自《环球时报》，2015-06-27。

建立适合于运用和简化金砖国家间的物流手续的信息交换通用电子系统，吸引金砖国家中小企业参与港口、机场、公路和铁路等基础设施的国家—私营合作机制。①

（四）从双边自贸区逐渐转向多边自贸区

在金砖国家合作框架下优先发展双边紧密经济政治关系是金砖国家合作的重要取向。② 从夯实金砖国家双边自贸合作机制逐步转向金砖国家框架下的多边自贸合作机制是符合逻辑的演变路径。俄罗斯学者认为，提高中俄经贸合作水平可以为推动金砖国家自贸区建设夯实基础和提供示范。在与西方的政治和经济博弈中，西伯利亚和远东不仅成为俄罗斯欧洲部分的经济支柱，而且成为重要的后方领土。俄罗斯生存发展的关键是迅速建立进口替代制度，俄中广袤的空间是区域和国家合作的重要因素。俄罗斯要求进一步深化与中国包括经贸、投资、财政金融合作关系在内的深度创新，完善面向双边未来进一步务实合作的规划和机制。③俄罗斯普列汉诺夫经济大学世界金融市场和金融技术教研室副教授丹尼斯·佩列佩利察认为，中俄两国经济合作潜力巨大，贸易正以创纪录的速度增长，在人民币作为俄罗斯储备货币的支持下，去美元化进程正在积极进行，借助中国投资和继续推动进口替代，从中期看，俄罗斯完全有机会跻身世界工业领导者之列。④ Н. К. Григорьева 认为，俄罗斯具有与中国建立自贸区以推进深度合作的愿景，中俄双方都希望继续扩大经贸合作；中俄具有建立自贸区的深厚基础，如地

---

① Н. К. Григорьева, Зоны свободной торговли между РФ и КНР, Современные инновация № 12（14）2016，pp. 98-100.

② Н. К. Григорьева, Зоны свободной торговли между РФ и КНР, Современные инновация № 12（14）2016，p. 96.

③ Сергей Лузянин, Дальневосточное измерение российского поворота на Восток. Закроет ли Китай санкционные «бреши» России? 9 июня 2022，https：//russiancouncil. ru/analytics-and-comments/comments/dalnevostochnoe-izmerenie-rossiyskogo-povorota-na-vostok-zakroet-li-kitay-sanktsionnye-breshi-rossii/，ttps：//asaf-today. ru/s032150750020426-0-1/.

④ 〔俄〕奥莉加·萨莫法洛娃：《俄罗斯向东转剥夺了 G7 的世界领导地位》，俄罗斯《观点报》网站 2023 年 4 月 19 日。

理毗邻、交通便利、贸易结构互补性强以及贸易和货币结算基础良好等。例如，俄罗斯需要中国汽车、建筑设备、通信设备、电子设备等机电产品和其他高附加值产品，中国对俄罗斯能源、宇航产品和技术、核反应堆、某些机器设备等产品感兴趣。俄罗斯支持中国"一带一路"建设，中国也欢迎俄罗斯推动欧亚经济联盟合作进程，2015年中俄签署了《关于丝绸之路经济带与欧亚经济联盟对接合作的联合声明》。虽然中国和俄罗斯之间的经贸分歧和竞争难以彻底消除，但双边合作对两国有利。建立中俄自由贸易区是双边合作的长期目标之一。中俄推动建立包括除了美日所有亚太国家在内的自由贸易区对于提升区域乃至全球经贸合作水平和成效意义重大。[1] 建立更紧密、更深入的亚太区域经济合作联系需要将中俄合作作为俄罗斯东北亚战略的优先方向。为此，需要致力于研究中俄经贸合作政策和模式，尽快建立边境自贸试点，以促进中俄双边贸易发展。[2]俄罗斯远东发展部部长阿列克谢·切昆科夫在2022年9月俄罗斯符拉迪沃斯托克远东联邦大学举行的第七届东方经济论坛上表示，俄远东发展部向中方建议在大乌苏里岛设立自由贸易区。它可以是俄中之间的自贸区、商品交换区，抑或国际性的超前发展区，类似中哈霍尔果斯国际边境合作中心。大乌苏里岛完全符合实现这类设想的要求。当前，美欧对高科技的禁运促使中俄开展大型客机建造合作等。中俄两国积极推动去美元化和货币国际化进程，以及使用人民币作为油气交易结算手段和作为俄罗斯储备货币，为中俄自贸区建设奠定了良好基础条件。俄远东发展部吸引直接投资、支持出口和对外经济活动司副司长阿尔乔姆·索欣季扬（Artem Sokhikyan）指出，交通基础设施不佳阻碍中国与俄罗斯和欧洲国家的贸易发展。中方不仅非常重视与俄方在原料方面的合作，也高度关注基础设施项目合作，尤其是莫斯科至喀山的高铁建设项目和远东开发优先发展区即特税区项目至关重要。建立针对此类开发区的法律规则会对

---

① Н. К. Григорьева, Зоны свободной торговли между РФ и КНР, Современные инновация № 12（14）2016，pp. 69-71.

② Н. К. Григорьева, Зоны свободной торговли между РФ и КНР, Современные инновация № 12（14）2016，pp. 69-71.

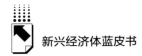

经贸自由区的发展起到推动作用。① 为促进俄罗斯与中国的跨境基础设施建设，2023 年 2 月 14 日，俄联邦总理米哈伊尔·米舒斯京签署行政令，扩大犹太自治州阿穆尔—兴安岭经济特区边界，这将使运输和物流中心以及铁路转运综合体得以建设。这些新设施将对于发展俄罗斯与中国的跨境贸易发挥重要作用，也会对中俄自贸区建设产生积极推动作用。

但是，迄今为止，俄罗斯未能与中国开启自贸区谈判，不是因为任何一方实行严格的关税保护政策，只不过可能对这一构想的紧迫性缺乏认识，暂时尚未下达行动指令。②

综上所述，俄罗斯学术界、智库和政界对建立金砖国家自贸区以及中俄自贸区的讨论和观点虽不多，政府也尚未采取切实有效的正式行动，但是多数有识之士还是认同金砖国家进一步消除贸易投资障碍、建构更加便捷有效的合作模式和规则的积极意义和潜在价值，在审慎分析面临的内外困难和挑战的基础上，提出了推动中俄以及金砖国家经贸合作深化和启动自贸区建设的构想、步骤、需要克服的障碍及基本取向。为未来金砖国家探讨消除经贸合作分歧、增强建构自贸区共识并采取果决行动提供了舆论基础和基础支撑。

参考文献

[1]《俄罗斯为什么对中俄自由贸易区始终不感兴趣？》，https：//www. 163. com/dy/article/G1C2E5MU0539AOAP. html。

[2] 栾建章：《金砖国家经贸合作》，社会科学文献出版社，2017。

[3] 辛仁杰：《金砖国家合作机制与中印关系》，《南亚研究》2011 年第 3 期。

[4] 张怀水：《第二个黄金十年 是时候设金砖国家自贸区了》，每日经济新闻，2017

---

① 〔俄〕阿列克谢·洛桑（Алексей лозанн）：《金砖国家应推动自贸谈判》，转引自《环球时报》，2015-06-27。
② （俄）阿列克谢·洛桑（Алексей лозанн）：《金砖国家应推动自贸谈判》，转引自《环球时报》，2015-06-27。

年 9 月 1 日，www. nbd. com. cn/articles/2017-09-01/1144096. html#：~：text＝。

［5］《中国对商建金砖国家自贸区持积极和开放态度》，https：//www. thepaper. cn/newsDetail_ forward_ 1787829。

［6］Beskorovaynaya, N. S., Khokhlova, E. V., & Ermakov, I. V. （2020）. "Special Economic Zone of the Tourist and Recreation Type as a Tool of Regional Policy", *Lecture Notes in Networks and Syst.*, 91, 208-218.

［7］Bobrovnikov, A. V., "BRICS - Alliance of a New Type under Conditions of Globalization", *Partnerstvo Tsivilizatsiy*, No. 1-2, pp. 182-190 （In Russian）.

［8］BRICS in the Contemporary Global Economy：Prospects and Challenges ［Электронный ресурс］. Режим доступа：https：//oxfamilibrary. openrepository. com/bitstream/handle/10546/346591/wp-brics-contemporary-global-economy-prospects-challenges-010513-enpdf；jsessionid=6679501B590120E7ECE427D198091FD3？sequence=1.

［9］Malle, S., "Russia and China in the 21st Century-Moving Towards Cooperative Behaviour", *Journal of Eurasian Studies*, 2017, Vol. 8, No. 2. DOI：10. 1016/j. euras. 2017. 02. 003.

［10］Melan'ina, M. V. Sovremennye tendencii izmeneniya stranovoy struktury vneshney torgovli Rossii ［Current Trends in the Country Structure of Russia's Foreign Trade］, *Ekonomika：vchera, segodnya, zavtra* ［Economy：Yesterday, Today, Tomorrow］, 2018, Vol. 8, No. 12A, （In Russian）.

［11］Pavlov, P. V., & Vetkina, A. V., "Special Economic Zones as a Key to Sustainable Economic Development of Russia", *The Europ. Proc. of soc. & behavioural sci. EPSBS*, 2019, 350-357.

［12］Potter, A ., "The Politics of Industrial Displacement：Evidence from Special Economic Zones", *J. of Polit.*, 82 （1）, 2020, 29-42.

［13］Давыдов В. М., Бобровников А. В., БРИКС-объединение нового типа в условиях глобализации // Партнерство цивилизаций. № 1-2. С. 2014, 182-190.

［14］Хейфец, Б. А. （2014）. Россия и БРИКС. Новые возможности для инвестиционного сотрудничества. М.：Дашков и К. ［Kheyfets, B. A., *New possibilities for investment cooperation*, Moscow：Dashkov i K. （In Russian） ］

［15］Шкваря, Л. В. Особенности взаимной торговли России и ЕС в условиях санкций // Научное обозрение：теория и практика. - 2017. - № 6. - С. 26-34.

B.4
印度自贸区建设及对金砖国家
自贸区建设的态度

陈利君　和瑞芳*

摘　要： 当前，印度国内国际形势面临双重利好，在新兴经济体中具有重要的地位，国际经济影响力和政治影响力正在提升。印度自贸区数量居亚洲前列，与其他国家联合建立自贸区、促进经贸合作是印度开放发展的重要战略选择，但印度对建设金砖国家自贸区并不积极。本报告在分析印度自贸区建设及对金砖国家自贸区建设的态度及影响因素的基础上，为促进印度增强对金砖国家自贸区建设的认同度、积极性和实行可能的行动提供对策和建议。

关键词： 印度自贸区　金砖国家自贸区　金砖国家合作

一　金砖国家自贸区建设的进展和趋势

（一）自贸区的概念和内涵

第二次世界大战结束后，全球区域经济一体化趋势明显加快，区域间经济合作多极化趋势明显，自贸区已经成为诸多国家和地区加快融入国际

---

* 陈利君，研究员，云南省社会科学院副院长、云南省南亚学会副会长兼秘书长、云南省印度洋研究会副会长兼秘书长，云南大学、云南财经大学等高校硕士研究生导师，研究领域：南亚经济、中国与南亚经贸合作、中国的印度洋战略；和瑞芳，博士，副研究员，云南省社会科学院、中国（昆明）南亚东南亚研究院，研究领域：区域经济、城市经济和国际经济。

贸易格局的重要路径。自由贸易区（Free Trade Area）（以下简称"自贸区"），一般包括广义的自由贸易区（Free Trade Area，FTA）和狭义的自由贸易区（Free Trade Zone，FTZ）。参照世界贸易组织（WTO）的标准，广义的 FTA 指两个或两个以上的国家（包括独立关税地区）根据 WTO 的相关规则签署自贸协定所形成的贸易区域。广义的自贸区不仅包括货物贸易自由化，而且涉及服务贸易、投资、政府采购、知识产权保护、行业标准化等更多领域的相互承诺，是一个国家参与全球产业链、供应链的重要通道。近年来积极推动建立的金砖国家、东盟、中日韩自贸区，即是广义的自贸区。狭义的 FTZ 又称为"自由贸易园区""自由贸易区""自由贸易试验区"，主要是指 1973 年《关于简化和协调海关业务制度的国际公约》（以下简称"《京都公约》"）中的"自由区"，强调"境内关外"的海关监管制度，是指一国部分领土内运入的任何货物就进口关税及其他税而言，被认为在关境以外，免于实施惯常的海关监管制度。狭义的自贸区按属性可区分为商业自由区和工业自由区。① 中国批准的中国（上海）自由贸易试验区、中国（云南）自由贸易试验区等 21 个自贸试验区都属于狭义的自由贸易园区。世界自由贸易区的产生和发展有其深刻的历史、经济、政治、文化原因，但主要驱动力来自经济全球化和区域经济一体化。

（二）金砖国家对金砖国家自贸区建设态度立场不同

随着"百年未有之大变局"加速演进，地缘政治发生显著变化，全球贸易保护主义等问题日益严峻，经济全球化和贸易自由化正在走上"十字路口"，金砖国家面对的世界经济发展的不确定、不稳定因素大大增加，金砖国家内部也出现了分化，经济增长受到不同程度的影响。在金砖国家中，俄罗斯经济受俄乌冲突、美西方国家制裁等因素影响，出现衰退迹象。中国经济增长率虽然较高，但也逐步放缓。巴西、南非经济增长率较低，甚至出

---

① 商务部国际司：《商务部 海关总署关于规范"自由贸易区"表述的函》（商国际函 [2008] 15 号），中华人民共和国商务部中国自由贸易区服务网，2008 年 5 月 14 日，http：//fta. mofcom. gov. cn/article//zhengwugk/200809/567_ 1. html。

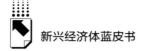

现了负增长。唯有印度经济仍然保持较高增速，但面临不确定因素。金砖国家要应对世界经济发展的不确定性，需要进一步加强沟通，完善合作机制，提升互信水平，深化经贸合作，拓展发展空间，促进未来全球经济增长。

近年来，金砖国家的贸易额不断增加，2022 年金砖成员国贸易额占全球贸易总额的比重达 20%，但金砖五国之间的贸易额仅占金砖国家贸易总额的 6%，金砖国家之间的贸易合作明显不足。所以，金砖国家之间应进一步扩大贸易往来。将贸易潜力挖掘出来的重要手段之一就是签署自贸协定，将金砖国家自贸区作为金砖国家合作机制的重要补充。金砖国家的五个成员国都是全球重要的新兴经济体，巴西、中国、俄罗斯、印度和南非有广泛的合作基础且开展了各具特色的经贸、医疗卫生等合作，各国对周边国家也具有辐射影响力。金砖国家为进一步推进经贸合作向机制化、系统化、具体化方向迈进，制定了《金砖国家经贸合作行动纲领》《金砖国家投资便利化合作纲要》《金砖国家经济伙伴战略 2025》等一系列制度化文件，意在加强金砖国家共识领域的战略和政策协调，不断推动贸易投资自由化、便利化，为贸易和投资领域的合作营造良好的环境。① 在新时代，金砖国家自贸区更应成为自由贸易的典范，成为整合 WTO 框架、多边合作机制和金砖国家开发银行的力量，以促进金砖国家之间的贸易投资合作。金砖国家自贸区是金砖国家为应对可能面临的复杂、严峻的国际政治经济环境而进行筹划的重要手段。中国呼吁，金砖国家要推动世界经济复苏，首先要发出支持多边贸易体制的共同声音，实现真正的区域开放合作。② 中国坚持真正的多边主义，一直在积极推动金砖国家自贸区建设。2017 年 9 月在厦门召开的金砖峰会上，中国提出建立金砖国家自贸区，以深化金砖国家伙伴关系。在 2022 年 6 月22 日举行的金砖国家工商论坛上，中国继续呼吁建立金砖国家自贸区，以深化金砖国家经贸合作，并得到南非和俄罗斯的赞同。2022 年中国主办了

---

① 刘萌：《定了！这一重磅会议将于 6 月 22 日在京举办，2021 年我国与金砖国家双边贸易总值近 5000 亿美元》，《证券日报》2022 年 6 月 17 日。

② 中国贸促会：《中国商务部呼吁建立金砖国家自贸协定》，中国贸促 FTA，2022 年 6 月23 日。

金砖国家领导人第十四次会晤，携手构建更加全面、紧密、务实、包容的高质量伙伴关系，推动金砖合作开启新征程。

（三）金砖国家自贸区建设亟待突破的重点

加强金砖国家自贸区建设需要在以下几个方面取得突破。

一是金融合作。金融是现代经济发展的活性剂。加强金融合作，可促进资本市场便利化，降低资金交易成本，提高资金服务效率，从而为货物贸易、人员往来、投资建设提供便利服务和资金支撑，推动贸易投资更快增长。因此，深化金融合作是扩大金砖国家贸易和投资的基础。金砖国家应借助金砖国家银行等整合各种金融平台，在支持制造业、服务业开展合作的同时，积极为技术创新、数字经济发展等提供资本支持。2022年印度GDP增速高达6.7%，远高于全球3.4%的平均增速。中国经济增长率为3%，俄罗斯为-2.1%，巴西为2.9%，南非为2%，但金砖五国GDP总量达25.95万亿美元，占全球GDP的25.55%。尽管中国等金砖国家正成为世界主要资本输出国，但金砖五国间的投资联系紧密度远远不够，相互间的投资在各国吸引外商直接投资中的比例很低。此外，目前金砖各国的金融监管政策、标准不统一，制度规则沟通对接不够，监管合作有限，阻碍了金砖国家金融机构拓展金融业务。在当前形势下，金砖国家要深化经贸合作，需要加强普惠金融、绿色金融、金融监管等方面的合作，降低金融壁垒，助力金砖国家实现包容性增长。特别是要充分发挥科技金融的作用，深化数字经济交流合作，大力发展数字金融，促进实体经济数字化、金融化，构建高质量伙伴关系。

二是高科技合作。高科技合作是金砖国家自贸区建设的重要方向。当前金砖五国高科技产品占世界的比重还有很大的提升空间。莫迪大力推行"数字印度"计划，脸书、谷歌、高通、英特尔、KKR等公司的资本和技术不断投入印度，拓展印度信息市场，推动印度软件、信息技术、通信技术、互联网不断发展。中国在ICT、基建、汽车、人工智能、量子通信、新能源、生命科学、网络安全等领域的研发投入很高，中国的电信、消费电子、互联网、新能源汽车都具有世界竞争力，尤其是基础设施建设长期超前发展，5G网络、高铁、新能源充电桩、高速公路、机场、港口等的建设世界领先，为金砖国家自贸区建设注入了强劲动力。科技创新是经济增长的主要驱动力和塑造未来社会形态的关键，通过"创新金砖"促进金砖国家自贸区实现数字化、智能化、低碳化，制定金砖国家数字基础设施建设、产业数字化、数字经济等方面的行动计划，发挥人工智能、大数据、量子信息等优势，大力推进智能制造、数字旅游、数字教育、数字医疗、数字金融、智慧港口、智慧交通、智慧城市以及数字治理，让金砖国家的人民共享数字经济时代带来的红利。

三是贸易投资便利化。金砖国家自贸区要构建促进贸易投资便利化的合作机制。在贸易便利化方面，金砖国家贸易体量大，在世界上已经具备一些竞争优势。南非的口岸效率、海关环境、规章制度等方面的贸易便利化水平较高，而中国、印度、巴西电子商务发展迅速。金砖国家自贸区建设，要大力推进基础设施建设、智能制造、互联网+、制度政策、电子商务、电子口岸、贸易、投资、经济技术等方面对接、优化和融合。各国要参照《金砖国家投资便利化合作纲要》，共同制订贸易投资便利化行动计划，完善法律法规，提供政策咨询服务，方便相互投资。

四是推动完善全球经济治理体系。金砖国家自贸区要共同完善区域及全球经济治理合作机制。金砖国家自贸区的重要功能是充分发挥各自优势，整合新兴经济体资源，不断完善国际贸易、国际金融、国际投资体系，加强标准规则建设，为金砖国家及全球经济增长做贡献。金砖国家新开发银行要积极加强与其他银行的合作，为更多企业开立账户，拓展国际合作，增加当地货币贷款，发行绿色债券，为本地贷款提供结算清算服务，大力挖掘金砖国家贸易投资潜力。同时，提升国际协调和合作能力，积极参与建设国际经济体系，加强标准体系建设，扩大发展中国家的利益范围，共建人类命运共同体。

五是夯实发展基础。金砖国家自贸区各国要对标国际先进，深化内部改革，积极提升开放水平，大力发展经济，夯实经济基础。当前，中国正处在高质量发展新阶段,俄罗斯资源型经济突出并面临国际制裁,印度经济结构性矛盾突出,巴西经济面临转型压力,而南非经济结构严重失衡、出口贸易商品结构单一。多数金砖国家都面临资源型经济突出、产业转型升级慢、企业治理水平不高等问题。在建设金砖国家自贸区的过程中既要充分考虑各国国情与经济发展特征,又要立足高标准、国际化,积极协调化解问题,共同打造全球新兴经济体合作新高地。

二 印度自贸区建设进展和趋势

(一)印度自贸区建设的进展

印度目前签署的自由贸易协定数量居亚洲地区第三,在"不结盟"、"邻国优先"、"东进"政策等外交政策影响下,正形成独具特色的自贸区战略。印度被认为是未来能从地缘政治、人口红利、数字化、绿色经济、新一轮全球化中获取更多利益的为数不多的国家之一。对于很多国家和跨国企业来说,印度拥有丰富年轻的劳动力队伍,英语熟练,可在印度各地和全球自由流动。印度拥有较多的计算机、数学、医学等专业高技能人才,学习和适应能力强,服务业水平高。此外,印度拥有较强而且成熟的资本市场,与跨国资本合作活跃,拥有大量先进的金融产品,能够迅速整合国内外市场的资金。近年来,国际权威资本和权威机构都预测,印度制造业将进一步发展,人均 GDP 将持续增长,这将进一步加快印度经济国际化发展的步伐。印度目前也顺应这一趋势继续积极与诸多国家协商或者签订 FTA,巩固并拓展自贸区合作。如 2022 年摩根士丹利预测,到 2031 年,印度"上等阶层家庭将增加 5 倍,达到 2500 万个,中产阶级家庭增加一倍以上,达到 1.65 亿个",届时印度国民消费能力将进一步提升,经济辐射国际经济的半径将进一步扩大。

印度是金砖国家中参与自贸区建设较早的国家。早在 20 世纪 80 年代就推进自贸区建设,1985 年 12 月成为南亚区域合作联盟(SAARC)成员国。

1995 年 12 月 8 日南盟就正式实施《南亚特惠贸易安排协定》（SAPTA），推动了 2000 多种产品减税。2004 年第 12 届南盟首脑会议签署了《南亚自由贸易协定框架条约》，要求降税，减少关税壁垒。

1995 年 1 月 1 日，印度正式成为 WTO 成员，开始不断调整其对外经贸政策，对参加自贸区比较积极，直到 21 世纪头十年印度还签署和推动达成一系列自由贸易协定，推动了"外包服务业""印度制造"的发展。但随着国际政治经济局势的变化，特别是 2014 年莫迪政府执政后，对建立自贸区并不积极，更多考虑国内经济、安全问题。

目前，印度有两种类型的自贸区。一种是近似于狭义的自贸区，在印度被称为自由贸易和仓储区（Free Trade and Warehousing Zone，FTWZ），属于国家经济特区（Special Economic Zone，SEZ）的范畴，主要从事贸易、仓储等相关活动，受 2005 年通过的《印度经济特区法》约束。此类经济特区有的由中央政府建立，有的由邦政府建立，而且私营部门也可以根据 2006 年制定的经济特区规则，通过向印度审批委员会提交报告来建立经济特区。截至 2022 年底，印度有近 300 个经济特区在运营，还有 100 多个在建设中。当前印度最为著名的经济特区有坎德拉经济特区（KASEZ），成立于 1965 年，是印度也是亚洲第一个设立的经济特区，位于古吉拉特邦的库奇湾。诺伊达经济特区（NSEZ）成立于 1985 年，是印度当时唯一的内陆经济特区。法尔塔经济特区（FEPZ）1984 年作为出口加工区成立，之后参照 2005 年《印度经济特区法》不断升级。印度设立的经济特区一般都在交通便利、经济相对发达、资源较丰富的地区。例如，法尔塔经济特区有发达的公路网络，还靠近加尔各答、哈尔迪亚港口。目前，印度经济特区内集聚了 OPPO、三星、苹果等手机厂商以及各类电子产业，形成了庞大的产业链、供应链。2014 年莫迪政府颁布"分阶段制造计划"（PMP）后，这些特区成为吸纳全球跨国企业产业转移的重要目的地。另一种是自由贸易协定（FTA），属于广义的自由贸易区范畴，合作对象以国家为主体。截至 2022 年底，印度签署和正在推进的自贸区协定（FTA）达 44 个（其中拟议/正在磋商和研究中的有 12 个，谈判中的有 16 个，签署并生效的有 16 个），包括印度—东盟全面经济合作协定、印度—尼泊尔贸易条约、印度—新加坡全面经济合作协定、印度—斯里兰卡自由贸易协定、印度—南方共同市场优惠贸易协定、印度—泰国自由贸易区、印度—大韩民国全面经济伙伴关系协定、印度—阿富汗优惠贸易协定、印度—智利优惠贸易协定、南亚自由贸易区、印度—海湾合作委员会自由贸易区、印度—埃及优惠贸易协定、印度—中华人民共和国区域贸易协定、印度—南部非洲关税同盟优惠贸易协定、印度—澳大利亚全面经济合作协定、印度—哥伦比亚优惠贸易安排协议、印度—马来西亚全面经济合作协议、印度—毛里求斯全面经济合作与伙伴关系协议、印度—印度尼西亚全面经济合作协议、印度—俄罗斯联邦全面经济合作协议、印度—新西兰自由贸易协议、印度—欧洲自由贸易联盟自由贸易协议、东亚全面经济伙伴关系（CEPEA／ASEAN+6）、印度—不丹贸易协议、印度—加拿大经济伙伴关系协定、印度—土耳其自由贸易协定、印度—欧亚经济联盟、印度—中国台北自由贸易协定、印度—秘鲁自由贸易协定、印度—伊朗优惠贸易协定、印度—厄瓜多尔自由贸易协定、印度—格鲁吉亚自由贸易协定、印度—英国自由贸易协定、印度—孟加拉国自由贸易协定、印度—菲律宾优惠贸易协定、印度—阿联酋全面经济伙伴关系协定、亚太贸易协定、孟加拉湾多部门技术和经济合作倡议（BIMSTEC）等。① 从中可以看出，印度的自由贸易区主要是围绕双边 FTA 协定签署，多边区域共同签署的自由贸易协定较少，并体现出印度显著的"东向战略"、"邻国优先"和"季风计划"特征。

（二）印度自贸区建设发展趋势

参与世界经济全球化进程是印度扩大自贸区建设的重要驱动。未来十年，印度或将赶超德日，跻身世界第三大经济体，无论是生产消费能力还是国际投资能力都将显著提升。2021～2022 财年，印度 GDP 同比增长 8.7%。

---

① Asian Development Bank，India Free Trade Agreements（FTA），Asia Regional Integration Center，https：//aric. adb. org/india/data.

2022~2023 财年 GDP 增长率预计为 7.2%，是全球经济增速最快的大型新兴经济体。2022 年印度 GDP 超过英国成为全球第五大经济体。在印度自 2020 年以来的贸易结构中，除了因为石油进口量和能源价格暴涨导致净出口缩减以外，纺织、电子信息、软件服务、医药等指标都有明显增长。特别是 2022~2023 财年，印度经济继续保持增长势头，在全球独占鳌头。[①] 在"印太战略"等驱动下，印度与澳大利亚、越南、英国等国家以及印度—欧亚经济联盟等自贸协定正在加快落实。

自贸区建设是印度贸易自由化改革的重要内容。印度在预算中提高关税收入是 1991 年以来的惯常操作，但莫迪政府起初在新财年经济方案中下调关税水平，力图解决对营商环境不利的各种问题，提升印度在全球产业链、供应链中的参与度和地位，积极寻求与更多国家达成自由贸易协定。但莫迪政府坚持"经济自力更生"，加快发展"印度制造"，采取出口替代政策，降低对国外供应链的依赖，保护主义也较严重。总体看，印度的贸易自由化改革仍然在持续，全球跨国产业也不断转移到印度，印度经济逐渐加深了与全球各国的互动。在俄乌冲突、中美贸易摩擦和美国实施"印太战略"等多重因素驱动下，国际产业加快向印度转移，国际资本流入加快，印度未来 5~10 年将出现更多的产业链、供应链，特别是电子产品制造基地正在加快建设，将与东南亚、拉丁美洲等地区并驾齐驱，成为新一轮区域经济一体化的崛起之地。当前，莫迪政府持续推出新的工业、出口政策，印度正成为承接苹果、三星等跨国产业转移的热门目的地。但是，印度在加快与更多国家缔结自由贸易协定的同时，其设置的非关税壁垒也是其他国家企业面临的主要障碍。印度近年来对我国小米、谷歌、华为等跨国企业以所谓的"国家安全"为由加大监管力度，万事达卡、亚马逊等其他国家在印度发展的企业也受到数据监管的干扰。尽管目前印度并未停止建立自贸区的努力，莫迪

---

① National Statistical Office Ministry of Statistics and Programme Implementation, Government of India, "Quarterly Estimates of GDP for the Second Quarter (July-September) of the Financial Year 2022 - 23", November 30, 2022, https://www.mospi.gov.in/documents/213904/416359//PRESS_ NOTE-Q2_ 2022-231669810117093.pdf/0e47a94c-37d4-cde7-37a8-8bdfab5ca056.

政府也将自贸区建设作为大力推进产业发展的重要载体，但由于印度保护主义严重，自贸区推进并不容易。

自贸区建设是一个国家开放的象征。建立自贸区也有利于推动农业部门的劳动力向服务业和制造业转移。服务业是印度自1991年实行市场化改革以来推动经济增长的主要力量；由于印度开放程度不够，制造业发展滞后，其占GDP的比重仅为15%。制造业发展滞后造成印度40%的劳动力集中在农业部门，而农业产值仅占GDP的18%。近年，在拜登政府加强对华战略竞争的背景下，印度迎来了发展制造业的"黄金机会"。2021年，印度吸收外资额达836亿美元，创历史最高纪录，资本流入同比增速高达76%。这些资本流入了服务外包、计算机、基建、通信、汽车、制药等几个重要产业。印度最近还提出要吸引1000亿美元外商直接投资的目标，在2026年打造3000亿美元的电子制造中心，而坎德拉经济特区、诺伊达经济特区、法尔塔经济特区等将成为重要的产业承接基地。

自贸区建设是印度推动制造业发展的重要落脚点。莫迪在第二任期推行新的产业政策和外资政策，被称为印度版的改革开放，试图通过减少监管和激励官僚加快审批流程来改善营商环境。一方面，2020年莫迪政府提出了"生产关联激励"政策，这是继"进口替代"之后又开辟了一条"自力更生"的战略路径，意在扶持本土的制造业冠军加强与欧美日的合作，希望以更大的生产规模确保全球竞争力。在发布的PLI政策中，印度政府计划支持14个关键行业，包括汽车、半导体、光伏、医疗器械等，计划提供260亿美元补贴。同时，颁布了《电子元件和半导体促进方案》，吸引了三星、富士康等半导体企业赴印建厂，以便向价值链和资本更密集的环节进军。

目前，莫迪计划在古吉拉特邦围绕半导体打造新的产业生态体系，建造一座价值200亿美元的半导体工厂，由富士康和Vedanta共同投资，2025年建成，力图打造印度电子制造业中心。这一举措进一步吸引了来自新加坡、美国、毛里求斯、阿拉伯联合酋长国、荷兰、开曼群岛、英国、日本、德国和塞浦路斯的资本流入或产业转移，印度与这些国家和地区签订的FTA正在深化或加快落实。

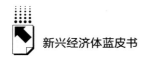
可以说，莫迪政府自贸区建设已初见成效。2021年，印度制造的手机占全球市场16%的份额，苹果的组装厂富士康、和硕都已经在印度建厂并生产iPhone，小米也在印度生产手机，三星在印度投资7亿美元组建了一座智能手机显示器工厂，而且这些企业在印度的投资还在增加。印度的移动通信网络也成为外商投资的热土，IBEF的数据指出，截至2021年12月，印度电信用户数量达到11.78亿，已经与中国不相上下。印度农村电话普及率达到45%。印度移动通信领域的基础设施投资回报率远高于其他产业，每个无线数据用户每月平均使用11GB流量。根据2022年7月11日联合国发布的《世界人口展望2022》报告，印度人口已超过14亿，年龄中位数为25岁，人口老龄化水平低于7%，劳动力数量巨大，经济发展的劳动力"红利"巨大。自2019年开始，印度被国际金融市场普遍看成全球第四大风险投资市场，外资飞速涌入，加快了印度经济融入全球价值链的步伐，从而极大地带动了印度的出口和就业。2021年印度出口额超过4000亿美元，较两年前增长35%。国际货币基金组织（IMF）曾预测，印度2022年的GDP增速将高达7.4%，远高于全球3.2%的平均增速，位列全球第一。

三　印度不支持金砖国家自贸区建设的原因

经贸合作是金砖国家合作的基石，尽管各国发展结构和趋势有差异，但构建金砖国家自贸区可为发展中国家在经济全球化的大势中提高话语权夯实基础。然而，金砖国家自贸区建设可以概括为"方向上正确、操作上困难、短期难达成"。金砖国家成员经济快速发展，实力不断增强，而金砖国家自贸区谈判的启动以及达成，印度的态度和立场至关重要。总的来讲，印度出于国内外环境以及大国利益的考虑，对于建设金砖国家自贸区存在较多的担忧，不认同不支持不作为凸显。基本原因主要有以下几个方面。

（一）国内外形势利好使印度对金砖国家自贸区建设的诉求下降

当前，印度国内经济复苏较快，政局稳定，对金砖国家自贸区建设的诉求不高。一方面，印度内部需求复苏助推经济增长。与中国等金砖国家不同，印度经济主要靠内需拉动，对投资和国际贸易的依赖相对较小。印度2022 年第一季度国内私人消费和服务业高速增长。此外，莫迪政府执政顺利，政治和营商环境利好经济发展。二是国际地缘格局利好印度，使印度成为国际瞩目的"网红"。中美发生贸易摩擦利好印度发展。当前全球正进入价值链、产业链、供应链重构之际，欧美国家正大幅将高新技术产业转移到印度，国际资本进入印度市场，未来印度有望在某些领域与中国比肩。俄乌冲突持续，但印度左右逢源，折价获得俄罗斯的油气资源，而且在俄乌冲突调停方面成为举足轻重的国家，国际影响力上升，可以说印度成为国际局势中的大赢家。

印度政府也积极采取措施吸引外资。2021 年初莫迪政府适时推出"制造业奖励计划"（Production-Linked Incentives），在电信、电子、医疗设备等先进领域为国内外制造商提供经济奖励措施，而这些领域恰恰是 2022 年国际资本大举进入的领域，也是印度境内各类经济特区吸引外资的重点。印度目前在制造业领域的高技能测试和设计，以及劳动力方面深具优势，2020年以来，美国苹果公司开始在印度投产，使得印度成为生产 iPhone 以及向第三国市场出口的重要地点和来源地。

（二）美国在印度主要贸易伙伴中的地位上升

印度对中国贸易依赖度有所下降，建设金砖国家自贸区的进度进一步放缓。据印度《经济时报》报道，2021～2022 财年美国超过中国成为印度最大的贸易伙伴，印美贸易额达 1194.2 亿美元，比上一财年的 805.1 亿美元显著增长。其中，印对美出口额从上一财年的 516.2 亿美元增至 761.1 亿美元，而进口额从 290 亿美元增至 433.1 亿美元。[①] 相比较而言，印度和中国

---

① The Economic Times, "US Becomes India's Largest Trade Partner, is India-China Trade Decoupling?" June 21, 2022, https://economictimes.indiatimes.com/news/economy/foreign-trade/us-becomes-indias-largest-trade-partner-is-india-china-trade-decoupling/articleshow/92356771.cms.

在 2021~2022 财年的贸易额为 1154.2 亿美元。① 同时，印度对中国有着较
大的贸易逆差，印度政府对持续扩大的对华贸易逆差感到不安，既增加进
口，又继续采取措施减少对华依赖，对与中国发展贸易持矛盾心态。印美贸
易关系持续加强，印度靠近美国，与其试图在经济上摆脱中国的影响有关。
印度不断加快对中国产业的替代，从美国和其他国家吸引资本，承接高科技
企业，深入参与全球供应链，以促进国内制造业的大发展。但是，虽然美国
成为印度最大的贸易伙伴，但是中印经贸合作的基本面并没有改变，中印贸
易仍在持续发展。2021~2022 财年的中印贸易额远高于上一财年的 864 亿美
元。② 中印之间前 100 名进口商品的进口额均超过 1 亿美元。据中国海关统
计，2022 年 1~11 月，中印双边贸易总额达 1249.44 亿美元，同比增长
9.5%。其中，中国对印度出口攀升至 1086.92 亿美元，同比增长 23.9%；
中国对印度进口为 162.52 亿美元，同比下降 38.3%。③ 2022 年全年两国贸
易额达 1359.84 亿美元。这说明印度的"自力更生"需要扩大从中国进口。

（三）印度本币结算国际化进程加快

印度在本币卢比的国际结算领域也有大国梦想。一方面，卢比结算是印
度应对资本外逃和货币贬值的重要手段。由于全球经济衰退和国际收支状况
恶化，印度也不可避免地面临着资本外逃，尤其是在 2022 年 10 月，印度卢
比兑美元汇率贬值创下历史新纪录。与此同时，美国成为印度重要的贸易伙
伴，以美元结算的贸易逆差呈不断扩大之势。从 2022 年 1~6 月的数据看，
1 月印度贸易逆差接近 170 亿美元，6 月上升到 256.3 亿美元，而 2021 年 6

---

① The Economic Times, "US Becomes India's Largest Trade Partner, is India-China Trade Decoupling?" June 21, 2022, https://economictimes.indiatimes.com/news/economy/foreign-trade/us-becomes-indias-largest-trade-partner-is-india-china-trade-decoupling/articleshow/92356771.cms.
② 2021~2022 财年，印度对华出口约 212.5 亿美元，对华进口约 941.6 亿美元。
③ 中华人民共和国海关总署：《2022 年 11 月进出口商品主要国别（地区）总值表（美元值）》，2022 年 12 月 7 日，http://www.customs.gov.cn/customs/302249/zfxxgk/2799825/302274/302275/4720563/index.html。

月同期仅为96亿美元。在美元升值、外汇储备不断下降的背景下，2022年7月，印度加大了以卢比进行国际贸易结算的力度，在与俄罗斯等国家购买石油资源的过程中使用卢比结算。另一方面，积极建立卢比国际贸易结算机制，这不仅会提升印度与其南亚邻国的贸易便利度，还可以促进印度与伊朗、俄罗斯等受美西方制裁国家间的贸易往来。因此，卢比国际化的长期目标使印度并不着急加入金砖国家自贸区，而是关注其能把握话语权的区域一体化建设。①

（四）金砖国家内部关系复杂及与中国关系微妙

印度与中国和俄罗斯的外交关系复杂。当下中印关系依然处于低谷期，加上美国"印太战略"给印度带来的红利，印度和中国之间的竞争有加剧之势，很多产业从中国转移到了印度。同时，随着欧洲国家担忧"依赖中国的风险"上升，印度的目标就是要推动西方将其亚太地区的战略重心转向印度，以助力印度的持续崛起，这使得印度建设金砖国家自贸区的意愿并不强烈。印度作为美国"印太战略"的重要"支柱"国家，与日本、澳大利亚等国家越走越近，印日双方声明指出，两国要在政治、经贸、能源资源、防卫安全、地区与国际热点、海洋以及教育、科技、人文等领域加强合作，以提升印日"特殊全球战略伙伴关系"的战略水平与层次，这对中国形成了挑战。同时，由于俄乌冲突、西方对俄制裁等问题，俄罗斯经济增长率大幅下降，进一步削弱了印度参与金

---

① Manojit Saha, "RBI Allows Settlement in Rupee to Settle Trade with Russia, Sri Lanka", *Business Standard*, July 12, 2022, https：//wap. business－standard. com/article/finance/rbi－allows－settlement－in－rupee－to－settle－trade－with－russia－sri－lanka－12207110 1185＿1. html; Bhaskar Dutta, "Rupee Settlement will Help India Trade with Russia, Iran and South Asian Neighbours", *Reuters*, July 12, 2022, https：//www. reuters. com/world/india/rupee－settlement－will－help－india－trade－with－russia－iran－sasian－neighbours－2022－07－12/; Swati Bhat, "RBI Sets up System to Settle Trade in Rupees, India Central Bank Chief to Ensure Orderly Movement in Rupee", *The Hindu*, July 12, 2022. https：//www. thehindu. com/business/Economy/rbi－sets－up－system－to－settle－trade－in－rupees/article65627987. ece; Nupur Anand, "RBI Paves Way for Global Trade Settlement in Rupee, Bloomberg", July 12, 2022, https：//www. bloomberg. com/news/articles/2022－07－12/india－central－bank－chief－to－ensure－orderly－movement－in－rupee.

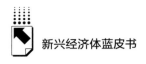

砖国家自贸区的热情。

印度对中印关系的认知是对金砖国家自贸区建设积极性不高的主要原因，影响短期内就金砖国家自贸区建设达成共识。首先，在外交领域，中印两国外长在 2022 年内进行两次会晤，这虽然有利于推动双边关系早日重归正轨，但在边境问题上达成的共识不多，印度还在边界加强布兵设防。此外，两国领导人和高层通过上合外长理事会、上海合作组织峰会、金砖国家领导人会晤等国际交流平台进行了多次会面，但对改善中印关系的作用仍然有限。其次，国际因素使中印竞争加剧。拜登政府 2022 年 2 月发布的《美国印太战略》报告重申了印度在南亚、印度洋地区发挥的"领导者"作用，表示美国支持印度持续崛起。在美国发布的《2022 年国防战略》中，中国依然被视为头号战略竞争对手，印度则被纳入美国的印太地区安全架构，作为地区秩序责任分摊的重要对象。对印度而言，积极发展对美关系既有助于推进其国内政治经济议程，又有助于实现印度对国际地位的追求，借助美国力量增加对华竞争的战略资本，使其成为世界"多极化"中的重要"一极"。

（五）担心自身在金砖国家自贸区框架内的经济竞争劣势

印度在建设金砖国家自贸区方面的态度较为迟疑。莫迪政府更多考虑的是与重点邻国、"季风计划"沿线和欧美国家达成自贸协定，而非金砖国家。从印度的经济结构和生产要素角度考虑，在完全开放的环境下其竞争力较弱。印度拥有 14 亿人口，其中 8 亿多为贫困人口，40% 的劳动力集中在农村，农业现代化水平不高，并且在 GDP 中的贡献率低，民众生活存在诸多困难和问题。印度独立至今，尽管其人均寿命从 32 岁增长至 70 岁，全民识字率从 14% 增长至 74%，但贫富差距不断加大，种姓制度对印度的影响深远。此外，全印仅 20% 的工作由有固定工资和保障的正规部门提供，传统农业仍是劳动力就业的重要领域。由于疫情和全球经济衰退的影响，年轻人就业率从 2017 年的 46% 跌至 2022 年的 40%，女性就业率也持续下降，从 2005 年的 27% 降至 2021 年的 20%。同时，体制内工作的上升通道正不断收窄。① 贫困、就业难、营养不良、健康保障不足、使用童工、性暴力等社会问题依然是印度实现"大国梦"路上的绊脚石。② 正因为如此，印度对加入金砖国家自贸区较为谨慎，与退出 RCEP 相关谈判的原因较为类似。印度早在 2005 年和 2011 年便与新加坡、马来西亚达成了双边综合经济合作协定（CECA），2010 年与东盟达成了 FTA，2010 年和 2011 年陆续与韩国、日本签署了双边综合经济伙伴协定（CEPA），但在 2019 年印度提出退出《区域全面经济伙伴关系协定》（RCEP）相关谈判，其中保护不具国际竞争力的国内农业是印度暂缓全面加入覆盖全球人口数量最多、经贸规模最庞大、新兴经济体最集中、发展最具潜力的 RCEP 的重要理由。

四 推动印度参与金砖国家自贸区建设的建议

鉴于印度当下及未来对于启动金砖国家自贸区建设的兴趣偏低，其他金砖国家如果要说服印度提高对金砖国家自贸区建设的愿景预期，需要多方着手，提高共识，逐步推进。

（一）加强后疫情时期的团结协作

面对复杂严峻的国际形势，金砖各国要加强团结，继续对话沟通协调，耐心推动自贸区建设。俄乌冲突搅动了世界关系，但也凸显了印度的立场和定位，表明印度善于有效利用外部有利条件。这要求金砖各国化被动为主动，积极推动与印度合作。作为美国"印太战略"的重要"支柱"国家，俄乌冲突发生以来，印度就谨慎地避免在美俄之间选边，其态度从最开始的沉默转变为劝和促谈。面对欧美施压，印度依然坚持自己的立场，这既源于

---

① The Bloomberg, "Why India's World-Beating Growth Isn't Creating Jobs", July 15, 2022, https：//www. bloomberg. com/news/articles/2022-07-15/why-india-s-world-beating-growth-isn-t-creating-jobs-quicktake+&cd=1&hl=zh-CN&ct=clnk.

② The YUYA, "The Most Popular Social Issues in India", July 24, 2022, https：//yuva. info/2022/07/24/the-most-popular-social-issues-in-india/.

印度在能源、武器进口与研发、反恐、地区安全等方面需要向俄罗斯寻求帮助，也体现了印度坚持从自身利益出发，保持"战略自主"。在2022年1月31日至4月5日联合国安理会举行的俄乌议题会议中，印度坚守立场，呼吁各方保持克制，通过对话解决冲突，并充分考虑各方的合法安全关切。① 印度除了拒绝效仿美国对俄罗斯挥动"制裁大棒"外，还大量从俄罗斯进口打折的原油和大宗商品，并考虑建立卢比—卢布双边直接支付系统，绕过美国和西方的制裁。在俄罗斯以20%的折扣让步后，自2022年3月初以来，印度从俄罗斯折价购买了5批约600万桶原油，交易量达到了2021年印度从俄罗斯进口原油总量的一半。2022~2023财年，印度从俄罗斯进口的石油达5084万吨，比沙特（3937万吨）、阿联酋（2150万吨）还多，俄罗斯成为印度最大的石油供应国；进口金额增加到310.2亿美元，增长了14倍。俄罗斯占印度石油进口的比重上升到19.1%。②

（二）强化夯实已达成共识的合作领域

由于金砖国家互补优势明显，达成共识的领域很多，因此要深入合作，不断落实金砖国家经济伙伴战略重点。在"百年未有之大变局"加速演变之际，金砖国家要在贸易投资领域加强合作，同时在工业、农业、渔业、科技等领域加强合作创新，并建立长效合作机制。特别是要制定对接

---

① 李红梅：《美印关系的"基本盘"不会因俄乌冲突而改变》，上海国际问题研究院，2022年4月11日，https：//mp. weixin. qq. com/s/4nydz211wVh52z2wGzyyiA。

② Manojit Saha，"RBI Allows Settlement in Rupee to Settle Trade with Russia, Sri Lanka"，Business Standard，July 12，2022，https：//wap. business - standard. com/article/finance/rbi - allows - settlement-in-rupee-to-settle-trade-with-russia-sri-lanka-122071101185_ 1. html；Bhaskar Dutta，"Rupee Settlement Will Help India Trade with Russia, Iran and South Asian Neighbours"，Reuters，July 12，2022，https：//www. reuters. com/world/india/rupee - settlement - will - help - india-trade-with-russia-iran-sasian-neighbours-2022-07-12/；Swati Bhat，"RBI Sets up System to Settle Trade in Rupees, India Central Bank Chief to Ensure Orderly Movement in Rupee"，The Hindu，July 12，2022，https：//www. thehindu. com/business/Economy/rbi-sets- up-system-to-settle-trade-in-rupees/article65627987. ece；Nupur Anand，"RBI paves way for global trade settlement in rupee，Bloomberg"，July 12，2022，https：//www. bloomberg. com/ news/articles/2022-07-12/india-central-bank-chief-to-ensure-orderly-movement-in-rupee.

落实贸易、经济、投资合作路线图，搭建数字技术共享交流平台，加强在人工智能、数字经济等领域的合作。可考虑先创新贸易优惠政策，降低关税等壁垒，形成互惠性的贸易投资安排，获取"早期收获"成果，然后再共同探讨建立自贸区。以双边或多边相结合的方式，进一步落实经济伙伴战略，把握新兴领域的合作机遇，在产能合作、大数据、人工智能、海洋资源开发、新能源合作等方面加强合作，推出一批标志性合作项目，让金砖国家获得实实在在的利益。同时，加强发展战略的对接，共同推动产业链、供应链以及贸易链建设，实现金融大流通、设施大联通、人文大交流。①

（三）共同积极开拓新兴市场

金砖国家是世界新兴市场，相互之间合作潜力巨大，根据中国海关统计，2022 年中国与金砖国家双边贸易额超 5500 亿美元，同比增长 12.9%，呈现良好势头。② 但世界上还有许多新市场，金砖国家要合作开拓新兴市场。2022 年，印度、中国与中东国家合作出现了重要突破。印度打破了自独立以来在中东开展合作的意识形态桎梏，已经准备将单独处理双边关系的政策转变为整体的地区政策。③ 如今，印度已将辛格政府的"西望"政策转变为"西联"战略，积极加强与西亚、非洲国家的合作，这使其与包括中国、俄罗斯在内的其他大国有了一致的地方。尤其是在俄乌冲突持续的背景下，中东能源中心的地位再次凸显，域内外各个国家都有各自的利益考量和核心关切，未来金砖各国要共同大力开拓新兴市场。

---

① 段思琦：《发改委官员：将进一步考虑建立金砖国家自贸区可行性》，2017 年 8 月 31 日，中国网，http：//finance. china. com. cn/news/20170831/4374186. shtml。
② 《商务部 2 月 10 日例行新闻发布会》，中华人民共和国国务院新闻办公室，2023 年 2 月 10 日，http：//www. scio. gov. cn/xwfbh/gbwxwfbh/xwfbh/swb/Document/1736672/1736672. htm。
③ C. Raja Mohan, "India's New West Asia Approach Is a Welcome Break with Past Diffidence", *The Indian Express*, July 12, 2022, https：//indianexpress. com/article/opinion/columns/india-new-west-asia-approach-is-a-welcome-break-with-past-diffidence-8022957/.

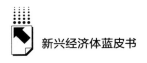

（四）合力扩大金砖合作成效及红利分享

继续发挥好金砖平台的作用，加强对话协商。打造更多"金砖+"合作机制，吸引更多国家和国际组织参与，扩大金砖国家影响力。在条件成熟时，可以南非、印度为牵引，加大与非盟的合作，以中国、印度等国家为牵引，加大与东盟国家的合作。同时，加强与其他国际机构、国际组织的合作，采取更灵活非固定的模式进行对话和合作，以放大、扩大金砖的影响力，并在国际事务中发挥更大作用。

（五）持续推动中印对话合作

长远来看，中印关系回暖是必然的，当前恢复关系的契机也存在。因为中印是大国、邻国，合作机会多，即使目前双方分歧和不信任还存在，但需要理性看待对方，保持沟通交流，有效管控分歧，继续推进合作。特别是在世界形势不确定、中印关系陷于低谷的情况下，应积极拓展经贸、教育、学术、艺术、体育、旅游等领域的交流合作。一方面要吸引更多的印度人走入中国，了解中国，消除印度社会对中国的错误认知。另一方面要鼓励更多的中国人走进印度，了解印度，改变中国人对印度的看法与观点。与此同时，印度和中国是搬不走的邻国，在气候变化、水资源利用、新能源开发、全球秩序维护、经济恢复、产业转型、全球治理改善、俄乌冲突斡旋、反恐等领域有很多合作的共同诉求，而且合作领域还在不断扩大。中印加强合作符合双方的共同利益和长远利益。2021～2022财年中印贸易增长超过30%，充分说明双方的合作潜力巨大。未来，中印要持续关注企业和民众实际需求，进一步促进贸易投资便利化，以合作共赢推动共同繁荣发展。

参考文献

[1] 菊池努「インド太平洋の新秩序と日本—ルールに基づく多極秩序を目指し

て一」、日本国際問題研究所，2020 年。

［2］楼春豪：《印度的"印太构想"：演进、实践与前瞻》，《印度洋经济体研究》2019 年第 1 期。

［3］庞玮：《国别区域学视域下我国印度研究的发展脉络与主题谱系》，《西安外国语大学学报》2023 年第 1 期。

［4］王文等：《金砖国家创新引领世界经济新发展》，《扬州大学学报》（人文社会科学版）2023 年第 2 期。

［5］王卓：《金砖国家组织视域下中印关系问题研究》，《长沙理工大学学报》（社会科学版）2022 年第 31 期。

［6］杨文武、黎思琦：《印度对全球经济治理的认知及政策取向》，《国际问题研究》2022 年第 6 期。

［7］叶海林：《身份认知偏差对中印关系前景的影响》，《印度洋经济体研究》2020 年第 3 期。

［8］约书亚·托马斯、汉斯·弗雷迪：《后疫情时代的金砖国家合作：机遇与挑战—替代性视角》，于蔷译，《拉丁美洲研究》2022 年第 9 期。

［9］张梅：《国际变局下日本智库对印度形象的建构》，《南亚研究》2023 年第 1 期。

［10］Bas Hooijmaaijers，"China, the BRICS, and the Limitations of Reshaping Global Economic Governance"，*The Pacific Review*，Volume 34，Issue 1，2021.

［11］David Monyae，Bhaso Ndzendze，"The BRICS Order Palgrave Macmillan"，Cham，2021.

［12］Georgy Toloraya，"The Prospects of BRICS Evolution – Goals & Pathways"，VII BRICS Academic Forum，2015.

［13］Moraes，R.，"Whither Security Cooperation in the BRICS? Between the Protection of Norms and Domestic Politics Dynamics"，*Global Policy*，2020.

［14］S. Jaishankar，"The India Way：Strategies for an Uncertain World"，HarperCollins India，2020.

［15］Yaroslav Lissovolik，"BRICS – Plus：Alternative Globalization in the Making?" Valdai Paper，2019，https：//eng. globalaffairs. ru/valday/BRICS – Plus – Alternative Globalization–in–the–Making–18974.

B.5
中国的区域经济合作与自贸区战略

冯宗宪　于璐瑶*

摘　要： 本报告首先从区域主义、政治和自贸区等角度分析区域一体化，对中国推进区域经济合作的理论观点进行了介绍。其次回顾了中国自贸区战略实施进程，并将其分为起步实践、稳步发展、快速推进和扩展升级四个发展阶段；分析了不同阶段的策略、布局和任务目标。最后对中国扩大高标准自由贸易区网络进行了展望，并结合"一带一路"倡议，分析了中国区域合作新方式，从巩固和扩大自由贸易区成果、推进已签署自贸协定升级、加快推进制度型开放、加强与"一带一路"沿线国家的机制性合作、兼顾对外开放与维护国家安全等角度提出对策建议。

关键词： 区域经济合作　自贸区协定　"一带一路"倡议

一　引言

自第二次世界大战结束以来，随着生产力和科学技术的迅速发展，区域性组织数量急剧增加。全球范围内涌现出大量自由贸易区，根据 WTO 的统计，区域性贸易协定（RTAs）数量呈递进式增长。1950～1959 年有 3 个，

------

* 冯宗宪，博士，西安交通大学经济与金融学院教授，研究领域：国际贸易及国际金融理论与政策；于璐瑶，博士，教授，西安财经大学国际贸易专业负责人，西安丝绸之路研究院国际贸易研究中心执行主任，研究领域：国际贸易。
本报告获国家社会科学基金重点项目（编号：19AJY001）资助。

1960~1969 年有 19 个，1970~1979 年有 39 个，1980~1989 年有 14 个，1990~1998 年有 82 个。截至 2001 年底，已有 170 个区域经济一体化协定在 WTO 注册，其中亚太经合组织、北美自由贸易区和欧洲联盟等是代表性组织。此外，还有一些次区域性组织，如中美洲共同市场、加勒比共同体等。截至 2007 年 12 月，全球已向世贸组织通报并仍然生效的自由贸易区达 197 个，其中 80% 是在过去十年内缔结的。截至 2021 年，根据世贸组织的统计，国际上已达成的自由贸易协定超过 350 个（见图 1）。

自由贸易区是由两个或两个以上的经济体在达成协议后建立的区域经济一体化组织形式，旨在相互取消贸易壁垒。其基本特点是：自贸区成员之间废除了贸易壁垒，但非成员无法享有同等待遇，从而导致自贸区对内自由开放、对外保护的差异。因此，区域自由贸易协定（自由贸易区协定）是世界贸易组织最惠国待遇的一种例外，即在多边承诺的基础上，一些国家或地区进一步相互开放市场，以实现贸易和投资的自由化。同时，自由贸易区协定是 WTO 多边贸易体制的有益补充，与 WTO 并不冲突或矛盾。自贸区协定不仅包括货物贸易和服务贸易的开放，还包括投资的开放，因此也被称为 WTO$^+$。

多边贸易体制和区域贸易安排一直是驱动经济全球化向前发展的两个轮子。[1] 21 世纪以来，中国在积极推进全球化进程的同时，也在不断探索和扩大区域经济合作的实践。为了促进全球贸易投资便利化、自由化以及互联互通，推动全球经济可持续发展，中国正在加快自由贸易区的谈判进程，并着手建立全球自由贸易区网络，目标覆盖周边国家和地区、"一带一路"沿线国家以及面向五大洲有影响力的国家及地区。通过建立全球自由贸易区网络，中国将实现对外贸易和双向投资的进一步自由化和便利化，带动各国经济的发展和繁荣。同时，全球自由贸易区网络的建立还将有助于加强各国之间的合作和沟通，推动全球经济的可持续发展，中国的这一努力也将给世界

---

[1] 习近平：《加快实施自由贸易区战略　加快构建开放型经济新体制》，新华网，2019 年 3 月 28 日。

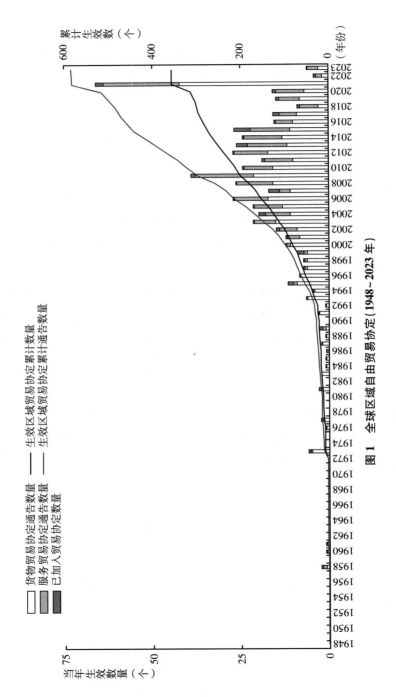

图 1　全球区域自由贸易协定（1948～2023 年）

经济带来新的机遇和挑战。值得注意的是，21 世纪以来，一些大型自贸协定已签署并生效，包括《全面与进步跨太平洋伙伴关系协定》（CPTPP）、《区域全面经济伙伴关系协定》（RCEP）、欧盟和日本达成的自贸协定以及美国、墨西哥、加拿大达成的新自贸协定。超过 50% 的全球贸易发生在区域集团内部，这些贸易组织往往享有比世界贸易组织更为优惠的条件。欧盟内部贸易占全球贸易的 67.6%，北美自由贸易区内的贸易占比为 55.7%。

自 21 世纪初以来，大国之间通过设立自贸区来减少贸易壁垒和促进贸易自由化，从而加强彼此的经济联系，自贸区已经成为国家合作和竞争的重要工具。自贸区的出现对全球经济和政治格局产生了重大影响，它已经成为推动国际贸易发展和经济增长的主要机制之一，其重要性不仅仅在于经济领域，也在于外交和政治战略层面，自贸区的建设加强了成员国之间的经济利益联系，从而创造了多元化的利益共同体，同时减少了成员间的贸易争端和政治纷争，增强了相互信任和合作，促进了政治和外交关系的发展。中国作为世界第二大经济体，必须积极参与自贸区的建设，促进全球经济和政治发展。如果中国滞后或停留在边缘地带，发展空间将受到限制。

二　推进区域经济合作的理论观点

根据传统的区域主义观点，丁伯根（Tinbergen）将区域经济一体化过程分为消极和积极两种类型。消极一体化通常涉及取消已经存在的贸易壁垒和管制，以便实现更高程度的贸易自由化和一体化。相比之下，积极一体化则着重通过改善内部环境和规定来消除贸易障碍并加快一体化进程，具有更强的主动性，并且在自由市场中对经济更有控制力与影响力。[1] 美国经济学家巴拉萨（Balassa）进一步深化了区域一体化的定义，认为区域一体化是一个既包括过程也包括状态的概念，其核心目标是促进经济的自由化与一致化，通过消除贸易障碍以实现产品和要素在区域内的自由流动，从而提高整

---

[1]　Tinbergen，J.，"International Economic Integration Amser-dam"，*Elsevier*，1954.

个地区的经济效益。同时，确保区域内的贸易避免受非自由市场因素，如资本管制、汇率控制、补贴、配额等的约束，也是区域一体化所关注的重要方面。① 自由贸易区建设是区域经济一体化的一个重要过程，彼得·罗布森（Peter Robson）认为统一的关税和贸易政策是消除贸易区内各种壁垒的最基本环节。② 西托夫斯基（Scitovsky）和德纽（Deniau）则进一步丰富了自由贸易区理论，分别从静态、动态的角度提出大市场理论，分析区域经济一体化的经济效应。③

关于区域经济一体化的形式，弗里茨·马克鲁普（Fritz Machlup）认为区域经济一体化可以在各个层面、不同的地理及范围内实现，也不仅限于消除各国之间的贸易壁垒。④ 然而，彼得·罗布森等学者并不支持贸易自由化与经济一体化的这种解释，他们认为国际经济一体化不应被视为目标本身，而该被视为实现更广泛目标的手段。⑤ 保罗·斯特里坦（Paul Streeten）则反对用手段来定义贸易一体化，主张将其定义为目的、平等、自由和繁荣。平德（Pinder）认为，消除国际贸易歧视，促进政策协同是实现经济一体化的最重要手段。⑥

20世纪50年代初，美国学者约翰·赫茨（John H. Herz）基于霍布斯哲学从政治学角度，提出了"安全困境"（security dilemma）的概念。根据赫茨的理论，安全困境或权力与安全困境是一种社会状态，当权力单位（如国家或者国家间的国际关系）共存时，它们会发现没有任何力量能够支配它们、规范它们的行为并且保护它们免遭攻击。⑦罗伯特·吉

---

① Balassa, B., "The Theory of Economic Integration Homewood", *Irwin*, 1961.

② 〔英〕彼得·罗布森：《国际一体化经济学》，戴炳然等译，上海译文出版社，2001。

③ T. Scitovsky, *Economic Theory and Western European Integration* (Calif: Stanford University Press, 1958); Deniau, J. F., *The Common Market* (London: Barrie and Rockliff with Pall Mall Press, 1961).

④ Fritz Machlup, *A Histroy of Thought on Economic Inte-gration*, Macmillan, 1979.

⑤ Peter Robson, *The Economics of International Integration*, Routledge, 1998.

⑥ Pinder, J. T., "The Case for Economic Integration", *Journal of Common Market Studies*, 1965, 3 (3): 246-259.

⑦ John H. Herz, "Idealist Internationalism and the Security Dilemma," *World Politics*, Vol. 2, No. 2 (1950), pp. 157-180.

尔平指出，区域一体化逐渐加强的趋势是政治学所称的对"安全困境"的一种回应。[①] 在这种"安全困境"中，每个区域一体化组织都希望提升与其他地区谈判的地位，这种趋势反映了国际关系中安全困境的复杂性和紧迫性。

在自贸区对经济一体化的影响方面，克鲁格曼采用静态的垄断竞争分析法探究了自贸区的相对贸易价值，发现自贸区主要由传统的贸易伙伴国家组成，其贸易转移效应较小，总体利大于弊。[②] 根据轮轴理论，区域贸易协定（RTA）形成了一个 RTA 网络系统，其中有一个核心轮轴国家，该国与周边的辐条国家签订了贸易协议。在这个 RTA 网络系统中，轮轴国家与每个辐条国家都有自己的 RTA，但辐条国家之间不存在区域贸易协定。Bhagwati 称之为"意大利面碗"效应。[③] Baldwin 提出"区域主义的多米诺理论"，根据这一理论，自贸区最初仅覆盖少数国家，但经济联系与互动的增强不断增加其收益，从而吸引更多国家和地区加入，在逐步扩散中产生了类似于多米诺骨牌的效应。开放的自贸区可以扩展到全球，而封闭的地区经济可以促使非成员国结盟。不断扩大的自贸区有助于建设全球自贸区和实现经济全球化。[④] 在研究全球多个自由贸易区后，菲利普（Philip）发现自由贸易区具有一定程度的排他性，阻碍了经济一体化的实现。[⑤] 通过横向对比研究，Pravin 提出双边与多边自由贸易区在发展建设中存在内在矛盾，不同自由贸易区之间可能面临一定的差别或歧视。[⑥] Crawford 和 Laid 认为，尽管双边自由贸易区的建设和发展存在歧视性待遇，但它们仍然是一个次优选项，可以

① 〔美〕罗伯特·吉尔平：《国际关系政治经济学》，杨宇光译，经济科学出版社，1989。

② Krugman, "Is Bilateralism Bad", in *International Trade and Trade Policy*, Cambrige: MIT Press, 1991: 97-99.

③ Jagdish Bhagwati, "US Trade Policy: The Infatuation with FTAs", Discussion Paper Series, 1995, No. 726.

④ Baldwin. , "A Domino Theory of Regionalism", NBER Working Paper, 1993-10-465.

⑤ Philip, "A Political-Economic Analysis of Free-Trade-Agreement", The *American Economic Review*, 1997, 87: 506-551.

⑥ Pravin, "Regionalism and Multilateralism: A Political Economy Approach", *Quarterly Jouranl of Economics*, 1998, 113: 227-251.

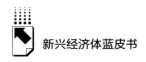

在某种程度上促进多边和全球自由贸易区的建设和发展。①

20世纪90年代初，中国开始对自由贸易区问题进行系统研究。1991年底，针对中国社会经济形势，国务院总体研究协调小组确定了13个重大研究课题。其中，"世界经济区域集团化趋势、影响及对策"这一课题由当时的对外贸易经济部负责，并成立了一个课题组。研究主要集中于分析形势、判断趋势、把握机遇和应对挑战。据此，"世界经济区域集团化趋势、影响及对策"课题组深入研究了以下几个问题：世界经济区域化发展对中国的影响及相应对策、欧洲经济一体化对中国的影响及相应对策、北美自由贸易区的建立及中国的对策、亚太经济合作对中国的影响及对策、东亚和中亚经济集团对中国的影响及相应对策。研究发现，全球经济发展对中国经济的发展有着重要影响，当时全球经济的发展趋势并非偶然，一定程度上受冷战结束后世界局势紧张、经济冲突、竞争激烈等因素的影响，这是生产力发展、全球实现经济一体化必然经历的阶段。在这个过程中，中国可以积极参与或推进各种形式、层次和规模的区域经济合作组织，逐步提高中国的开放水平和贸易投资自由化的标准。这将成为我国实践高水平对外开放政策的平台和推动对外开放的重要抓手。

王珏、陈雯通过对区域一体化相关概念的辨析，回顾区域主义发展历程，并概括全球化赋予区域一体化的新内涵，提出区域一体化研究的不足之处，以期为区域经济发展研究提供有益的启示。自19世纪以来，随着全球化趋势的出现，区域主义已经经历了四次思想浪潮的变革；同时，区域一体化的理论正在趋于系统化，早期的理论主要集中在国际贸易，如关税同盟理论、自由区贸易理论、大市场理论等，这些理论已经从原来的国际贸易扩展到空间、制度等方面，涵盖了多种研究视角，如新区域主义、新经济地理理论和新制度经济学等，为区域一体化发展提供了新的思路和方法。②

---

① Crawford and Laid，"Regional Trade Agreements and the WTO"，*North American Journal of Economics and Finance*，2001，9：21-22.

② 王珏、陈雯：《全球化视角的区域主义与区域一体化理论阐释》，《地理科学进展》2013年第7期。

郎平认为，区域经济合作不仅是实现经济发展的必要手段，也是增强区域凝聚力、促进区域和平、克服"安全困境"的重要途径。区域经济一体化作为一个政治、经济和文化进程，需要国家作为各方利益的调解人参与其中。①

冯宗宪、李刚指出，中国在"一带一路"周边区域经济合作中，面临两条截然不同的现实路径。一种是制度推进，是指与沿线各国逐步签订优惠贸易协定，通过建立自贸区，以促进地区间的经济合作。另一种是通过强化互联互通功能及贸易便利化来消除沿线相关国家对商品、资金和人员流动的壁垒限制，解决互联互通和贸易投资便利化问题。然而，这些路径的实施前提在于政策沟通、相互信任以及发展规划的相互对接，并对可能出现的重大风险进行防范，等等。这就要求中国既能为"一带一路"建设提供国际公共产品，也要有创新思维、大国担当、领导力和协调手段。同时，建立更多规范的贸易相通、投资便利、制度对接的自贸区可以有效解决这些实际问题。②

陈宏、程建指出，自2013年"一带一路"倡议推出以来，自由贸易区已经与"一带一路"建设相衔接，并在国际贸易、外国投资、基础设施互联互通和金融开放等各个领域积累了丰富的经验，也取得了显著的成果。然而，各自贸区之间缺乏有效的协调机制，自贸区对接"一带一路"的物流系统不完善，一些"一带一路"沿线国家的海关清关程序烦琐低效，金融行业服务能力不足等问题仍然存在。因此，有必要协调自贸区参与"一带一路"建设，完善自贸区与"一带一路"对接的物流系统建设，提高自贸区与"一带一路"沿线国家的贸易便利化合作水平，并提升基于自贸区的跨领域金融能力。③

---

① 郎平：《区域经济一体化如何突破安全困境——以南亚区域合作联盟为例》，《国际安全研究》2014年第6期。
② 冯宗宪、李刚：《"一带一路"建设与周边区域经济合作推进路径》，《西安交通大学学报》（社会科学版）2015年第5期。
③ 陈宏、程建：《"一带一路"建设与中国自贸区战略协同对接的思考》，《当代经济管理》2019年第1期。

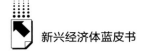

过去，区域贸易协定和区域经济一体化研究通常与区域主义联系在一起。然而，现代的区域主义范围更广，更加全球化。经济一体化不仅包括贸易，还包括金融和对外直接投资。此外，推进一体化不仅取决于短期经济的互补性和经济利益，还受到国家政策战略选择的影响。中国未来外贸和经济关系发展的主要形式包括双边、多边、区域和亚区域经济合作以及贸易和投资自由化，这些合作是促进多边贸易体系发展和中国对外开放水平提高的重要手段。没有了双边、多边和区域合作，中国的对外开放将会丧失较大的推动力。①

近年来，在区域贸易协定数量迅速增加的同时，个别大型自由贸易协定被新的贸易协定所取代，在多边贸易体制下又相继诞生了《全面与进步跨太平洋伙伴关系协定》和《区域全面经济伙伴关系协定》等超大型自贸协定，引发全球关注和区域内贸易额大幅增加的期待。进一步而言，一体化不仅局限于经济领域，还扩展到政治领域。刘彬指出，中国已签订的自由贸易协定在商界利用率不高，经贸规则止步于对世界贸易组织相关规则的简单模仿，总体上偏向于扩大市场准入的传统功能且效果有限。由西方主导的"规则制华"政策的影响与日俱增，但该政策背离了全球治理的正确方向。②

高鹤指出，在对欧盟、北美 FTA 以及东盟等几个已运营多年的区域一体化组织的货物贸易和服务贸易进行分析后发现区域自由贸易协定的签署在短期内提升了域内贸易份额，但很快出现平稳甚至下降态势。域内成员国与域外国家对外贸易关系的变化、各成员国之间原有的经贸关系基础、众多区域自由贸易协定相互交织，加上多边贸易框架下的制约，都导致区域内成员国的贸易份额无法持续大幅增加。这些情况将给中国已经加入或者申请加入超大型自贸协定的预期带来一定的启示和思考。③

①　王跃生：《以高水平对外开放推进现代化经济体系建设》，光明网，2022 年 12 月 28 日。
②　刘彬：《"规则制华"政策下中国自由贸易协定的功能转向》，《环球法律评论》2020 年第 1 期。
③　高鹤：《超大型自贸协定背景下对典型区域内贸易关系的再审视》，《关东学刊》2022 年第 5 期。

李梦瑄指出，上合组织成立伊始，就表现出不同于传统西方主导下的区域组织的特征，上合组织的这种独特的身份定位集中表现为其所倡导的处理地区内部安全问题、处理组织内部成员间关系，乃至处理组织与外部国家行为体或国际组织关系的"新安全观"之中。①

总而言之，当前的区域经济和贸易安排已经超越了传统的地理概念，随着越来越多的跨洲和跨区域自由贸易协定的不断涌现，这种趋势得到了进一步加强。同时，世界范围内涌现了其他形式的合作机制，如亚太经合组织、亚欧会议等，这些机制将更多的经济体纳入区域经济合作的框架中，从而进一步扩大了其影响力。② 当前，大多数国家都在从自身的实际利益出发积极寻求建立双边或多边的区域经济一体化组织。作为一个快速发展的最大的发展中国家，中国正在成为 21 世纪世界区域一体化的积极参与者和重要推动者。

三　中国自贸区战略实施的阶段性发展进程回顾

自进入 21 世纪以来，中国已经从与全球接轨、加入多边国际组织、积极探索周边开放，发展到在全球范围内谋划布局，由低端到高端，展开自贸区协定谈判外交。面对全球开放合作遭遇重大阻力的形势，中国提出要"加快实施自由贸易区战略"，加强区域经济合作，推动更高水平的对外开放。中国自 2007 年将自贸区建设上升为国家战略以来，一直在积极推进区域经济一体化，通过加强与周边国家和地区的合作，促进经济发展和区域共同繁荣，并且在"一带一路"倡议的推动下，一直在积极推进区域经济一体化，已经成为全球经济合作和全球化进程中不可或缺的重要力量。为了推进"一带一路"建设，中国与沿线国家不断丰富和完善合作内容和方式，积极运用现有的双边和多边合作机制，与沿线国家的发展和区域合作计划对

---

① 李梦瑄：《非西方区域主义身份下的上合组织创新定位、演进与限度》，《理论观察》2022年第 8 期。

② 苏舟：《国际政治经济学视角下的区域一体化》，《经济师》2007 年第 11 期。

接，推动区域合作繁荣发展。党的十八届三中、五中全会进一步强调，要以周边地区为依托，加快实施自贸区战略，打造高标准的全球自贸区网络。2015年11月3日，"十三五"规划提出，加快实施自贸区战略，推进区域全面经济伙伴关系谈判，推进亚太自贸区建设，努力打造全球高标准自贸区网络。2015年12月17日，国务院发布了《关于加快实施自由贸易区战略的若干意见》。这是自贸区建设进程中的首个战略性、综合性文件，对自贸区建设做出了"顶层设计"，提出了具体要求，进一步优化自由贸易区建设布局和加快建设高水平自由贸易区。党的十九大提出促进自由贸易区建设，党的十九届四中全会提出推动构建面向全球的高标准自由贸易区网络，党的十九届五中全会提出要"实施自由贸易区提升战略，构建面向全球的高标准自由贸易区网络"。2022年10月，党的二十大报告进一步提出，要扩展面向全球的高标准自由贸易区网络。这些政策和计划为建设中国高标准自由贸易区和推进高水平对外开放指明了方向、明确了目标、提出了要求。

随着经济全球化和区域经济一体化的不断深入，各项区域自贸谈判将改变世界贸易格局。这些谈判包括：亚太地区12个国家之间（《跨太平洋伙伴关系协定》，简称TPP）、亚洲15个国家之间（《区域全面经济伙伴关系协定》，简称RCEP）、亚太自由贸易区（FTAAP）以及欧盟和美国之间（《跨大西洋贸易与投资伙伴关系协议》，简称TTIP），占全球GDP 70%以上的经济体正在参与上述区域自贸协定中的一项或多项。当前"一带一路"沿线地区已建立多种区域合作机制，代表性包括上海合作组织、欧亚经济联盟、中国—东盟自贸区（10+1）等。亚太经济合作组织（APEC）、欧洲联盟等机构也发挥重要作用。已完成谈判的《跨太平洋伙伴关系协定》（TPP）、《跨大西洋贸易与投资伙伴关系协议》（TTIP，即欧美自由贸易区）、中日韩自贸区、《区域全面经济伙伴关系协定》（RCEP）等自贸协定已签署或正在进行，将促进区域经济合作和发展。同时，还在进行亚太自由贸易区（FTAAP）的可行性研究，旨在实现亚太地区经济的可持续发展和繁荣。这些合作机制和自贸协定将加强区域贸易和投资联系，推动经济全球化和区域一体化，促进各国共同发展和繁荣。目前这些区域自贸协定的内容得到极大的拓展与增加，不仅包括关税削减，而且涉及环境标准、投资、竞争政策、市场准入等非关税领域的内容，并且缔结自贸协定已经不再受传统的地域、文化等因素制约，经济水平相差很大的国家正共同参加自贸协定谈判，而且发展中国家参与区域自贸协定的积极性更高，在全球贸易格局中的地位也越来越重要。这些区域自贸协定对参与国家、其他国家乃至全球经济都将产生重大影响。

自由贸易区自21世纪以来已成为大国之间战略合作和竞争的重要手段，加速重塑全球经济和政治格局。这是因为自由贸易区已经超越了其经济功能，在外交和政治方面同样拥有战略意义。通过提供更有利的贸易和投资条件，自贸区使其成员的经济利益联系更加紧密，促进了它们之间经济利益的整合和共同繁荣。这种整合进一步加强了成员之间的政治和外交联系，形成了各种利益共同体，从而促进了区域和全球稳定与合作。因此，国家之间的竞争逐渐转化为各种利益集团之间的竞争，这种转变在全球范围内尤为明显。自由贸易区快速发展加速了全球化进程和经济一体化，其成员国之间的合作越来越密切，形成了各种利益共同体，促进了区域和全球稳定与合作。在这样的背景下，中国的和平发展也面临较多机遇和挑战。一方面，中国积极参与和推动自贸区的建设，加强与其他国家的经贸往来，提高了中国的国际地位和影响力；另一方面，自贸区的发展也带来了更多的竞争和挑战，中国必须加快结构性改革和转型升级，提高自身的国际竞争力。因此，中国应积极参与自贸区建设，加强与其他成员国的协作，实现互利共赢。

进一步来看，过去十多年来，中国高度重视"加快实施自由贸易区战略"和"推动更高水平的对外开放"。自由贸易区建设已成为中华人民共和国的重要国家战略，旨在推动全球化和经济发展。这一战略的重要性由党的十七大确认，而党的十八大则进一步提出了更为明确的目标和计划，强调加快实施自由贸易区战略的必要性。"十三五"规划也明确要求加快推进自由贸易区战略，推动《区域全面经济伙伴关系协定》谈判，推进亚太自由贸易区建设，并致力于形成全球高标准自由贸易区网络。在"一带一路"倡议推进的背景下，促进区域经济一体化至关重要。党的第十四个五年规划建议建立一个更高层次的开放经济新体系和全球高标准自由贸易区网络。党的

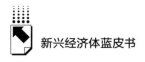

二十大报告进一步提出要在全球范围内扩大高标准自由贸易区网络，这是中国继续推进对外开放战略的最新举措。

从实践来看，中国自贸区的战略实施可分为若干阶段，具有明显的阶段特征，各个阶段亦有不同的目标、实施重点和策略安排。以 2000 年提出的中国—东盟自由贸易区的构想为开端，中国的自贸区建设大致可以分为起步实践、稳步发展、快速推进和扩展升级四个阶段。

1. 起步实践阶段（2000~2006 年）

这一阶段，中国在适应多边开放以加入世界贸易组织的过程中开始探索自贸协定谈判。东南亚邻近地区的跨国合作组织东盟是中国最初的自贸协定谈判伙伴。然而，中国加入世界贸易组织之路曲折艰辛：从复关（GATT）到加入世界贸易组织谈判历经十数年。20 世纪 90 年代后半期，正在进行建设自贸区的可行性研究，但还没有正式提出。2000 年 11 月，时任总理朱镕基在第四次中国—东盟领导人会议上提出中国—东盟自由贸易区（10+1）的构想，为两地建立自由贸易关系奠定基础。两年后，在第六次会议上，朱镕基总理与 10 国领导人签署了《中国与东盟全面经济合作框架协议》，承诺在 2010 年前建成自由贸易区，标志中国第一个 FTA 项目——中国—东盟自由贸易区建设拉开序幕。此后，中国与东盟各国的商贸市场、服贸市场以及投资市场逐步开放，双边经贸合作促进了贸易额的增长，中国与东盟的双边贸易额从 2003 年的 780 亿美元增至 2020 年的 6851 亿美元，增长了 7.8 倍，中国是东盟连续 14 年的最大贸易伙伴，而东盟在 2020 年成为中国最大的贸易伙伴。第一阶段中国与外国签署的自贸协定及特点如表 1 所示。

表 1　第一阶段中国与外国签署的自贸协定及特点

名称	特点	签署或实施时间
中国—东盟自由贸易区	中国达成的第一个区域自由贸易协定	2002 年 11 月 4 日
中国—智利自由贸易协定	中国与拉美国家签署的第一个自贸协定	2006 年 10 月 1 日
中国—巴基斯坦自由贸易协定	中国与周边邻国签署的第一个自贸协定	2007 年 7 月 1 日

　　中国在与东盟建立贸易联系及自由贸易区的基础上，将自贸区的建设范围由巴基斯坦等亚洲近邻向智利、巴西等大洋彼岸拓展，中国在全球范围内的区域经贸合作格局迅速打开。

　　2004 年 11 月 18 日，中国—智利自贸协定谈判启动，并于 2005 年 11 月 18 日签署了《中华人民共和国政府和智利共和国政府自由贸易协定》，协定自 2006 年 10 月 1 日起正式生效实施。中国—智利自贸协定的签署促进了中智经贸合作和全面合作伙伴关系的进一步发展，树立了国际"南南合作"的新典范。2005 年 4 月 5 日，中国—巴基斯坦自贸区谈判启动，并于 2006 年 11 月 24 日签署了《中国—巴基斯坦自由贸易协定》，该协定于 2007 年 7 月 1 日起正式生效，为中巴两国建设全天候和全方位的伙伴关系提供了助力，巩固了双方经贸关系的制度性基础。总体而言，该阶段的自由贸易区建设主要呈现以下特点：一是重点关注周边地区，如东亚、东南亚和南亚地区；二是"南南合作"是主要方式，即伙伴方以发展中国家为主；三是充分考虑欠发达国家的需求，即对最不发达国家予以特殊对待，循序渐进式扩大开放；四是分领域分阶段建设，即以货物贸易为先导，逐步开放服务贸易和投资市场。

　　2. 稳步发展阶段（2007~2011 年）

　　本阶段中国首次从国家战略层面推进自由贸易区建设，积极探索自由贸易区建设的路径和模式，提出"实施自由贸易区战略"。在此阶段，中国与新西兰、新加坡、秘鲁、哥斯达黎加等达成了自由贸易协定，为中国和其他合作伙伴带来双赢的局面，在促进经济增长和提高人民生活水平方面起到重要的作用。

　　2008 年 4 月 7 日，中国与新西兰签署了《中国—新西兰自由贸易协定》，并于同年 10 月 1 日正式生效，标志着中国与发达国家达成了第一个自由贸易协定，同年 10 月 23 日，中国与新加坡也签署了《中华人民共和国政府和新加坡共和国政府自由贸易协定》，并于 2011 年 7 月 27 日就一份修改协定的议定书达成共识，该协定最终全面涵盖了货物贸易、服务贸易、人员流动、海关程序等多个领域，中国的自贸协定建设更为全面和完善，拓展了双边经贸合作的深度与广度。2009 年 4 月 28 日，中国与秘鲁签署了《中国—秘鲁自由贸易协定》，随后于 2010 年 3 月 1 日正式生效实施。2010 年 4 月 8 日，中国与哥斯达黎加签署了《中国—哥斯达黎加自由贸易协定》，并于 2011 年 8 月 1 日正式生效，是中国与中美洲国家签署的第一个一揽子自贸协定。第二阶段中国与外国签署的自贸协定及特点如表 2 所示。

表 2　第二阶段中国与外国签署的自贸协定及特点

名称	特点	签署或实施时间
中国—新西兰自由贸易协定	与发达国家达成的第一个自由贸易协定	2008 年 4 月 7 日
中国—新加坡自由贸易协定	加快了中国—东盟自贸区的贸易自由化进程	2008 年 10 月 23 日
中国—秘鲁自由贸易协定	与拉美国家签署的第一个"一揽子"自贸协定	2009 年 4 月 28 日
中国—哥斯达黎加自由贸易协定	与中美洲国家签署的第一个"一揽子"自贸协定	2010 年 4 月 8 日

综合来看，自由贸易区建设在该阶段呈现为不断发展"南南合作"，推进"南北对话"并向亚洲、大洋洲和南美洲延伸布局，同时达成了"一揽子"自由贸易协议，涵盖经贸合作，并包含人员流动、海关程序等方面，另外还进一步探索了知识产权、生态环境、人文合作等领域的多方合作，实现各方的互利共赢，推动区域的可持续发展。

3. 快速推进阶段（2012~2019年）

本阶段中国的自贸协定朋友圈快速扩大，中国为促进全球范围内的区域一体化，倡议"加快实施自由贸易区战略"，在本阶段与瑞士、韩国、澳大利亚、冰岛、格鲁吉亚、毛里求斯和马尔代夫 7 个国家达成了自由贸易协定，这些协定涵盖了贸易、服务、投资、知识产权等领域，旨在促进两国间贸易便利化和合作深度，并为两国经济发展注入新动力。

《推动共建丝绸之路经济带和 21 世纪海上丝绸之路的愿景与行动》是中国于 2015 年 3 月 28 日提出的一项战略倡议，旨在通过加强区域合作和促进互联互通，推动包括欧亚大陆、非洲、拉美等国家及地区间的经济联通和共同繁荣。这一倡议涉及基础设施建设、投融资、贸易、产能合作、人文交流等多个方面，并获得了越来越多国家和国际组织的支持和参与。在"一带一路"沿线 64 个国家和地区中，有 51 个 WTO 成员，它们在国际贸易领域的合作遵循 WTO 的规则要求。因此，在此基础上，实现"一带一路"提出的市场深度融合和更高水平的区域合作，自由贸易协定机制是融入现行国际制度规则的有效途径。截至目前，中国已与沿线 13 个国家签署了 7 个自贸协定。

中韩双方自 2012 年 5 月正式启动双边 FTA 谈判、2014 年 11 月两国首脑在北京共同宣布结束实质性谈判。2015 年 2 月两国签署英文版初步协定，这场历经两年半 14 轮的谈判终于圆满画上了句号。2015 年 6 月 1 日，中韩自贸协定正式签署，在年底前生效实施。

2006 年 12 月，中国和冰岛开始了自由贸易区的谈判，并经过 4 轮磋商，此后几年谈判陷入了停滞状态。2012 年 4 月，中冰两国重新启动谈判，历经 2 轮，最终双方于 2013 年 1 月达成共识，4 月 15 日，中冰双方在北京正式签署了这项全面经济合作协议，即《中华人民共和国政府和冰岛政府自由贸易协定》，该协定的签署为两国关系发展提供了新的动力，并将促进贸易、投资、服务等多个领域的自由化和发展。

2010 年 1 月，中国和瑞士启动了自贸谈判。经过两年多的 9 轮谈判，双方于 2013 年 5 月 24 日签署了结束自贸协定谈判的谅解备忘录，并宣布建立金融对话机制。随后，中国和瑞士的代表 2013 年 7 月 6 日在北京签署中瑞自贸协定。

中澳自由贸易协定于 2005 年 4 月启动谈判，旨在促进中澳之间的自由贸易，简称中澳自贸协定。2015 年 6 月 17 日，双方正式签署协定，并于 2015 年 12 月 20 日正式生效。协定名为《中华人民共和国和澳大利亚政府自由贸易协定》。协定生效后，2016 年 1 月 1 日进行了第一次降税，其中中国方面实施了 29.2% 的税目的零关税，涵盖药品、医疗器械、板材、化工品、农业机械、船舶等领域；澳大利亚方面在协定生效时立即将 45% 的税目实现零关税，并将已实施零税率的商品纳入，使得零税率税目超过 90%；

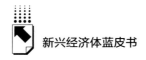

澳大利亚方面在协定生效时立即将 45% 的税目实现零关税，并加上原已实施零税率的商品，零税率税目数超过 90%。

中国—格鲁吉亚自贸协定谈判于 2015 年 12 月启动，经历了不到一年的密集谈判和磋商，于 2016 年 10 月实质性结束。随后，双方正式签署了该协定。双方将加紧完成各自国内程序，并争取在 2017 年底或 2018 年初使该协定生效实施。

中国—马尔代夫自贸协定谈判于 2015 年 12 月启动，于 2017 年 9 月结束。随后，2017 年 12 月 7 日，代表中华人民共和国政府和马尔代夫共和国政府的双方在北京正式签署了《中华人民共和国政府和马尔代夫共和国政府自由贸易协定》。该协定涵盖了货物贸易、服务贸易、投资以及经济技术合作等多个领域，实现了全面、高水平和互利共赢的谈判目标。该协定将为双方深化实质性合作提供有力框架，促进双方企业和人民福祉的增进。

中毛自贸协定谈判于 2017 年 12 月正式启动，经历了四轮正式谈判和多轮会间磋商。最终，于 2018 年 8 月 30 日，在北京成功达成一揽子协议，涵盖了货物贸易、服务贸易、投资、经济合作等多个领域。谈判目标实现了全面、高水平和互惠的要求。随后，在 2018 年 9 月 2 日，双方正式签署《中华人民共和国商务部与毛里求斯共和国外交、地区一体化和国际贸易部关于结束中国毛里求斯自由贸易协定谈判的谅解备忘录》。第三阶段中国与外国签署的自贸协定及特点如表 3 所示。

表 3　第三阶段中国与外国签署的自贸协定及特点

名称	特点	签署或实施时间
中国—韩国自由贸易协定	中国与东北亚国家达成的第一个自由贸易协定	2015 年 6 月 1 日
中国—冰岛自由贸易协定	中国与欧洲国家签署的第一个自由贸易协定，涵盖货物贸易、服务贸易、投资等诸多领域	2013 年 4 月 15 日
中国—瑞士自由贸易协定	这是中国与欧洲大陆和世界经济 20 强国家达成的首个自贸协定	2013 年 7 月 6 日

续表

名称	特点	签署或实施时间
中国—澳大利亚自由贸易协定	中国与重要的发达国家签署的"一揽子"自贸协定，也是迄今已商签的贸易投资自由化整体水平最高的自贸协定之一	2015 年 6 月 17 日
中国—格鲁吉亚自由贸易协定	中国与欧亚国家签署的第一个自贸协定	2017 年 5 月 13 日
中国—马尔代夫自由贸易协定	中国与南亚国家签订的第二个自贸协定；是马尔代夫与外国签署的首个双边自贸协定	2017 年 12 月 7 日
中国—毛里求斯自由贸易协定	中国与非洲国家商签的第一个自由贸易协定	2018 年 8 月 30 日

该阶段中国的自贸区建设主要有以下特点：首先，重点推进方向是"一带一路"沿线国家，通过战略、设施、项目等对接，为与相关国家进行自贸区谈判提供基础和推动力；其次，自由贸易伙伴覆盖了体量较大且具有影响力的发达经济体，如韩国、瑞士和澳大利亚；最后，着重构建高标准自由贸易区网络，范围涉及东北亚、北欧、外高加索、非洲地区。

4. 扩展升级阶段（2020年至今）

自 2020 年以来，全球形势发生了深刻而复杂的变化，逆全球化趋势明显，外部环境更趋复杂和不确定。在当前的背景下，中国积极应对外部环境的变化，并顺应国内经济高质量发展的内在需求，提出了一项重要目标："实施自由贸易区提升战略，构建高标准的全球自由贸易区网络。"这一目标已被纳入《中华人民共和国国民经济和社会发展第十四个五年规划和2035 年远景目标纲要》。同时，全球贸易投资的内容、规则和体系也发生了深刻的调整，以规则变化为核心，促进了全球贸易投资内容的新变化。《区域全面经济伙伴关系协定》（RCEP）是由东盟发起的自由贸易区协定，经历了 8 年的谈判过程，由中国、日本、韩国、澳大利亚、新西兰和东盟十国等 15 个成员参与制定。2020 年 11 月 15 日，东盟十国与中国、日本、韩国、澳大利亚、新西兰等 15 个亚太国家正式签署了 RCEP 协定，协定自 2022 年

1月正式生效。RCEP协定反映了国际贸易投资新规则,对于WTO涵盖的货物贸易、服务贸易和投资领域都进行了进一步的深化规定,且在服务贸易、劳工、环境、知识产权以及数字贸易等新兴产业方面确立了一些新规则。中国的推动使RCEP协定成功签署并生效,使这一自由贸易区成为世界上人口最多、成员结构最多元、发展潜力最大的区域合作成果之一。对于东亚地区的合作来说,这具有里程碑式的意义。RCEP将为地区的发展和繁荣注入新的动力,并为全球经济的复苏和增长做出重要贡献。RCEP是对现有各项协定的集体升级,建立了亚太地区内的统一贸易规则体系,有助于降低进出口企业的经营成本,减少经营中的不确定性风险。新加坡《海峡时报》报道,RCEP将使所有参与方从中获益。2020年10月12日,中国和柬埔寨政府代表分别在北京和金边通过视频正式签署《中华人民共和国政府和柬埔寨王国政府自由贸易协定》。该协定于2022年1月1日正式生效实施。

中国和新西兰于2016年11月启动自贸协定升级谈判,《升级议定书》正式签署于2021年1月26日。2022年2月,两国代表举行视频会谈,宣布已完成《中国—新西兰自由贸易协定升级议定书》的国内核准程序,《升级议定书》于4月7日正式生效实施。

中国与尼加拉瓜达成自由贸易协定"早期收获"安排,2022年7月12日,两国政府代表通过视频签署《中华人民共和国政府和尼加拉瓜共和国政府关于自由贸易协定早期收获的安排》,共同宣布启动中国—尼加拉瓜全面自由贸易协定谈判。第四阶段中国与外国签署的自贸协定及特点如表4所示。

表4　第四阶段中国与外国签署的自贸协定及特点

名称	特点	签署或实施时间
《区域全面经济伙伴关系协定》(RCEP)	目前世界上最大的区域自由贸易协定	2020年11月15日
《中华人民共和国政府和柬埔寨王国政府自由贸易协定》	中柬双方全面战略合作伙伴关系、共建命运共同体和"一带一路"合作进入新时期	2020年10月12日

名称	特点	签署或实施时间
《中国—新西兰自由贸易协定升级议定书》	在原有协定基础上,在多个领域做出更大的开放承诺,进一步深化了双方各领域的务实合作	2022 年 4 月 7 日
《中华人民共和国政府和尼加拉瓜共和国政府关于自由贸易协定早期收获的安排》	中国与中美洲国家签署的第一个"一揽子"自贸协定	2022 年 7 月 12 日

2021 年中国先后正式提出加入《全面与进步跨太平洋伙伴关系协定》(CPTPP)和《数字经济伙伴关系协定》(DEPA)的申请,主动对标国际高标准经贸规则,彰显高水平对外开放的坚定决心。2022 年 10 月,党的二十大进一步提出,持续推进高水平对外开放,扩大面向全球的高标准自贸区网络,实施自由贸易试验区提升战略。

近年来,不断深化的区域经济一体化和区域自由贸易,是驱动经济全球化的重要引擎。此外,当下国际市场仍存在诸多挑战,新动力对全球市场的影响与日俱增,高水平自由贸易区成为国际经济合作和竞争的重要平台,有利于全球市场共同繁荣。

自改革开放以来,中国的自由贸易区建设取得了显著成就,自贸"朋友圈不断扩大",初步构筑起立足周边、辐射"一带一路"、面向全球的高标准自由贸易区网络,同时也形成了自己独特的发展经验。一是重视顶层设计,根据政治、经济的外交总体布局,有序提出并推进自贸区谈判,有效推进自贸区合作战略。二是坚持开放包容、互利共赢。不仅与周边邻国,也跨越洲别,与各大洲有关国家进行自贸协定谈判;不仅与发展中国家,也与发达国家进行自贸区合作。三是坚持稳步发展、与时俱进,不仅在传统的贸易领域实现创新发展,也不断进行新兴贸易领域的自由贸易协定谈判,并持续推进已构建的自贸区升级。四是坚持对外开放与国内改革良性互动,对外开放倒逼对内改革,外部竞争激活内部动力,加快形成以国内大循环为主体、国内国际双循环相互促进的新发展格局。五是坚持开放与安全有机结合,在外界挑战增多的形势下开放与安全两手抓,把安全发展贯穿到对外开放各领

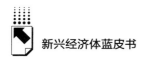

域和全过程，加强国际供应链保障合作，防范和化解现代化进程中可能出现的各种风险，筑牢国家安全屏障。

截至 2022 年 9 月，中国共签署了 19 个自贸协定，涉及 26 个国家和地区。其中，在党的十八大后，中国新增了 9 个自贸协定，包括 8 个双边协定（如中瑞、中澳、中韩等）和 1 个多边协定（即 RCEP）。同时，中国还对原有的 4 个自贸协定（与东盟、新加坡、新西兰和智利）进行了升级谈判。因此，中国形成了一个覆盖亚洲、欧洲、非洲、大洋洲和拉丁美洲的广泛的自贸伙伴网络，逐步构建了面向全球的自由贸易区网络布局。在中国对外贸易总额中，中国与自由贸易伙伴的贸易额占 35% 左右。2021 年，中国与协定生效的自由贸易伙伴进出口总额合计 10.8 万亿元，同比增长 23.6%，较同期我国与非自由贸易伙伴进出口增速高出 2.4 个百分点。数据表明，中国显著提升了货物贸易、服务贸易和投资的开放程度，不断提高承诺水平，扩大经贸规则的适用范围，为打造更多元、更广阔、更深入的对外开放模式奠定坚实的基础。

四 中国扩大高标准自由贸易区网络的展望和策略

签署自由贸易协定对中国的经济发展产生了积极影响，尤其在货物贸易领域，中国与自由贸易伙伴之间的货物关税大幅降低。同时在服务贸易方面，在履行 WTO 承诺的基础上，中国在协议规定的服务业开放领域做出了更多让步，同时还进一步提高了已经承诺开放的领域的开放水平。此外，关于自由贸易区规则的议题，中国也进行了有益的尝试，逐步将谈判领域拓展到竞争政策、电子商务、环境保护等方面，全方位、多角度地推进规则谈判和规制合作。中国不断提升自由贸易区建设水平，兼顾灵活性与务实性，创新合作模式，得到合作伙伴的支持。中国提出开放包容、平衡互惠等合作理念，得到合作伙伴的认同。自由贸易区的成立推动了中国与自贸伙伴之间的经贸关系发展，促进了要素流动、中间品贸易，加深了合作关系，并缩小了彼此之间的距离，也巩固了彼此在产业链和供应链方面的合作。在新的历史条件下建设高标准的自由贸易区网络，需要与更多经济体开展自由化、便利化的贸投合作，实施包括关税减让、通关便利化、国民待遇等措施，以达到消除贸易壁垒的目的。注重建立相互信任和合作关系，挖掘经贸合作潜力，避免矛盾冲突，确保共赢。总之，自由贸易区的建设为中国的经济发展提供了新的机遇和动力，也为促进全球经济发展贡献了中国的智慧和力量。

在肯定实施中国自贸区战略成绩的同时，也要清醒地看到自贸区战略在实践中还存在一些问题和不足。一是与重要区域的谈判还存在各式各样的问题、困难和阻力，有待解决。二是自贸协定签署数量较少，分布范围差异明显。总体上看，已建设的自由贸易区数量不多，规模较小，尚不能满足我国的经济发展需求。中国的自贸区从地理范畴上看，覆盖范围仍然不够广泛，在亚太地区、南美洲分布较多，而与欧洲、非洲、北美洲等地协定较少甚至有些还是空白。三是现有协定深化内容较少，除传统领域外，非传统领域覆盖程度较低。协定的内容浅层化，缺乏政策上的深度挖掘，不利于进一步发展。四是合作程度处于低级层面，标准较低，表现在区域自贸区内部成员贸易层级还较低，与其他发达国家的 FTA 存在较大差距。五是发展零散，尚未形成系统的自贸区网络。中国的 FTA 起步较其他发达地区晚，缺乏完整的发展目标和体系，在建的自贸区伙伴发展不一，难以形成战略上的统一，缺乏整体规划。六是与重点国家及相关的经贸合作组织的谈判路线图尚不同步，如与南非、巴西以及俄罗斯的自贸区谈判分别涉及其各自所在的南部非洲关税同盟、南方共同市场以及欧亚经济联盟；与单一国家谈判及与多国形成的共同市场群体谈判难度差别可想而知。

在新的历史阶段，中国自贸区战略将遇到与重要南方和北方国家经济体合作的机遇和来自部分西方国家干预抗衡区域合作的严峻挑战。据世贸组织统计，2021 年全球产业链、供应链的中断，给世界经济造成的损失高达 2.5 万亿美元，对此我们要有清醒的认识，并做好自贸区战略及面向全球的高标准自贸区网络谋篇布局和制度安排，这对进一步推动和强化全球多边贸易体制有效运行、增加收入、降低失业、减少贫困具有重要意义。

第一，在战略层面，要规划扩展全球高品质自贸区网络，加入 CPTPP

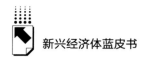

等自贸协定以获得更广泛的市场准入，加强与"一带一路"沿线国家和发达经济体的合作，制定更具竞争力的贸易政策和法规。此外，也应推进中国与海合会、以色列、挪威、厄瓜多尔、日韩等自贸协定的谈判，与更多区域性组织和贸易伙伴加强合作，如非洲共同体、南方共同市场、金砖国家、上海合作组织等展开自贸协定的研究和商签，以扩大自贸协定的覆盖范围。这些措施都是加强国际贸易合作和促进全球贸易发展的重要手段，能够有效提升各国间贸易流量，推动投资流动的自由化，助力各国实现经济增长和发展。

第二，应巩固和拓展已有的自由贸易区成果，并推进已签署自贸协定的升级。一方面，促进区域内国家的发展战略对接和联动，推进各方市场、产业、项目的有效对接，在关键领域和核心产业深耕细作，提升合作质量和效率。另一方面，还需聚焦重点国家、重点项目，扩大合作规模和影响力，不断挖掘合作潜力和增长点，通过制度创新和机制优化，实现互利共赢和可持续发展。

第三，应加快推进制度型开放，引导更广泛、更多元的服务业开放，并通过开放促进新产业和新业态的蓬勃发展。同时，也应出台措施鼓励企业增强产业协同、知识产权保护、培育大型跨国企业等方面的能力，以提高参与国际市场的竞争力和加快融入全球价值链。在推进服务业开放的过程中，需要关注产业结构转型升级，探索新的合作模式和运营机制，特别关注农村、人口老龄化等社会问题，降低数字技术应用等的贸易壁垒，减少限制，推动国际贸易规则的变革和创新，营造更加优良的投资环境。通过这些努力，企业能够更好地融入全球供应链和价值链，实现可持续的经济增长和发展。

第四，应加强与"一带一路"沿线国家的机制性合作，这是推进区域经济一体化、促进国际贸易和投资自由化、便利化的重要举措。在实践中，应广泛开展交流、合作和协商，充分发挥企业和社会各方的积极作用，共同推进"一带一路"倡议，实现从"连接"到"融合"的跨越。在推进"一带一路"机制性合作的过程中，需要注重实际效果，通过务实合作解决实际问题，切实为各国人民带来福祉。同时，也需要兼顾各方对口的合作机制，强化互信和安全保障，防范风险和应对挑战。此外，还要深入挖掘各国的合作潜力，促进人员和物资的流动，推动共建高效、绿色、智能的交通网络和基础设施，推动数字经济和新兴产业的快速发展。巩固成果，推进自由贸易区建设，形成"一带一路"自由贸易区网络，为构建人类命运共同体做出积极贡献。

第五，需要保障国家安全，在加强对外开放合作的基础上达到相对平衡。应加强国内外市场和资源的联动，提升贸易投资合作的质量和水平。同时，应制定安全风险防范机制，建立可预警的经济安全保障体系，包括但不限于完善信息收集和分析机制、建立风险评估模型优化决策机制，以及完善国家战略储备和金融市场调节机制等。同时，应根据不同情况制订相应的应对计划，并通过加强金融监管、提高市场竞争力等方式来减少金融制裁和勒索并尽可能降低资本贬值的风险，提升境外安全保障和应对风险的能力。

参考文献

［1］冯宗宪、李刚：《"一带一路"建设与周边区域经济合作推进路径》，《西安交通大学学报》（社会科学版）2015 年第 6 期，第 1~9 页。

［2］高鹤：《超大型自贸协定背景下对典型区域内贸易关系的再审视》，《关东学刊》2022 年第 5 期，第 51~67 页。

［3］韩剑、郑航：《区域深度贸易协定与跨境政府采购：协定条款异质性的视角》，《经济研究》2022 年第 6 期。

［4］郎平：《区域经济一体化如何突破安全困境——以南亚区域合作联盟为例》，《国际安全研究》2014 年第 6 期。

［5］王俊、王聪：《全球化自由贸易区网络关键风险点识别、预警与防范机制》，《经济学家》2021 年第 12 期。

［6］王立勇、纪尧：《贸易自由化、研发促进与全要素生产率增长》，《经济研究》2022 年第 11 期。

［7］许培源、罗琴秀：《"一带一路"自由贸易区网络构建及其经济效应模拟》，《国际经贸探索》2020 年第 12 期。

［8］张天顶、龚同：《全球化力量重塑区域主义，全球价值链分工与区域贸易协定网络形成》，《世界经济研究》2022 年第 2 期。

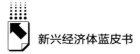

［9］ 张晓涛、徐微茵等：《中国—东盟自贸区货物贸易协议实施效果及高水平自贸区建设路径》，《国际贸易》2021年第6期。

［10］ 赵金龙、崔攀越、倪中新：《全球价值链视角下深度自由贸易协定对经济波动的影响》，《国际贸易问题》2022年第8期。

［11］ Baldwin, "A Domino Theory of Regionalism", *NBER Working Paper*, 1993-10-465.

［12］ Crawford and Laid, "Regional Trade Agreements and the WTO", *North American Journal of Economics and Finance*, 2001, 09: 21-22.

［13］ Fritz Machlup, *A Histroy of Thought on Economic Integratio*, Macmillan, 1979.

［14］ Peter Robson, *The Economics of International Integration*, New York: Routledge, 1998, pp. 28-36.

［15］ Pravin, "Regionalism and Multilateralism: A Political Economy Approach", *Quarterly Journal of Economics*, 1998, 113: 227-251.

B.6
南非自贸区建设及对金砖国家
自贸区建设的观点态度

易可欣 洪永红*

摘　要： 南非一直重点推动与非洲国家建立自贸区。同时，南非对与非洲
地区之外的国家建立自贸区持相当慎重的态度，迄今仅与欧盟及
英国建立了自贸区。南非学界关于金砖国家自贸区建设的探讨非
常少，仅有个别南非学者对金砖国家自贸区建设持积极的态度，
而主流观点则认为建设金砖国家自贸区将对南非造成威胁，弊大
于利，理由集中指向金砖国家间的贸易结构不平衡，并认为建设
金砖国家自贸区会进一步加大金砖国家间的贸易不平衡以及对南
非而言总体弊大于利。南非政府一直没有就正式启动金砖国家自
贸区建设谈判明确做出表态，这意味着南非并不认同和支持启动
金砖国家自贸区建设议程，预计短期内也不会提上南非政府议程
并付诸行动。

关键词： 南非自贸区　金砖国家自贸区　贸易结构

一　南非自贸区建设发展战略与政策取向

2010 年，南非贸易与工业部，即现在的南非贸易、工业和竞争部

---

* 易可欣，硕士，湘潭大学中国-非洲经贸法律研究院科研助理，研究领域：非洲法；洪永红，
博士，教授，湘潭大学中国-非洲经贸法律研究院院长，研究领域：非洲法、国际法。

（DTIC）启动了一个贸易政策的战略框架（Trade Policy and Strategic Framework，TPSF），以解决南非经济中潜在的贫困、失业和不平等问题，以及应对贸易全球化等结构性挑战。南非在 2010 年后的自贸区建设谈判中采取的"发展"立场与这一框架的政策主旨相一致。然而，自 2010 年战略框架发布以来，除了在 2012 年修订的 TPSF 中更新了南非的贸易数据外，DTIC 至今并未正式更新 TPSF。从 DTIC 过去十年的工作内容来看，该部门一直将制定贸易政策置于制定工业政策之后。针对这一问题，南非贸易和工业投资组合委员会（The Portfolio Committee on Trade and Industry）询问了 DTIC 是否正在考虑更新 TPSF。对此，DTIC 表示"虽然南非的贸易关系发生了许多重大变化，但 TPSF 支持南非工业发展的战略主旨和总体方向仍然至关重要和具有相关性。TPSF 中规定的核心原则和方法将继续为从发展角度处理数字贸易、贸易和卫生等问题提供重要指导"①。可见，南非政府当下并未有更新 TPSF 的打算。同时，2020 年受疫情影响南非经济环境不断变化，经济政策不稳定性增加。因此，本报告将基于南非政府贸易政策的基本指向，并从现有的自贸区建设合作以及其他类型的贸易合作中透视南非自贸区建设的发展思路以及对金砖国家自贸区建设的构想。

（一）把确保南非本地工业发展作为建立自贸区合作的前提

全球化的推进使商品和服务日趋便宜的同时也让全球各地区和国家之间更加相互依赖。然而，2020 年新冠疫情发生以来，全球贸易受阻，全球化的脆弱性显现出来。对此，2020 年 9 月，南非贸易、工业和竞争部部长帕特尔在服装、纺织品、鞋类和皮革（CTFL）行业总体规划实施会议上表示："新冠疫情使有关'本地化'（Localisation）的讨论变得更加紧迫和重要。现在我们经济的关键问题是内需的回归，我们需要通过更深入的本地

---

① 2021 年 3 月 17 日，南非贸易和工业投资组合委员会关于南非贸易、工业和竞争部 2020/21 财政年度第二季度和第三季度财务和非财务业绩的报告。资料来源：https://pmg.org.za/tabled-committee-report/4539/。

化建设来刺激经济增长。"① 也正是出于这个原因，南非现任总统拉马福萨在 2020 年 10 月召开的"南非经济重建和复苏计划议会"联席会议的讲话中明确提出："为了使我们的经济走上新的轨道，我们将支持当地生产的大规模增长，并使南非出口更具竞争力；我们呼吁每个南非人通过选择购买当地商品和支持当地企业，为我们的经济复苏努力做出贡献；我们的主要目标是通过一项重大的基础设施计划和大规模的就业刺激措施，以及密集的本地化和工业扩张来实现这一目标，干预措施包括扭转本地制造业的衰退趋势，通过更深层次的本地化和出口促进再工业化。"② 因此，在上述南非实施"本地化"经济政策的背景之下，南非对自贸区建设采取更谨慎的态度，考量的主要因素是开展自贸区建设是否能确保南非本地工业的发展。

（二）把推进非洲大陆内部的自贸区建设作为自贸区建设重点

推进非洲大陆内部自贸区建设的谈判，仍然是未来几年南非自贸区建设的工作重点和优先事项。南非最新公布的两项绩效计划都强调了这一内容。南非国际贸易管理委员会在 2022 年 2 月颁布的《南非国际贸易管理委员会年度绩效计划（2022~2023）》中提出了一个 5 年政策和战略规划，该规划强调南非需要有效参与区域贸易谈判，包括关于南部非洲关税同盟（SACU）、南部非洲发展共同体（SADC）、非洲大陆自由贸易区的贸易谈判，以便在不断变化的经济、贸易和产业政策环境中继续保持紧密联系。③ 同样，南非贸易、工业和竞争部在 2022 年 3 月颁布的《贸易、工业和竞争部年度绩效计划（2022~2023）》中明确提出南非贸易政策的目的是建立一个公平的全球贸易体系，通过加强与主要经济体的贸易和投资联系，促进非

---

① 参见南非政府官网：http://www.thedtic.gov.za/localisation-plan-in-the-clothing-textile-footwear-and-leather-industry-set-to-accelerate/? hilite=Localisation。
② 参见南非政府官网：https://www.gov.za/speeches/president-cyril-ramaphosa-south-africa%E2%80%99s-economic-reconstruction-and-recovery-plan-15-oct。
③ 参见南非贸易、工业和竞争部官网：http://www.thedtic.gov.za/wp-content/uploads/ITAC-APP-2022-2023.pdf。

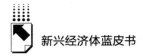

洲发展，包括促进与发展符合非洲联盟议程的区域和大陆一体化的合作，并认为达成这一目的的战略重点将是通过推进关于非洲大陆自由贸易协定的谈判，同时通过与贸易伙伴和多边论坛的战略接触，确保南非的市场准入和政策空间。① 当前，南非接任 2023 年金砖国家主席国，再一次提出其贸易优先事项之一是"通过非洲大陆自由贸易协定释放机遇"②。

（三）谨慎对待自贸区建设中的服务贸易谈判部分

南非 TPSF 在 2010 年承认服务部门对经济发展的贡献及其与促进经济增长、就业和公平的联系。然而，尽管 TPSF 承认服务和服务贸易对全球经济增长的重要性，但它并未规划南非在这一问题上的政策发展方向。从南非自贸区建设的现有成效和当前自贸区合作谈判进展来看，SACU 协定不包括服务贸易，SACU 部长理事会在 2008 年同意将服务贸易（投资和知识产权）纳入 SACU 议程，但尚未实现。当前，SACU 仅对其中几个服务部门进行了初步整合；在 SADC 关于服务贸易的谈判中，南非同意逐步放开通信、交通、旅游、金融、建筑以及能源和能源相关服务，然而，在具体落实南非向 SADC 提供的服务时，南非并没有超越它在关贸总协定中承诺的范围，也不愿采用 SADC《服务贸易议定书》中所包含的监管附件。③ 同样，尽管南非服务公司在整个非洲大陆普遍存在，并具有明显的竞争优势，但其在非洲大陆自由贸易区关于服务贸易的谈判中也持保守态度。此外，一些双边贸易协定规定在后期阶段列入服务贸易，但南非并没有针对这些合作机会采取行动，也没有对其他协定，如多边服务贸易协定表现出任何兴趣。④

---

① 参见南非贸易、工业和竞争部官网：http://www.thedtic.gov.za/wp-content/uploads/DTIC-APP-2022-2023.pdf。

② 参见南非金砖国家智库网：https://sabtt.org.za/academic-forum/。

③ Matthew Stern and Yash Ramkolowan, Understanding South Africa's Trade Policy and Performance, The South African Reserve Bank, 2021.

④ Susara J. Jansen van Rensburg, Wilma Viviers, Ali Parry, Martin Cameron & Sonja Grater, "A Strategic Framework to Expand South Africa's Services Trade", *South African Journal of International Affairs*, 2020, 27: 3, pp. 339-361.

（四）对与非洲大陆之外地区和国家建设自贸区持谨慎观望态度

非洲和亚洲大陆之间日益密切的贸易和投资联系是过去二十年的显著特征之一。同样，过去十年，与世界发展中国家建立贸易和投资关系的重要性变得越来越引人注目。[①] 南非经济正处于从与欧洲贸易和投资向与亚太地区贸易和投资的过渡时期，并继续加强与中国、俄罗斯和其他远东国家的贸易和投资。[②] 近年来，南非贸易伙伴趋向于多样化，与发展中国家的贸易联系也不断加强，这不仅反映在货物贸易方面，而且反映在旅游业、基础设施建设等其他领域。这种商业伙伴关系在很大程度上是在金砖国家峰会、中非合作论坛、东京非洲发展国际会议和印度—非洲论坛峰会下有机形成的。然而，这些会议安排仅包括对贸易合作的承诺，并没有落实到具体的贸易政策安排上。可以看到的是，迄今为止，南非还没有兴趣与亚洲伙伴进行自贸区建设的谈判，但这种情况可能会改变，特别是当前的《区域全面经济伙伴关系协定》等重要区域倡议正在取得进展。如果南非希望继续在亚洲等全球增长区域实现贸易伙伴关系的多样化，并将其出口篮子转向更多增值产品，那么其贸易政策需要跟上步伐。

此外，在与美国的贸易合作方面，鉴于当前的合作法律框架《非洲增长与机遇法案》将于 2025 年到期，这给南非与美国未来的贸易关系留下了很大的不确定性。美国已经表示有意寻求与非洲国家的互惠贸易安排，并于 2020 年初开始与肯尼亚就双边自由贸易协定进行谈判。南非驻世界贸易组织大使泽维尔·卡里姆对此提醒，美国的自由贸易协定全面且要求很高，弹性很小，因此南非需要仔细考虑其与美国的未来贸易关系，并认为"对于美国贸易政策的未来发展问题，不可能给出可靠的答案，因为这是一个持续

---

① 参见南非贸易、工业与竞争部官网：http://www.thedtic.gov.za/sectors-and-services-2/1-4-2-trade-and-export/market-access/trade-agreements/。

② Xiujun, X. (Ed.), The BRICS Studies: Theories and Issues (1st ed.), Routledge, 2020, p. 155.

的过程，摆在桌面上的可能性很多"①。因此，南非是否与非洲、欧盟、英国以外的国家和地区进行自贸区合作还有待观望。

二 南非自贸区建设现状

从 20 世纪 90 年代初南非重新融入全球经济后至今，三十年来，南非政府大力改革其国内贸易管理模式，并积极推进双边、多边、优惠、非互惠和区域贸易政策。除了以国家这一独立身份外，南非更多的是以南部非洲关税同盟的成员国身份与其他国家和地区进行自贸区合作。目前，南非自贸区建设的成效主要体现在以下几个贸易协定的达成上（见表1）。

表 1　南非自贸区建设的成效

年份	协议名称	当前批准国
1996	《南部非洲发展共同体自由贸易协定》（SADC FTA）	南非、安哥拉、博茨瓦纳、津巴布韦、莱索托、马拉维、莫桑比克、纳米比亚、斯威士兰、坦桑尼亚、赞比亚、毛里求斯、刚果（金）、塞舌尔、马达加斯加、科摩罗
1999	《欧盟—南非贸易、发展及合作协定》（EU-SA TDCA）	奥地利、比利时、保加利亚、克罗地亚、塞浦路斯、捷克共和国、丹麦、爱沙尼亚、芬兰、法国、德国、希腊、匈牙利、爱尔兰、意大利、拉脱维亚、立陶宛、卢森堡、马耳他、荷兰、波兰、葡萄牙、罗马尼亚、斯洛伐克共和国、斯洛文尼亚、西班牙、瑞典、南非
2002	《南部非洲关税同盟协定》（SACU）	博茨瓦纳、莱索托、纳米比亚、南非、斯威士兰
2006	《欧洲自由贸易联盟—南部非洲关税同盟国家自由贸易协定》（EFTA-SACU FTA）	冰岛、列支敦士登、挪威、瑞士；博茨瓦纳、斯威士兰、莱索托、纳米比亚、南非

---

① 2020 年 10 月 13 日，南非贸易和工业投资组合委员会在一个虚拟平台上举行的会议，由南非贸易、工业和竞争部介绍正在进行的贸易谈判和现有贸易协定以及南非与其他国家或共同市场之间的贸易关系。资料来源：https://pmg.org.za/committee-meeting/31169/。

年份	协议名称	当前批准国
2015	《东南非共同市场—东非共同体—南共体三方自由贸易协定》（COMESA - EAC - SADC TFTA）	埃及、斯威士兰、南非、卢旺达、布隆迪、乌干达、博茨瓦纳、纳米比亚、赞比亚、肯尼亚、津巴布韦
2016	《南共体经济伙伴关系国—欧盟经济伙伴关系协定》（SADC-EU EPA）	博茨瓦纳、莱索托、莫桑比克、纳米比亚、南非、斯威士兰；奥地利、比利时、保加利亚、克罗地亚、塞浦路斯、捷克共和国、丹麦、爱沙尼亚、芬兰、法国、德国、希腊、匈牙利、爱尔兰、意大利、拉脱维亚、立陶宛、卢森堡、马耳他、荷兰、波兰、葡萄牙、罗马尼亚、斯洛伐克共和国、斯洛文尼亚、西班牙、瑞典
2019	《非洲大陆自由贸易区协定》（AfCFTA）	非盟55个成员国中除厄立特里亚外54个国家签署了该协定，截至2022年12月7日，44个国家批准了该协定，10个国家正在履行国内相关立法程序以获批准
2021	《英国—南部非洲关税同盟与莫桑比克经济伙伴关系协定》（SACUM-UK EPA）	英国、博茨瓦纳、莱索托、纳米比亚、南非、斯威士兰、莫桑比克

资料来源：南非贸易、工业与竞争部。

（一）南非与非洲国家自贸区建设现状

1.《南部非洲关税同盟协定》

由博茨瓦纳、莱索托、纳米比亚、南非和斯威士兰5国组成的南部非洲关税同盟（SACU）是南非最重要的贸易伙伴关系，南非致力于利用SACU来确保该区域一定程度的经济稳定。SACU成员国间先后签有1910年《关税协定》和1969年《南部非洲关税同盟协定》。1994年新南非成立后，成员国就修订1969年关税同盟协定展开谈判，2002年10月21日签署新《南部非洲关税同盟协定》，并于2004年7月15日实施。根据该协定，成员国形成一个统一的关税区，在这个地区，成员国之间原产于这些国家的产品的几乎所有贸易都取消了关税和其他壁垒，并对SACU成员国以外国家的进口货物征收统一

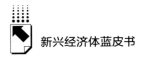
对外关税。① 收入分享公式（Revenue-sharing formula）是 SACU 的核心，它决定了来自所有海关、消费税和额外关税的资金流入如何在成员国之间分配。南非是该地区最大的经济体（远远领先），并且是占主导地位的贸易国，因此 SACU 将收入池的最大份额分配给南非。② 然而，由于该公式的复杂性和不透明性，早在 2008 年发生全球金融危机时 SACU 成员国就开始质疑该公式的公平性。③ 纳米比亚财政部长 Calle Schlettwein 在 2019 年时又一次指出，SACU 的收入分享公式使区域经济中心南非受益，而牺牲了较小的成员国的利益，并认为"有必要提出一个鼓励其他较小国家工业发展的公式"④。从现有的研究来看，针对这一问题，虽然 SACU 做出了相应的努力，但收效甚微。不过，新冠疫情为 SACU 成员国提供了修订收入分享公式的动力。收入的减少与应对病毒成本的增加对所有成员国的预算产生了放大影响，这给南非及其邻国在已经取得的进展基础上提供了设计一个更加透明和可预测的收入分享公式的契机，以便更好地抵御疫情给经济带来的冲击。⑤

2.《南部非洲发展共同体自由贸易协定》

南部非洲发展共同体（SADC）的前身是 1980 年成立的南部非洲发展协调会议。1992 年 8 月 17 日，南部非洲发展协调会议成员国首脑签署了有关建立 SADC 的条约、宣言和议定书。1996 年，南非加入了 SADC 贸易协定，并于 2000 年实施了《南部非洲发展共同体自由贸易协定》（SADC FTA）。根据该协议，南非 2005 年取消了进口自 SADC 国家 99% 的货物的关税。自 2012 年以来，SADC 成员国间开启了"南部非洲发展共同体服务贸易协定"的谈判。关于该协定的第一轮部门谈判 2019 年结束，涉及通信、

---

① 参见南部非洲关税同盟网：https：//www.sacu.int/。

② Catherine Grant Makokera. Southern African Customs Union：Myths and Reality，The South African Institute of International Affairs（SAIIA），2011.

③ Catherine Grant Makokera，Mary-Beth Makokera. South Africa's trade policy post COVID－19. SAIIA，2020.

④ 参见新华社：http：//www.xinhuanet.com/english/2019-01/31/c_137789910.htm。

⑤ Catherine Grant Makokera，Mary-Beth Makokera. South Africa's trade policy post COVID－19. SAIIA，2020.

金融、旅游、运输、建筑和能源六个服务部门。第二轮谈判 2021 年获得 SADC 贸易部长的批准，涵盖其余部门的区域贸易-商业服务、教育、卫生和社会服务、环境服务以及娱乐、文化和体育服务。南非有一个全面的《服务贸易总协定》（GATS），这为其在区域谈判中提供了一个强有力的基础。然而，实际上南非不愿采用该协定中所包含的监管附件，因此推迟了两年才加入谈判。南非当前也并未同意在金融服务等优先部门进行共同监管的规定，所以，SADC 在深化这些附件方面取得的进展有限。①

3.《东南非共同市场—东非共同体—南共体三方自由贸易协定》

《东南非共同市场—东非共同体—南共体三方自由贸易协定》（TFTA）是南非仍在谈判中的自由贸易协定之一。关于 TFTA 的谈判始于 2008 年，该协定旨在将东南非共同市场（COMESA）、东非共同体（EAC）、南共体（SADC）合并成一个由 29 个成员国组成的单一贸易集团。经过三次谈判，TFTA 最终于 2015 年正式启动。29 个成员国中有 22 个成员国签署了该协定，但目前只有 11 个成员国②批准了该协定。据东南非共同市场公关经理姆万吉·加昆加表示，其余大多数国家表示批准程序仍在进行中，这个过程正在走上正轨，但步伐很慢，并补充道："至少需要 14 个成员国的批准，该协定才能完全生效或得到实施。"因此，到目前为止，该协定尚未生效，该协定中关于关税自由化（市场准入提议）和原产地规则的谈判仍在进行中。早前，南非政府被一些该自贸区其他成员国的受访者指控严重推迟 TFTA 谈判。对此，南非官员则表示，他们仍然对 TFTA 的谈判有浓厚的兴趣。他们强调了这样一个事实，即南非是第一批批准该协定的国家之一，尽管 SACU 和 EAC 已经就关税提议达成了一致，但大多数 COMESA 国家并没

---

① Matthew Stern and Yash Ramkolowan, "Understanding South Africa's Trade Policy and Performance", The South African Reserve Bank, 2021.

② 已批准的 11 个成员国分别是埃及、斯威士兰、南非、卢旺达、布隆迪、乌干达、博茨瓦纳、纳米比亚、赞比亚、肯尼亚和津巴布韦。尚未批准该协定全面生效的成员国有莱索托、安哥拉、索马里、刚果（金）、坦桑尼亚、马拉维、南苏丹、利比亚、埃塞俄比亚、毛里求斯、厄立特里亚、塞舌尔、马达加斯加、中非共和国、突尼斯、吉布提、科摩罗和苏丹。参见 https://www.bilaterals.org/? eac-comesa-sadc-tripartite-not&lang=en。

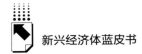

有。因此，原定于 2016 年 6 月启动的协定仍无法实施。[①] 而且，目前 TFTA 又面临着被规模更大的非洲大陆自由贸易协定所覆盖的情况。

4.《非洲大陆自由贸易区协定》

非洲大陆自由贸易区是世界上最大的自由贸易区，汇集了非洲联盟（AU）的 55 个国家和 8 个区域经济共同体（REC），为非洲大陆创造了一个单一市场。《非洲大陆自由贸易区协定》（AfCFTA）于 2019 年 5 月 30 日生效，受新冠疫情影响，最终于 2021 年 1 月 1 日正式启动，关于关税、原产地规则和服务贸易的谈判仍在进行中。非盟 55 个成员国中除厄立特里亚外，其他 54 个国家均签署了该协定，截至 2022 年 12 月 7 日，已有 44 个国家批准了该协定，10 个国家正在履行国内相关立法程序以获批准。南非已批准该协定。南非政府对 AfCFTA 持积极态度，将其称为"我们祖先的梦想成真"。它强调该协定的目标，即减少非洲大陆贸易面临的挑战并创造经济机会，呼吁南非人鼓励企业家精神，并拥抱这个大陆商品和服务市场将提供的机会。南非贸易、工业和竞争部部长易卜拉欣·帕特尔表示，"AfCFTA 可能会改变当地经济的游戏规则，为南非的商品和服务提供一个巨大市场"[②]。南非对 AfCFTA 谈判的态度反映了它在 SADC 和 TFTA 谈判中所采取的支持发展和促进工业化的立场。为了支持这些立场，南非倾向于跨关键部门的高原产地门槛规则，以促进区域价值链完善。在这样做的过程中，南非正以一种普遍的防御立场进行谈判，即只有在确保有严格的规定以保护其不受"不公平"出口的影响后，才愿意参与与关税相关的谈判。[③]

（二）南非与欧盟及英国的自贸区建设

1.《欧盟—南非贸易、发展及合作协定》

南非在 1994 年向民主过渡之后，与欧盟之间的关系大大加强。南非考

---

① Matthew Stern and Yash Ramkolowan, "Understanding South Africa's Trade Policy and Performance", The South African Reserve Bank，2021.

② 资料来源：https://www.businesslive.co.za/bd/national/2019 - 06 - 05 - africa - wide - free - trade-deal-will-help-saseconomy-says-ebrahim-patel/。

③ Matthew Stern and Yash Ramkolowan, "Understanding South Africa's Trade Policy and Performance", The South African Reserve Bank，2021.

虑到种族隔离后的许多挑战，与欧盟在 1996 年 6 月便开启了《欧盟—南非贸易、发展及合作协定》（EU-SA TDCA）的谈判工作，经过长达近四年的谈判，双方就协定的基本内容达成一致，并于 1999 年 10 月在南非正式签署协定，南非议会于同年 11 月批准该协定。EU-SA TDCA 在所有签署国全面批准后于 2004 年 5 月 1 日全面执行，当前该协定签署方已上升至 28 国。[①] EU-SA TDCA 基本上涵盖五个合作领域，即政治对话、发展合作、贸易合作和与贸易有关的领域、经济合作和其他领域的合作。其主要目标是在 12 年（到 2012 年）内在南非和欧盟之间建立一个自由贸易区。[②] 双方同意南非和欧盟之间实现自由贸易，其中包括各个部门商品的自由流动，以及服务贸易的自由化和资本的自由流通。根据协议规定，欧盟将在 10 年过渡期内实现对从南非进口商品的 95% 的全面自由化，南非在 12 年过渡期内实现对从欧盟进口商品 86% 的全面自由化。尽管在取消商品贸易关税方面取得了巨大进展，但南非拒绝与欧盟进行与服务贸易相关的谈判。值得注意的是，SADC 与欧盟于 2016 年签署了《南共体经济伙伴关系国—欧盟经济伙伴关系协定》（SADC-EU EPA），根据该协定，EU-SA TDCA 中与贸易有关的章节被 SADC-EU EPA 的规定所取代。[③]

2. 《欧洲自由贸易联盟-南部非洲关税同盟国家自由贸易协定》

2006 年 6 月 26 日，由冰岛、列支敦士登、挪威和瑞士 4 国组成的欧洲

---

① 当前签署《欧盟—南非贸易、发展及合作协定》的 28 个国家分别是奥地利、比利时、保加利亚、克罗地亚、塞浦路斯、捷克共和国、丹麦、爱沙尼亚、芬兰、法国、德国、希腊、匈牙利、爱尔兰、意大利、拉脱维亚、立陶宛、卢森堡、马耳他、荷兰、波兰、葡萄牙、罗马尼亚、斯洛伐克共和国、斯洛文尼亚、西班牙、瑞典、南非。参见世界贸易组织区域贸易协定数据［The Regional Trade Agreements（RTAs）Database of WTO］：http：// rtais. wto. org/UI/PublicShowMemberRTAIDCard. aspx？rtaid＝91。

② 参见南非外交部：http：//www. dirco. gov. za/foreign/saeubilateral/tdca. html #：~：text＝ The% 20TDCA% 20is% 20the% 20legal% 20basis% 20for% 20overall，by% 20all% 20signatory% 20parties% 20from% 201% May% 202004。

③ 参见南共体经济伙伴关系国与欧盟经济伙伴关系南非拓展网（The SADC-EU EPA Outreach South Africa）：https：//sadc - epa - outreach. com/about #：~：text＝The% 20Economic% 20Partnership% 20Agreement% 20% 2EPA% 29% 20between% 20the% 20European，Botswana% 2C% 20Lesotho% 2C% 20Namibia% 20and% 20Swaziland% 20% E2% 80% 93% 20and% 20Mozambique。

自由贸易联盟（EFTA）与由博茨瓦纳、斯威士兰、莱索托、纳米比亚和南非5国组成的南部非洲关税同盟（SACU）签署了《欧洲自由贸易联盟—南部非洲关税同盟国家自由贸易协定》（EFTA-SACU FTA），该协定于2008年5月1日生效。除了与货物贸易相关的规定，该协定为双方在知识产权、投资、服务贸易和公共采购方面的进一步合作奠定了基础。2018年1月，EFTA和SACU启动了对该协定的审查程序，旨在全面更新和发展自由贸易协定。根据该协定，EFTA成员国自生效起给予SACU成员国所有货物自由贸易权，而SACU成员国将逐步取消其关税。

3.《南共体经济伙伴关系国—欧盟经济伙伴关系协定》

由博茨瓦纳、莱索托、莫桑比克、纳米比亚、南非和斯威士兰6国组成的南部非洲发展共同体经济伙伴关系国家（The SADC EPA Group）与欧盟于2016年6月10日签署了《南共体经济伙伴关系国—欧盟经济伙伴关系协定》（SADC-EU EPA）。SADC-EU EPA于2016年10月10日生效，南非已批准该协定。SADC-EU EPA是一项以"发展"为重点的贸易协定，向南共体经济伙伴关系协定集团的合作伙伴提供不对称准入。它们可以保护敏感产品免受全面自由化的影响，并在从欧盟进口增长过快时部署保障措施。① 南非占欧盟对该地区进口和欧盟出口的最大贸易份额。南非对欧盟的出口非常多样化，从水果到铂金，从制成品到葡萄酒。自2016年10月以来，EU-SA TDCA的贸易一章已被SADC-EU EPA中的规定所取代。与EU-SA TDCA相比，SADC-EU EPA提供了新的和改进的市场准入规则。根据该新协定，欧盟根据特定数量配额取消了98.7%来自南非的进口商品的关税，并支持南非参与一些全球价值链，如汽车。同时，SADC-EU EPA包含欧盟和南非之间关于地理标识保护以及葡萄酒和烈酒贸易的双边议定书。欧盟对100多个南非品牌进行保护，如Rooibos、Stellenbosch等。此外，由于卫生和植物检疫（SPS）问题，南非企业没有适用EU-SA TDCA规定的一

---

① 参见欧盟官网：https：//trade. ec. europa. eu/access - to - markets/en/content/epa - sadc - southern-african-development-community。

些关税配额，SADC-EU EPA 为加强 SPS 的协调与合作提供了法律途径。①

4.《英国—南部非洲关税同盟与莫桑比克经济伙伴关系协定》

由于英国在 2020 年 1 月 31 日正式"脱欧"，2021 年 1 月 1 日起，欧盟的贸易协议不再适用于英国，为了确保英国离开欧盟后与南部非洲关税同盟国贸易关系的连续性，英国同南部非洲关税同盟（SACU）和莫桑比克展开了新的贸易谈判，经过两年的谈判，2019 年 9 月达成了一项新协议，即《英国—南部非洲关税同盟与莫桑比克经济伙伴关系协定》（SACUM-UK EPA），该协定自 2021 年 1 月 1 日起适用。SADC-EU EPA 的条款基本上已比照转换为新的 SACUM-UK EPA。因此，除关税税率配额、产品特定原产地规则和行政合作规定外，南非与欧盟之间的经济伙伴关系协定的关税优惠与南非和英国之间的经济伙伴关系协定的关税优惠是相同的。简而言之，英国退出欧盟后，南非与英国的贸易规则没有改变。但是，该协定关于原产地规则规定了一项新条款，允许协定的成员国采购和使用欧盟生产的货物，以出口到彼此的市场。这确保了南非、欧盟和英国综合价值链的连续性，特别是在汽车行业。

（三）南非与其他国家和地区的自贸区建设

从南非现有政策来看，南非并未与上述国家以外的其他国家和地区开展自贸区建设的合作。值得注意的是，南非是美国在非洲最大的贸易伙伴，大约有 600 家美国企业在南非开展业务，其中许多企业将南非作为地区总部。根据《非洲增长与机遇法案》以及美国普惠制贸易优惠计划，南非有资格获得贸易优惠。两国于 2012 年签署了经修订的《贸易和投资框架协议》（TIFA）。当前，南非与美国之间并未签署单独的、只存在于两国之间的自由贸易协定，但南非作为 SACU 的成员在 2008 年与美国签署了《贸易、投资和发展合作协议》（TIDCA）。美国贸易代表苏珊·施瓦布表示，"这项重

---

① 参见欧盟官网：https：//trade. ec. europa. eu/access－to－markets/en/content/epa－sadc－southern-african-development-community。

要协议将为美国和南部非洲关税同盟提供一个框架，共同创造加强和深化我们贸易关系的基石，并可能使我们签订长期自由贸易协定（FTA）"，并补充说，"在我们解决自由贸易协定问题之前，我们正在利用新的 TIDCA 扩大市场准入，加强贸易和经济发展战略之间的联系，鼓励更多的外国投资，促进区域经济一体化和增长"。据了解，美国和南部非洲关税同盟于 2003 年启动了自由贸易协定谈判，但于 2006 年 4 月暂停，主要是由于对该协定的范围和目标水平存在分歧。2006 年 11 月，美国和南部非洲关税同盟同意寻求达成一种新型的协议，即 TIDCA，该协议可以在短期内加强美国—南部非洲关税同盟的贸易和投资关系，并有助于引导美国和南部非洲关税同盟在长期内达成可能的自由贸易协定。

三　南非对金砖国家自贸区建设的观点态度

南非商业联盟（BUSA）的首席执行官 Nomaxabiso Majokweni 在 2012 年非国大（ANC）商业论坛中总结了南非需要从金砖国家那里获得什么，她指出平衡的做法是在保护工业和制造业的同时，放宽商业交易，并强调"我们不是在寻求优惠或自由贸易协定，相反，我们应该推动我们的合作伙伴提高透明度，特别是在关税计划和隐性国内税方面"[1]。到目前为止，南非政界仅有南非德班市市长穆萨·姆贝勒对建设金砖国家自贸区做出了积极的回应，他表示"我们希望金砖国家能够建立一个自由贸易区，因为我们希望促进金砖国家贸易关系的发展"[2]。然而，南非政府对金砖国家自贸区建设抱有比较保守消极的态度。当前，南非政府及贸易、工业与竞争部尚未就是否与金砖国家建立自贸区展开合作做出官方表态。

南非学界主流观点认为金砖国家自由贸易协定将对南非造成威胁、弊大

---

[1] Nomaxabiso Majokweni, "Comments to the ANC Business Forum", *Johannesburg*, South Africa, June 26, 2012.

[2] 参见俄罗斯卫星通讯社 2022 年 12 月 10 日报道，资料来源：https://sputniknews.cn/20221210/1046260985.html。

于利。南非学界对金砖国家自贸区建设的探讨非常少，仅有个别南非学者对金砖国家自贸区建设持积极的态度，南非学界多数学者并不认同建设金砖国家自贸区。具体而言，南非学者中仅有约翰内斯堡大学政治和国际关系部的研究员 Lucky E. Asuelime 支持建设金砖国家自贸区。他指出，尽管金砖国家自由贸易协定尚未出台，但金砖国家已经在讨论与各国之间建立新的自由贸易协定的条件，因此认为，"如果金砖国家自由贸易协定能够实施，金砖国家之间的双边贸易极有可能蓬勃发展"[1]，并就该观点展开了以下三个方面的分析：其一，南非与中国政府正积极解决两国之间的贸易不平衡问题从而改善双边关系，助推两国经济的工业化进程；其二，南非与巴西和印度的双边关系在南非比勒陀利亚追求其外交政策目标（加强与新兴经济体和发展中国家的关系）的过程中显著加强，且南非与两国之间仍有巨大的未开发合作潜力；其三，虽然南非与俄罗斯的所有双边协定都并不必然涉及贸易，但它们表明两国愿意将它们的合作提高到一定的高度。

除此之外，南非学界多数学者对建设金砖国家自贸区持反对意见。早在2013年，南部非洲贸易法律中心高级研究员 Ron Sandrey 与欧盟委员会联合研究中心（JRC）研究员 Hans Grinsted Jensen 通过利用全球贸易分析项目（GTAP）计算机模型对"金砖国家内部的贸易自由化是否可能是一个值得追求的目标"这一问题进行了分析。他们根据研究结果，指出金砖国家之间的所有双边关税降低乃至双边关税零减均有利于金砖国家所有成员国，特别是南非。但是，他们也认为南非在进口激增面前不会放开其服装行业，以使金砖国家内部的所有纺织品、服装和鞋类均免除关税，并提出南非此时接受一个全面的金砖国家自由贸易协定并不具有可行性。[2]

同时，南非黑尔堡大学学者 Ncube Prince 与 Cheteni Priviledge 指出关于贸易自由化或贸易保护主义是促进还是限制经济增长这一讨论并未形成统一

[1] Lucky E. Asuelime, " The Pros of South Africa's Membership of BRICS: A Re-appraisal", *Journal of African Union Studies*, Vol. 7 Issue 1, Apr 2018, pp. 129-150.

[2] Ron Sandrey, Hans Grinsted Jensen, "A Fresh Look at a Preferential Trade Agreement among the BRICS", tralac Trade Law Centre, Stellenbosch, 2013.

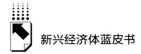
的观点，他们通过采用计量经济学方法中的向量误差修正（VECM）模型对金砖国家 1980~2012 年的系列贸易数据进行了分析，研究得出金砖国家的贸易开放对南非经济有长期的负面影响，并认为金砖国家联盟对南非经济增长的贡献是一个硬币的两面，尽管金砖国家之间的贸易总体上有所增长，但由于金砖国家成员之间的不公平贸易做法，南非在该联盟中的经济参与是有限的，进而提出为了改善南非的经济状况，应当降低金砖国家联盟内的贸易开放度。[①] 金砖国家自贸区的建立必然意味着联盟内贸易的进一步开放，据此，可以在一定程度上推导出这两位学者不认同建设金砖国家自贸区。

南非纳尔逊·曼德拉大学的学者 Andisa Nosiphiwo Mayende 基于世界贸易整合解决方案（WITS）与市场准入和贸易限制软件（SMART）评估了金砖国家自贸区的建立对南非的收入、贸易和福利的影响，是南非学者有关建设金砖国家自贸区的最新研究。在该研究中，她指出金砖国家间贸易自由化带来的南非福利和出口增长显然无法弥补其所带来的损失以及可能由贸易创造和贸易转移效应造成的去工业化效应，从而提出"金砖国家自由贸易协定的实施将导致南非的贸易赤字和经济压力"[②]。此外，南非约翰内斯堡大学学者 Pádraig Carmody 虽然未对建设金砖国家自贸区建设表态，但他指出金砖国家显然没有规定伙伴国家的经济模式，然而，他们确实支持"自由贸易"（市场准入和简单的资源出口）和投资，这在很大程度上强化了金砖国家间贸易不平衡的现状，而不是推动主导资源–出口组合的大幅调整。[③] 可见，该学者亦不看好在金砖国家间开展"自由贸易"。

① Ncube Prince, Cheteni Priviledge, " The Impact of the BRICS Alliance on South Africa Economic Growth-a VECM approach", MPRA Paper No. 73488, 2015.

② Andisa Nosiphiwo Mayende, *Revenue, Trade and Welfare Implications of the BRICS Free Trade Agreement on South Africa*, the Master Thesis of Commerce in Economics in the Faculty of Economics and Economic History at Nelson Mandela University, 2020.

③ Pádraig Carmody, " The Geopolitics and Economics of BRICS' Resource and Market Access in Southern Africa: Aiding Development or Creating Dependency?" *Journal of Southern African Studies*, Vol. 43, No. 5, pp. 863–877, 2017.

此外，在对待南非—中国自贸区建设方面，南非也持否定态度。早在2004年，中国和SACU就开启了建立自由贸易区的谈判。然而，受全球金融危机影响，南非明确表示，因在合作中并不享有比较优势，不会考虑与中国等大国建立自贸区。[①] 南非贸易、工业和竞争部前部长罗布·戴维斯在2010年7月接受《商业日报》采访时也指出"南非尚未处于与世界上增长最快的经济体之一就自由贸易协定进行讨论的发展阶段，如果当前南非与中国签署自由贸易协定，南非将无法与该国的规模经济竞争"，并强调"在考虑与中国签订自由贸易协定之前，需要解决南非经济中存在的结构性劣势"。因此，他表示南非不会与中国达成自由贸易协定。[②] 直至今日，虽有南非国民议会议员马修·约翰·卡斯伯特主张南非应该与中国建立自由贸易协定，而不是选择替代方案，即"一带一路"倡议，但南非贸易、工业和竞争部仍然认为中国与南非间的自贸区合作将对南非制造业构成相当大的威胁，并指出，中国是世界上最大的工业生产国，在广泛的产品/行业方面具有很强的竞争力，在南非制造业不享有同样经济规模或竞争力的情况下开放南非制造业，可能导致严重的去工业化，并可能抵消近年来为发展制造业和创造就业机会而实施的举措。通过中国—南非自由贸易协定获得的实际市场准入收益无法抵消损失，南非制造商在该市场上既没有竞争力，也无法供应所需的数量。自由贸易协定将从根本上扩大和"锁定"目前的贸易模式，其中南非是主要资源出口国，同时进口制成品。因此，DTIC认为当前的重点是在中国和其他发展中国家市场寻找具有先进与高技能制造业水平的价值链中的市场。[③] 南非也有学者认为大多数非洲国家与工业大国签订的贸易协定损害了它们的发展，非洲与金砖国家的贸易协议也常

---

① Xiujun, X. (Ed.), *The BRICS Studies: Theories and Issues* (1st ed.), Routledge, 2020, p.155.

② 参见 https://www.bilaterals.org/? south-africa-free-trade-agreement&lang=en。

③ 2021年3月17日，贸易和工业投资组合委员会关于贸易、工业和竞争部2020/21财政年度第二季度和第三季度财务和非财务业绩的报告的提问，该部分为贸易、工业和竞争部的回答。资料来源：https://pmg.org.za/tabled-committee-report/4539/。

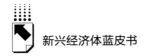

常偏向金砖国家①，南非在金砖国家中的存在实际上不仅帮助金砖国家创造
更容易进入非洲市场的机会，也促进和维持了非洲国家与金砖国家之间的不
平等经济关系，从而鼓励非洲经济的新依赖模式。②

综上可知，南非学者认为金砖国家间的贸易不平衡是阻碍金砖国家自贸
区建设的关键因素，而建设金砖国家自贸区又会进一步加大金砖国家间的贸
易不平衡。如南非国际事务研究所（SAIIA）研究员 Cyril Prinsloo 认为尽管金
砖国家间的贸易有了显著增长，但这种贸易的性质却极不公平，南非从金砖
四国（尤其是从进口篮子中权重最大的中国）主要进口制成品、机械和运输
设备以及杂项制成品，相比之下，南非对金砖国家的出口主要是原材料和矿
物燃料，这不利于推动南非的工业化发展进程。同样明显的是，与金砖国家
的贸易趋势主要受到中国需求的严重影响，中国对南非货物的需求大起大落，
对可预测性和持续增长产生了负面影响。③ 另有南非学者指出，除了钢铁产
品、燃料和矿石之外，金砖四国与南非之间的进口商品几乎没有可识别的模
式④，南非比其他金砖国家经济体更容易受到外部冲击⑤，南非与其他金砖
国家的贸易平衡比与欧洲的贸易平衡更差。⑥ 正如南非夸祖鲁-纳塔尔大学社
会科学学院院长 Nwabufo（Ufo）Okeke Uzodike 所言："随着中国经济规模超过
其他金砖国家经济体的总和，金砖国家间存在贸易结构性失衡。显然，因南

① William Gumede, The BRICS Alliance: Challenges and Opportunities for South Africa and Africa, Published by Transnational Institute, September 2014.
② Nwabufo（Ufo）Okeke Uzodike, South Africa and BRICS: Path to a new African hegemony? In book: State of the Nation 2016: Who is in Charge? Mandates, Accountability and Contestations in South Africa（pp. 437–456）Edition: First, Chapter: 20, Publisher: HSRC Press. March 2016.
③ Cyril Prinsloo, Boosting South Africa's Economic Relations with the BRICS, Institute for Global Dialogue, 2017.
④ Ron Sandrey, Taku Fundira, Nick Vink, Hans G. Jensen, Willemien Viljoenand Bonani Nyhodo. BRICS: South Africa's Way Ahead? Published by the Trade Law Centre（tralac）, Stellenbosch, South Africa, 2013.
⑤ Henry J. Cockeran, "South Africa'S Macroeconomic Resilience To External Shocks: A Comparison To Its Brics Partners", *International Journal of Economics and Finance Studies*, Vol 8, No 1, 2016, p. 158.
⑥ Philip Harrison, "South Africa in the BRICS", OASIS, No. 19, Enero-junio, 2014, pp. 67–84.

非的工业水平与其他金砖国家（尤其与拥有高水平的生产力和竞争力的中国）相比的差距，有充分的理由担忧南非处于其无法承受的市场竞争中。"①

结 语

南非学者普遍认可金砖国家是一股不可忽视的经济力量，但仍怀疑这股力量能否转化为它们之间的平稳关系，也有南非学者直言金砖国家似乎只是金砖国家联盟建设中的"参与者"，而忙于塑造各自的务实战略形象。② 因此，平衡金砖各国的经济利益是金砖国家经贸合作谈判的核心，对建设金砖国家自贸区的谈判也不例外。能否在金砖国家间达成建设金砖国家自贸区的统一意见，找到金砖国家之间贸易平衡的最大公分母是谈判的关键。南非在贸易水平和表现以及增长率方面不如其他金砖国家，只有当南非的战略发展利益得到充分保障时，金砖国家联盟这样的组织才对南非有价值。③ 大宗商品出口的主导地位对南非来说是一个很大的问题，南非越来越重视工业化，以推动经济增长，并通过摆脱初级商品出口来减轻大宗商品价格暴跌的影响。④ 由此，在南非方面看来，建设金砖国家自贸区的谈判应首先解决如何确保南非本地工业发展的问题。此外，南非加入金砖国家不仅涉及南非一国的利益，作为南共体以及非洲大陆的一员，南共体成员国乃至非洲各国的整体利益亦是建设金砖国家自贸区不可忽视的重点。因此，制定金砖国家自由贸易协定还应考察南非、南共体乃至非洲经济改革中的优先事项，从而设计出与其经济利益更适配的贸易条件。

---

① Nwabufo（Ufo）Okeke Uzodike, "South Africa and BRICS: Path to a New African Hegemony?" March 2016. In Book: State of the Nation 2016: Who is in Charge? Mandates, Accountability and Contestations in South Africa（pp. 437-456）Edition: First, Chapter: 20, Publisher: HSRC Press.

② Jordaan, André C, "BRICS-quo vadis?" *Development Southern Africa*, Vol. 38 Issue 3, May 2021, pp. 454-468.

③ Ron Sandrey, Taku Fundira, Nick Vink, Hans G. Jensen, Willemien Viljoenand Bonani Nyhodo. BRICS: South Africa's Way Ahead? Published by the Trade Law Centre（tralac）, Stellenbosch, South Africa, 2013.

④ Cyril Prinsloo, Boosting South Africa's Economic Relations with the BRICS, Institute for Global Dialogue, 2017.

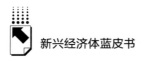
参考文献

［1］ Andisa Nosiphiwo Mayende. Revenue, Trade and Welfare Implications of the BRICS Free Trade Agreement on South Africa, the Master Thesis of Commerce in Economics in the Faculty of Economics and Economic History at Nelson Mandela University, 2020.

［2］ Cyril Prinsloo, Boosting South Africa's Economic Relations with the BRICS, Institute for Global Dialogue, 2017.

［3］ Henry J. Cockeran, "South Africa's Macroeconomic Resilience to External Shocks: A Comparison to Its Brics Partners", *International Journal of Economics and Finance Studies*, Vol 8, No 1, 2016.

［4］ Jordaan, André C., "BRICS-quo Vadis?" *Development Southern Africa*, Vol. 38 Issue 3, May2021, pp. 454-468.

［5］ Kumar, R., Mehra, M. K., Raman, G. V., & Sundriyal, M. (Eds.), *Locating BRICS in the Global Order: Perspectives from the Global South* (1st ed.), *Routledge India*, 2022.

［6］ Lucky E. Asuelime, "The Pros of South Africa's Membership of BRICS: A Re-appraisal", *Journal of African Union Studies*, Vol. 7 Issue 1, Apr 2018.

［7］ Ncube Prince, Cheteni Priviledge, "The Impact of the BRICS Alliance on South Africa Economic Growth—A VECM Approach", MPRA Paper No. 73488, 2015.

［8］ Nwabufo (Ufo) Okeke Uzodike, "South Africa and BRICS: Path to a New African Hegemony?" March 2016. In Book: *State of the Nation* 2016: *Who is in Charge? Mandates, Accountability and Contestations in South Africa* (pp. 437-456) (1st ed.), Chapter: 20, Publisher: HSRC Press.

［9］ Pádraig Carmody, "The Geopolitics and Economics of BRICS' Resource and Market Access in Southern Africa: Aiding Development or Creating Dependency?" *Journal of Southern African Studies*, Vol. 43, No. 5, 2017, pp. 863-877.

［10］ Susara J. Jansen van Rensburg, Wilma Viviers, Ali Parry, Martin Cameron & Sonja Grater, "A Strategic Framework to Expand South Africa's Services Trade", *South African Journal of International Affairs*, 2020, 27: 3, pp. 339-361.

［11］ Xing, L. (Ed.), *The International Political Economy of the BRICS* (1st ed.), Routledge, 2019.

［12］ Xiujun, X. (Ed.), *The BRICS Studies: Theories and Issues*, (1st ed.), Routledge, 2020.

专题报告
Special Reports

B.7
欧亚经济联盟及其对外自贸区
建设现状及前景

郑雪平　杨贵敏*

摘　要： 欧亚经济联盟自 2015 年成立生效以来，其间通过建立共同市场和加强对外合作，联盟内外经贸实现恢复性增长。总体上看，联盟内部发展稳中有进，一体化进程不断加快，但俄乌冲突下美西方国家对俄实施的全面经济制裁和外交孤立，不可避免地对联盟内部发展产生连带影响；联盟对外通过签订自由贸易协定和非特惠贸易协定、与第三国或国际组织签订合作备忘录等形式，加强多边合作、积极构建对外自由贸易区网络，并取得一定成效。长期看，欧亚经济联盟及其对外自由贸易区建设发展前景广阔，其影响力持续扩大。

关键词： 欧亚经济联盟　对外自贸区建设　经济合作

* 郑雪平，博士，副教授，西南石油大学经济管理学院，研究领域：国际贸易、"一带一路"、全球经济治理；杨贵敏，硕士研究生，西南石油大学经济管理学院，研究领域：产业经济学。

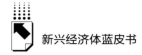

20 世纪 90 年代以来，WTO 多边贸易谈判步履维艰，区域经济一体化趋势日益增强。欧盟、北美自由贸易区、东盟等区域经济一体化建设，对世界政治经济格局产生了重要影响。作为苏联主要继承国的俄罗斯 20 世纪 90 年代在经济、政治等方面都面临着诸多考验，如何在世界性的区域经济一体化浪潮中制定和实施符合本国国情的区域经济一体化战略对俄罗斯来说也是一种新的考验。经过几年时间的摸索，20 世纪 90 年代中后期，俄罗斯与独联体国家签署《关于建立自由贸易区的协议》（1994），俄罗斯加入亚太经合组织（1998）、欧俄经济一体化进程启动（2000）以及俄罗斯参与建立上海合作组织（2001）等均表明，这一时期俄罗斯的区域经济一体化战略获得了长足的、实质性的进展。进入 21 世纪以来，鉴于独联体成立以来的一体化建设并未取得预想的成果甚至出现了逆反现象，俄罗斯政府调整了对独联体的政策，试图通过双边和次区域经济合作继续推进独联体一体化进程，以俄白哈三国关税同盟为基础的欧亚经济联盟便在这一背景下应运而生。

一 欧亚经济联盟的历史演变与发展现状

欧亚经济联盟（Eurasian Economic Union，EEU）是俄罗斯政府致力于推动一体化进程的产物，现有俄罗斯、白俄罗斯、哈萨克斯坦、吉尔吉斯斯坦、亚美尼亚五个成员国。

（一）欧亚经济联盟的历史演变

欧亚经济联盟是经济全球化和区域经济一体化发展的产物。苏联解体后，因原有经济联系中断，"后苏联空间"国家的经济发展都遭遇了一系列困难。为了尽早摆脱因各国间经济联系中断带来的发展困境，各国都认识到加强独联体地区经济一体化合作的必要性。但由于当时各国的政治意愿、利益取向、发展水平等存在巨大差异，一体化进程十分缓慢。除了在保存统一电力网络和铁路运输等已有基础设施方面以及互免签证和劳动力流动等领域起到积极作用外，独联体一体化并无更多建树。[①] 1994 年，时任哈萨克斯坦总统纳扎尔巴耶夫在对俄正式访问期间提出建立"欧亚国家联盟"的设想，这一设想被视为"欧亚一体化"的源头，但当时并未在新独立国家间形成共鸣。在此后至今的近三十年间，历经了苏联解体后俄白哈三国建立独联体关税同盟的最初尝试（1995）、俄白哈吉塔五国签署的《关于建立欧亚经济共同体的协议》（2000）、俄乌白哈签署的《统一经济空间协议》（2003）、欧亚经济共同体框架下俄白哈关税同盟的重启（2010）以及俄白哈三国"统一经济空间"正式启动（2012）等几个重要发展阶段。2014 年 5 月 29 日，俄白哈三国正式签署《欧亚经济联盟条约》，欧亚经济联盟于 2015 年 1 月 1 日正式启动，吉尔吉斯斯坦和亚美尼亚在联盟正式运行的同年也宣布加入。

从演变进程看，欧亚经济联盟经济一体化程度是不断加深的。尽管欧亚经济共同体成立的初衷是要实现关税同盟和经济一体化，但因成员国的经济结构和发展水平存在较大差异，这一协议的预期目标远未实现，事实上其一体化程度并未超越自贸区的水平。[②] 俄乌白哈签署的《统一经济空间协议》的预期目标是，在区域内实现商品、服务、资本和劳动力等生产要素的自由流动，统一货币并协调贸易、财政、金融等政策，建立共同市场。尽管后来因各成员国对"统一经济空间"的发展方向持有不同的立场和看法导致这一倡议归于失败，但其构想是超越自贸区水平的一体化合作。在欧亚经济共同体框架下重启的俄白哈关税同盟是独联体范围内更高层次的一体化。按照关税同盟的设想，俄白哈三国将取消区域内关税和数量限制，使商品在三国范围内可以自由流动；同时还对来自非成员国的进口商品实行统一的对外关税。俄白哈"统一经济空间"是建立在俄白哈关税同盟基础上的共同市场，不仅商品可以在区域内自由流动，而且劳动力、资本、技术和服务等生产要素也将实现自由流动。除此之外，成员国还将协调金融、贸易、税收等方面

---

① 华盾：《欧亚经济联盟的"旧貌新颜"》，《世界知识》2022 年第 14 期。
② 富景筠：《俄白哈关税同盟的历史演进、动因及前景——基于区域内贸易特点的视角》，《俄罗斯东欧中亚研究》2014 年第 2 期。

的经济政策。① 俄白哈"统一经济空间"的建立是欧亚经济联盟成立的重要里程碑。根据《欧亚经济联盟条约》，到 2025 年将实现区域内商品、劳动力、资本、技术以及服务等生产要素的完全自由流动，同时还将推行协调一致的区域经济政策。可见，欧亚经济联盟的终极目标是要建立类似于欧盟的经济联盟。

（二）欧亚经济联盟一体化发展现状

为了实现到 2025 年前经济一体化发展的战略目标，欧亚经济联盟成员国在贸易、投资、劳动力流动、数字经济等方面都进行了一系列改革，旨在消除阻碍经济一体化发展的各种障碍。《欧亚经济联盟海关法典》的正式生效（2018）、《壁垒分类办法》（2021）的批准等进一步统一了成员国的海关管理，为企业进出口贸易创造了更为有利的条件。据《欧亚经济联盟统计年鉴》，2021 年欧亚经济联盟框架下相互间贸易额 731 亿美元，达到该组织成立以来的最高水平，比 2017 年增长 33.6%。成员国间贸易额的增长反映了推进一体化进程的积极效果。② 贸易一体化促使欧亚经济联盟各成员国货币在相互贸易中被广泛使用，扩大相互贸易中本币结算的比例是提高联盟各成员国经济稳定性的措施之一，这一比例已从 2013 年的 63% 增至 2021 年的 74%，而同期的美元结算比例则从 30% 降至 19%；预计到 2022 年末，本币结算的比例将增至 85% 或更高水平。③ 结算货币中使用最多的是俄罗斯卢布，卢布结算被纳入欧亚经济联盟 2025 年统一天然气、石油等能源市场规划以及统一金融市场规划，白俄罗斯、亚美尼亚和吉尔吉斯斯坦已决定转用卢布支付天然气，未来这种支付方式将扩展至石油、煤炭、化肥、粮食、金属等重要产品领域。欧亚经济联盟各成员国已批准设立欧亚再保险公司，该

---

① 《关税同盟和统一经济空间的税收和货币金融政策》，http：//kz. mofcom. gov. cn/article/ztdy/201203/20120308040260. shtml，2012-03-28。

② 《2021 年欧亚经济联盟国家对外贸易额同比增长 35.1%》，https：//www. ndrc. gov. cn/fggz/lywzjw/jwtz/202202/t20220228_ 1317786_ ext. html，2022-02-28。

③ 《2022 年底欧亚经济联盟相互贸易的本币结算比例或增至 85%》，http：//by. mofcom. gov. cn/article/jmxw/202204/20220403308764. shtml，2022-04-21。

公司将为成员国相互及对外贸易提供保险支持，并可作为联盟成员国为融资和保险项目提供国家担保的替代方案。① 与贸易合作相比，联盟内部在投资领域的合作发展尚不尽如人意。截至 2020 年初，欧亚经济联盟成员国累计相互直接投资仅 180 余亿美元。② 俄罗斯是欧亚经济联盟区域内最大的资本输出国，投资目的国主要为哈、白两国，投资主要集中在燃料、有色金属、电信、金融和运输等产业部门。加速联盟成员国间相互投资合作是 2022 年俄罗斯担任主席国期间的优先发展任务之一，并为此创造便利条件，简化相关行政手续，加大投资者权益保障等。为促进区域内劳动力的自由流动，欧亚经济联盟出台了劳务移民管理规定。2021 年 1 月 1 日正式生效的《欧亚经济联盟劳动者退休保障协定》使得联盟内部的劳务活动合法化，将有助于推动形成联盟内部统一的劳动力市场。③ 2021 年 7 月 1 日，欧亚经济联盟"工作无国界"求职系统上线，为区域内劳动力的便捷流动提供了条件。为发展欧亚运输走廊和路线，提升过境潜力，加快运输基础设施建设，在 2022 年 8 月召开的欧亚政府间理事会会议上，欧亚经济联盟成员国交通基础设施一体化优先项目清单获得批准，包括中吉乌铁路项目、吉尔吉斯斯坦卢戈瓦亚-巴雷克奇铁路电气化改造项目等 7 个项目。④ 数字化是欧亚经济联盟的优先发展方向，欧亚经济联盟已成立数字化转型高级别工作组制定《欧亚经济联盟数据流通协定》、制定和落实欧亚经济联盟数字议程和数字化转型优先方向。⑤ 根据《欧亚经济联盟 2025 年前数字化进程主要实施方向》，欧亚经济联盟启动"数字化技术调节"项目，为技术调节领域发展和

① 《欧亚经济联盟批准成立欧亚再保险公司》，http：//by. mofcom. gov. cn/article/jmxw/ 202209/20220903346424. shtml，2022-08-29。
② 《欧亚经济联盟成员国相互投资下降 7.6%》，http：//www. mofcom. gov. cn/article/i/jyjl/e/ 202012/20201203026884. shtml，2020-12-29。
③ 《欧亚经济联盟出台劳务移民管理规定》，http：//topic. mofcom. gov. cn/article/i/jyjl/e/ 202103/20210303044259. shtml，2021-03-16。
④ 《欧亚经济联盟国家就交通领域的基础设施项目达成一致》，http：//taiyuan. customs. gov. cn/ harbin_ customs/zw18/xwdt87/zoyhgdt/4579838/index. html，2022-08-27。
⑤ 《欧亚经济联盟成立数字化转型工作组》，http：//kz. mofcom. gov. cn/article/jmxw/202108/ 20210803190268. shtml，2021-08-21。

一体化进程注入新的动力。① 综上所述，从贸易与投资合作、劳动力流动、交通基础设施建设、数字经济发展等方面考察，欧亚经济联盟的经济一体化水平正显著提高，成为"后苏联空间"中最成功的区域经济一体化组织。

二 欧亚经济联盟对外自由贸易区的建设进展与利益诉求

欧亚经济联盟自成立以来，在加强区域内经济一体化合作的同时，也加速构建对外自由贸易区网络。

（一）欧亚经济联盟对外自由贸易区的建设背景

欧亚经济联盟的启动对各成员国来说都具有重要的政治和经济意义，不仅有助于各成员国在经济上深度合作，而且有利于在政治上抱团取暖。欧亚经济联盟自启动以来，并没有像成员国预想的那样顺利发展，反而面临一系列挑战，主要表现在以下几个方面。

其一，2014 年乌克兰政治危机爆发后，引发美西方国家对俄罗斯实施了全面的经济制裁，致使俄罗斯经济陷入发展危机，欧亚经济联盟其他成员国的经济也因此受到拖累。GDP 增长率下降、货币不同程度贬值、高通货膨胀率等使得欧亚经济联盟内部一体化发展受阻。其二，乌克兰危机破坏了独联体国家间已有的政治互信。乌克兰正式宣布退出独联体、独联体部分国家对俄罗斯在乌克兰政治危机中的表现不满并高度警惕等表明，独联体地区的凝聚力开始下降，欧亚经济联盟的内外部政治环境出现恶化。其三，欧亚经济联盟的影响力偏弱。进入 21 世纪以来，随着世界经济重心向亚太地区转移，美国、日本、东盟以及中国等世界主要经济体都加快了参与亚太地区区域经济一体化建设的步伐，在亚太地区的影响力不断上升，而俄罗斯和欧

---

① 《欧亚经济联盟启动"数字化技术调节"项目》，http：//kz. mofcom. gov. cn/article/jmxw/202107/20210703176186. shtml，2021-07-16。

亚经济联盟其他成员国因此前一体化合作的对象主要是独联体国家，导致其在亚太地区的影响力不足。

综上，为使联盟各成员国尽快走出金融危机、摆脱地缘政治孤立、避免再被边缘化，欧亚经济联盟加快了对外自由贸易区的建设步伐，以期达到促进经济恢复增长、改善联盟外部政治环境、维护联盟地区安全以及扩大地区和国际影响力等战略诉求。[①]

（二）欧亚经济联盟对外自由贸易区建设现状

欧亚经济联盟在推动跨区域经济合作方面，重点是与第三方开展自由贸易区建设。2016 年，俄罗斯总统普京在圣彼得堡国际经济论坛上表示，已有 40 多个国家和国际组织希望与欧亚经济联盟建立自由贸易区。[②] 这些国家与国际组织包括中国、越南、新加坡、印度、韩国、蒙古国等亚洲国家，塞尔维亚等欧洲国家，智利、秘鲁等拉丁美洲国家，以及欧盟、上海合作组织、南方共同市场等区域一体化组织。从实践层面看，目前欧亚经济联盟与亚太、拉美地区一些国家的自由贸易区建设业已启动，与"一带一路"对接合作提速，但与欧盟、中国这两大重要经济体的自贸区建设总体进展有限。[③] 按照建设进展，欧亚经济联盟对外自由贸易区可分为协定已生效的自贸区、协定已签署待生效的自贸区和正在谈判或有合作意向的自贸区。

协定已生效的自贸区包括欧亚经济联盟—越南自贸区、欧亚经济联盟—伊朗临时自贸区、欧亚经济联盟—塞尔维亚自贸区。《欧亚经济联盟与越南自贸区协定》于 2015 年 5 月 29 日签署、2016 年 10 月 5 日正式生效，是欧亚经济联盟对外签订的首个自贸区协定，对欧亚经济联盟对外自贸区建设具有重要意义。协定包括传统领域的货物贸易、原产地规则、海关管理与贸易

闫亚娟、陈志恒：《欧亚经济联盟对外自贸区建设的进展与方向》，《俄罗斯东欧中亚研究》2021 年第 2 期。

② 《普京：大约有 40 个国家和国际组织表示愿意与欧亚经济联盟进行合作》，https：//sputniknews.cn/20160617/1019716924.html，2016-06-17。

③ 张继荣：《欧亚经济联盟对外自由贸易区建设的实践与启示——中国与欧亚经济联盟自贸区建设的可能路径》，《中国流通经济》2019 年第 11 期。

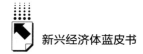

便利化等基本议题以及政府采购、知识产权、竞争等新领域议题。根据协定，欧亚经济联盟成员国与越南之间将减免大部分商品的进口关税。该协定可使越南成为"联盟经济进步的发动机、投资者和技术领导者"、俄罗斯与东盟之间的"桥梁"。①《欧亚经济联盟与伊朗临时自贸区协定》于2018年5月17日签署、2019年10月27日正式生效，为期三年，主要致力于较小范围的货物贸易自由化，不涉及服务、投资、政府采购、知识产权、竞争等议题。2020年12月11日，最高欧亚经济理事会会议决定，启动欧亚经济联盟与伊朗的全面自贸区谈判，计划于2022年10月前完成从临时自贸协定到永久自贸协定的过渡。② 2022年12月27日，伊朗工业部发言人奥米德·加利巴夫宣布，伊朗将于2023年1月18日与欧亚经济联盟（EEU）签署自由贸易协定。③ 与临时自贸协定相比，全面自贸协定将进一步扩大商品覆盖范围、支持开展产业合作、提高政府采购透明度等。《欧亚经济联盟与塞尔维亚自贸区协定》于2019年10月25日签署、2021年7月10日正式生效，该协定包含了塞尔维亚之前与俄、白、哈三国签订的自由贸易协定，部分修订了自由贸易制度的豁免清单，并将自由贸易的范围扩大到吉尔吉斯斯坦和亚美尼亚。该协定为塞尔维亚国内产品投放到1.83亿消费者的市场提供了更多的机会。④

已签署待生效的自贸区协定有《欧亚经济联盟—新加坡自贸协定》。作为"亚洲门户"，新加坡被视为东盟发展过程中的"低调领导者"。2019年10月1日，在最高欧亚经济理事会会议召开期间，欧亚经济联盟与新加坡正式签署了关于建立自由贸易区的协定，新加坡是继越南之后第二个与欧亚

---

① 《越南国家主席：河内愿成为连接俄罗斯和东盟的桥梁》，https://sputniknews.cn/
20211202/1034894556.html，2021-12-02。
② 《欧亚经济联盟与伊朗将启动全面自贸协定谈判》，http://kz.mofcom.gov.cn/article/jmxw/
202107/20210703179844.shtml，2021-07-23。
③ 《俄媒：伊朗计划明年与欧亚经济联盟签署自贸协定》，https://www.cankaoxiaoxi.com/
finance/20221228/2499959.shtml，2022-12-28。
④ 《塞尔维亚与欧亚经济联盟确定免税出口奶酪、黄油、酒精和香烟的配额》，http://
yu.mofcom.gov.cn/article/jmxw/202206/20220603323042.shtml，2022-06-30。

经济联盟签署正式自贸区协定的国家。《欧亚经济联盟—新加坡自由贸易协定》是欧亚经济联盟对外已签署的 4 份自由贸易协定中自由化程度最高、覆盖面最广的综合性自由贸易协定，其包括《欧亚经济联盟—新加坡全面经济合作的框架协定》、《欧亚经济联盟—新加坡自由贸易协定》以及 5 个欧亚经济联盟成员国与新加坡分别签署的有关服务和投资领域的双边协定。其中，《欧亚经济联盟—新加坡自由贸易协定》详细规定了双方货物贸易降税的种类、幅度以及期限，除欧亚经济联盟成员国规定的部分敏感商品外，其余所有商品将全部实现免税贸易。与新加坡签署正式的自由贸易区协定，使得欧亚经济联盟在东盟的影响力显著提高。

正在谈判的自贸区。现阶段，欧亚经济联盟正在与印度、以色列、埃及、印度尼西亚进行自由贸易谈判。在 2017 年 6 月 3 日召开的第 21 届圣彼得堡国际经济论坛期间，欧亚经济联盟与印度签署了《关于启动自由贸易协定谈判的联合声明》，谈判内容涉及关税减免、降低非关税壁垒、海关管理以及知识产权保护等多个领域。2015 年 10 月 16 日，欧亚经济联盟最高理事会决定与以色列启动自由贸易谈判，后因在是否将服务贸易纳入谈判议题的问题上双方存在分歧谈判陷入僵局。2018 年 4 月，欧亚经济联盟重新启动与以色列的自由贸易谈判，涉及海关合作、消除贸易壁垒、发展电子商务以及检验检疫等多个领域。2019 年 1 月 15 日，欧亚经济联盟与埃及在开罗举行了双方自由贸易区建设的首轮谈判。2022 年 8 月 12 日，为更新欧亚经济联盟和埃及之间的自由贸易协定草案的某些条款，欧亚经济联盟与埃及的代表举行了视频会议，讨论了《世界知识产权组织版权条约》和《世界知识产权组织表演和录音制品条约》条款的适用性以及商标的使用问题。[1] 2022 年 5 月 27 日，欧亚经济委员会最高经济理事会决定与印度尼西亚启动签署自由贸易协定的谈判。[2] 2022 年 6 月 2 日，俄罗斯驻印度尼西亚大使馆

[1] 《欧亚经济联盟就与埃及的自贸协定草案进行磋商》，http：//ipr. mofcom. gov. cn/article/gjxw/gjzzh/eapo/202208/1972650. html，2022-08-18。

[2] 《欧亚经济联盟将与印尼启动签署自由贸易协定的谈判》，https：//baijiahao. baidu. com/s?id=1733996369791854296&wfr=spider&for=pc，2022-05-28。

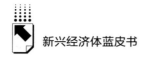

发表声明称，印度尼西亚和欧亚经济联盟已就签署自由贸易协定进行谈判。① 2022 年 12 月，印度尼西亚贸易部部长哈桑与欧亚经济委员会贸易部部长斯列普涅夫签署了自由贸易协定正式展开谈判的联合声明，并期望在 2 年内能够与欧亚经济联盟签署自由贸易区协定。②

有合作意向的自贸区。除上述已列明国家外，欧亚经济联盟还与智利、蒙古国、阿联酋、中国、韩国、秘鲁等国家以及安第斯共同体、上合组织、欧盟、东盟等一体化组织就自贸区建设进行磋商、接触或签署谅解备忘录。欧亚经济委员会与智利政府在 2015 年签署的《欧亚经济委员会与智利共和国合作备忘录》框架下商讨加强合作，包括评估建立自贸区的前景问题。③欧亚经济联盟与蒙古国均重视发展合作关系，希望能够尽快签署关于建立自由贸易区的协定。④ 2022 年 12 月 9 日，欧亚经济委员会最高理事会会议决定与阿联酋就进行自由贸易协定展开谈判。⑤《中国与欧亚经济联盟经贸合作协定》已于 2019 年 10 月 25 日正式生效，该协定是中国与欧亚经济联盟首次达成的经贸领域重要制度性安排，是实现"一带一路"倡议与欧亚经济联盟对接的重要举措。

在一体化组织方面，欧亚经济联盟将与独联体、上合组织、欧盟、东盟建立系统性对话视为联盟未来的首要任务。进一步巩固和发展独联体和欧亚经济联盟之间的一体化合作已成为独联体国家的共识，加强两大组织的法律对接是一体化合作的重要方向。⑥ 早在 2014 年俄罗斯总统普京曾公开表示，

---

① 《印尼与欧亚经济联盟启动自贸协定谈判》，https：//baijiahao. baidu. com/s？id ＝ 1734504298727050086&wfr＝spider&for＝pc，2022-06-02。
② 《印尼期待在 2 年内与欧亚经济联盟签署自贸区协定》，https：//cj. sina. com. cn/articles/view/2868676035/aafc85c3020013w2z，2022-12-06。
③ 《欧亚经济联盟与智利将商讨建立自贸区问题》，http：//www. mofcom. gov. cn/article/tongjiziliao/fuwzn/oymytj/201708/20170802625508. shtml，2017-07-27。
④ 《蒙古希与欧亚经济联盟签署自贸区协定》，http：//www. mofcom. gov. cn/article/i/jyjl/e/201912/20191202919531. shtml，商务部网站，2019-12-05。
⑤ 《欧亚经济委员会最高理事会会议在吉尔吉斯斯坦举行》，https：//baijiahao. baidu. com/s？id＝1751750317877937471&wfr＝spider&for＝pc，中国新闻网，2022-12-09。
⑥ 《独联体将与欧亚经济联盟加强经济对接合作》，http：//kz. mofcom. gov. cn/article/jmxw/202102/20210203037211. shtml，2021-02-05。

俄罗斯愿意就欧亚经济联盟—欧盟自由贸易区建设问题展开讨论。欧亚经济联盟有意成为欧盟与亚太之间的经济桥梁。① 自 2018 年以来，欧亚经济联盟根据《经济合作谅解备忘录》与东盟成功展开合作。2022 年 9 月 6 日，欧亚经济委员会一体化发展部主任戈阿尔·巴尔谢吉扬在东方经济论坛上表示，发展与东盟的关系是欧亚经济联盟的重要优先事项之一。② 欧亚经济委员会官方代表伊雅·玛尔金娜表示，欧亚经济联盟与上海合作组织的关系决定了整个欧亚大陆进一步发展的方向。③

（三）欧亚经济联盟发展对外自贸区的利益诉求

在地缘政治和地缘经济竞争日趋激烈的背景下，作为新经济体，欧亚经济联盟对区域一体化雄心勃勃，希望建立一个从里斯本到符拉迪沃斯托克的巨大共同市场。④ 欧亚经济联盟建设自由贸易区的构想十分宏大，希望通过开展自由贸易区建设实现其经济、政治以及安全等方面的利益诉求。

1. 顺应经济区域化发展趋势，构建自由贸易网络

20 世纪 90 年代，区域经济一体化发展迅猛，已生效的区域贸易协定从 1990 年的 22 个增加到 2000 年的 81 个，形成了以欧盟、北美自由贸易区、东盟为主体的三大区域板块。进入 21 世纪，特别是 2008 年国际金融危机发生至今，在全球经济复苏乏力、多边贸易谈判机制受阻、逆全球化愈演愈烈的背景下，美、欧、日以及中国等世界主要经济体都将精力转向以构建自由贸易区为主的区域经济一体化建设。2008~2022 年，已生效的区域贸易协定

---

① 《欧亚经济联盟有意成为欧盟与亚太之间经济桥梁》，http：//www. mofcom. gov. cn/article/i/jyjl/e/202010/20201003011293. shtml，2020-10-28。
② 《欧亚经济联盟和东盟正在增加贸易额》，https：//cn. dailyeconomic. com/2022/09/13/34259. html，2022-09-13。
③ 《欧亚经济委员会：欧亚经济联盟和上合组织的关系决定了欧亚大陆进一步发展的方向》，https：//chn. belta. by/politics/view/-18580-2022/，2022-09-07。
④ Eljan Verdiyeva，"The Eurasian Economic Union：Problems and Prospects"，*Journal of World Investment & Trade*，2018（19）：722-749。

从 179 个急剧增加到 355 个①，包括"欧日自由贸易协定"（2019 年）、《美墨加协定》（2020 年）、"日英自由贸易协定"（2021 年）《欧盟—越南自由贸易协定》（2020 年）、RCEP（2020）、《中国—新西兰自由贸易协定升级议定书》（2022）等。

当前，全球经济正处于结构调整和再平衡的重要阶段，融入区域和全球经济体系是欧亚经济联盟国家跻身发达国家的重要渠道。② 在此背景下，欧亚经济联盟提出拓展外部空间的发展思路，将对外自由贸易区建设提升到战略高度。在对外自由贸易伙伴的选择上，俄罗斯及其主导的欧亚经济联盟注重将其与各自国家以及联盟整体的发展战略紧密结合。为避免在亚太经济一体化中被边缘化，与亚洲地区国家建设自由贸易区遂成为欧亚经济联盟的优先方向。成立八年来，欧亚经济联盟以"5+1"为基本合作模式，把亚洲地区作为优先方向，如东南亚的越南和新加坡、南亚的印度。此外，中东的伊朗和以色列、非洲大陆的埃及以及欧洲的塞尔维亚也是欧亚经济联盟的重点合作伙伴。

2. 拓展对外经贸合作空间，推动联盟成员国经济增长

根据自由贸易区理论，自由贸易区的建立可通过相互降低或取消关税及非关税壁垒产生贸易创造效应，即在促进成员国贸易规模扩大和福利水平提高的同时，推动成员国的经济增长。欧亚经济联盟启动的目标之一，是推动联盟各成员国经济增长。对俄罗斯而言，在乌克兰危机发生后遭受西方制裁的背景下，期望能借助联盟的启动刺激本国经济发展，加深在各成员国的政治经济影响力。哈萨克斯坦前总统纳扎尔巴耶夫曾表示，"欧亚经济联盟的运行将为各成员国实现经济现代化注入强大动力，同时也将提升各成员国的国际地位"③。吉尔吉斯斯坦前总统阿坦巴耶夫也曾表示："加入欧亚经济联盟将助力吉尔吉斯斯坦实现经济转型。"然而，受美西方国家经济制裁以及

① RTAs currently in force（by year of entry into force），1948 – 2023. http：//rtais. wto. org/UI/charts. aspx，January 4，2023.
② 《托卡耶夫谈欧亚经济联盟发展前景》，http：//kz. mofcom. gov. cn/article/jmxw/202005/20200502961246. shtml，2020–05–02。
③ 《欧亚经济联盟正式启动》，http：//finance. people. com. cn/n/2015/0102/c1004 – 26312363. html，2015–01–02。

国际油价下跌的影响，欧亚经济联盟成立之初的几年时间里，各成员国的经济增长情况并不乐观（见表1），其中，俄、哈、白三国的GDP平均增长率甚至较联盟成立前的5年出现明显下滑：2010~2014年，俄罗斯、哈萨克斯坦、白俄罗斯的GDP平均增长率分别为3.06%、5.94%、3.52%；而联盟成立后的2015~2019年，上述三国的GDP平均增长率分别为1%、3%、0.14%，这与欧亚经济联盟启动的经济目标相偏离。受新冠疫情影响，2020年欧亚经济联盟成员国经济均出现不同程度负增长，其中，亚美尼亚和吉尔吉斯斯坦两国经济萎缩分别高达7.2%和8.4%。2022年2月，俄乌冲突发生后，美西方国家对俄罗斯进行了金融、能源、贸易、科技等全方面极限制裁，使得俄罗斯"不会再与西方像过去那样合作"①。因此，从短期看，俄罗斯及其主导的欧亚经济联盟与美西方国家的关系难以根本好转，各成员国经济增长依然面临下行压力，在加强联盟内部经济合作的同时对外加强自由贸易区建设，与欧亚经济联盟"摆脱经济孤立、融入全球经济格局"的宗旨相一致。

表1   2010~2021年欧亚经济联盟各国GDP增长率

单位：%

国家	2010年	2011年	2012年	2013年	2014年	2015年	2016年	2017年	2018年	2019年	2020年	2021年
俄罗斯	4.5	4.3	4	1.8	0.7	−2	0.2	1.8	2.8	2.2	−2.7	4.7
哈萨克斯坦	7.3	7.4	4.8	6	4.2	1.2	1.1	4.1	4.1	4.5	−2.5	4.3
白俄罗斯	7.8	5.4	1.7	1	1.7	−3.8	−2.5	2.5	3.1	1.4	−0.7	2.3
亚美尼亚	2.2	4.7	7.2	3.3	3.6	3.2	0.2	7.5	5.2	7.6	−7.2	5.7
吉尔吉斯斯坦	−0.5	6	−0.1	10.9	4	3.9	4.3	4.7	3.8	4.6	−8.4	3.6

资料来源：https：//data. worldbank. org/indicator/NY. GDP. MKTP. KD. ZG? end = 2021&locations = RU-KZ-BY-AM-KG&most_ recent_ value_ desc =true&start =2010&view = chart。

3. 改善联盟及其成员国地缘政治环境，维护地区安全

自由贸易协定早已成为各国开展战略合作与竞争的重要手段。作为一国

---

① 《俄外长：不会再与西方像过去那样合作》，https：//baijiahao. baidu. com/s? id = 175352642169 2134272&wfr=spider&for=pc，参考消息，2022-12-29。

对外战略，它往往超越了单纯的经济因素，更多地承载着国家政治、安全方面的战略意图。[①] 欧亚经济联盟实质是由俄罗斯主导的、哈白亚吉四国参与的"一强多弱"的区域经济一体化组织，这使得哈白亚吉四国在一体化的发展过程中更依赖俄罗斯，甚至易受俄罗斯外部环境变化的影响。

　　乌克兰政治危机爆发促动了以美欧为首的西方阵营的政治利益。美西方国家对俄罗斯实施了大规模的经济制裁以及全面的政治孤立。原定于2014年6月在俄罗斯索契举行的G8峰会改为在比利时首都布鲁塞尔举行G7峰会，这意味着所谓的西方国家俱乐部已经把俄罗斯排除在外。[②] 在地缘安全上的相互需求是欧亚经济联盟成立的主要因素之一，但美西方国家对俄罗斯的政治孤立，使俄罗斯的地缘政治影响力显著下降，欧亚经济联盟各成员国以及欧亚经济联盟整体再次面临地缘安全威胁。北约不断加强与乌克兰的军事合作、乌克兰将加入北约视为其主要目标并宣布退出独联体等，更是加剧了俄罗斯与美西方国家间的政治对立，使欧亚经济联盟的地缘安全环境不稳定因素增加。

　　综上，乌克兰发生政治危机后，美西方国家对俄罗斯实施的地缘政治孤立，不仅使俄罗斯自身的地缘政治环境恶化，也使欧亚经济联盟的外部安全环境趋于恶化。在此背景下，欧亚经济联盟试图通过加快对外自由贸易区建设，寻求更多的政治伙伴，缓解联盟各国周边持续恶化的安全环境，为联盟各国创造良好的外部安全环境。

三　欧亚经济联盟及其对外自贸区前景展望

　　综上所述，欧亚经济联盟一体化发展走过了快速建立和发展的道路，很多方面的合作取得积极成果，联盟内部建成了统一的商品、服务、资本和劳动力市场。与此同时，在联盟成员国的积极努力与配合下，联盟对外自由贸

---

① 曲文轶、杨雯晶：《俄罗斯自贸伙伴的选择逻辑》，《俄罗斯研究》2021年第6期。
② 《七国拒赴索契，俄遭G8"抛弃"》，http：//newpaper. dahe. cn/hnrb/html/2014－03/26/content_ 1048166. htm#，2014-03-26。

易区建设也取得了显著进展，极大地提高了联盟及其成员国的国际影响力。

从短期看，欧亚经济联盟及其对外自贸区建设依然面临着诸多挑战。从欧亚经济联盟内部条件来看有三个方面。其一，联盟一体化发展的经济基础受到削弱。区域经济一体化的发展在很大程度上受制于成员国的经济发展水平。在乌克兰政治危机后美欧经济制裁对俄罗斯国内经济乃至其他联盟各国经济造成的负面影响依然存在的情况下，新冠疫情的暴发又使得欧亚经济联盟各成员国的经济受到重创，加之俄乌冲突下美西方国家对俄罗斯实施的新一轮全方位经济制裁，欧亚经济联盟经济发展的不确定性增加。其二，欧亚经济联盟内部凝聚力有所下降。欧亚经济联盟成员国均为原苏联加盟共和国，作为新独立的国家，各国在参与欧亚经济一体化的过程中对国家主权极为敏感。乌克兰政治危机爆发后，克里米亚加入俄罗斯，使得白俄罗斯和哈萨克斯坦两国对俄罗斯的戒心有所增加。其三，欧亚经济联盟成员国在利益分配和战略意图上还存在一定的分歧，导致成员国在利益协调、经济政策执行等方面存在一定差异。从欧亚经济联盟外部环境来看有两个方面。其一，欧亚经济联盟的地缘政治环境恶化。乌克兰政治危机以及俄乌冲突的实质是美西方国家与俄罗斯之间的政治危机，导致俄欧、俄美之间的经济、政治以及文化关系全面恶化，独联体国家凝聚力、向心力下降。其二，由于FTA对自贸区外的经济体形成排他性，一个FTA的诞生往往会催生新的FTA，引发国家和地区之间在缔结FTA、参与区域经济一体化方面的竞争加剧。①新形势下亚太地区CPTPP、RCEP、"印太经济框架"（IPEF）的应运而生，可能对欧亚经济联盟对外自由贸易区建设形成较大竞争。

从长期看，欧亚经济联盟及其对外自贸区发展前景仍然较为乐观。第一，欧亚经济联盟的机制化建设不断完善。欧亚经济联盟成员国首脑峰会、欧亚经济联盟政府首脑会议、欧亚经济委员会理事会会议、欧亚经济联盟政府间理事会会议、欧亚经济联盟竞争和反垄断委员会会议等，在联盟发展战

---

① 徐梅：《RCEP签署与亚太区域经济一体化前景》，http：//ccpit. linyi. gov. cn/info/1035/8339. htm，2021-09-26。

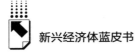

略、联盟法律框架、改善机构工作、促进经济可持续发展、地区热点问题等方面不断加强讨论与协调，联盟一体化进程正在提速。第二，欧亚经济联盟各成员国的经济发展表现出较强的韧性，为联盟内部一体化及其对外自由贸易区建设奠定了经济基础。2021年欧亚经济联盟成员国经济整体上恢复了增长势头，其中俄罗斯和白俄罗斯经济已超过新冠疫情暴发前水平。2022年即使受到美欧史上"最严厉的全面制裁"，关于俄罗斯经济崩溃的预测并没有成真，俄罗斯经济依然表现出较强的韧性。第三，欧亚经济联盟目前签署和正在谈判的自贸伙伴几乎都是世界上充满活力的经济体，且这些国家自身已经嵌入很多成熟的自由贸易区网络中，如越南和新加坡是东盟一体化的积极参与者；印度是南亚自由贸易协定成员国；埃及是南方共同市场的成员国等。通过与这些伙伴的合作，俄罗斯及其主导的欧亚经济联盟可逐步融入现有的全球自贸网络，并向更深层次的合作过渡。此外，欧亚经济联盟还谋求与联合国、RCEP、欧盟、上合组织等国际组织与区域一体化组织开展合作，重视与中国"一带一路"倡议的高质量对接。

参考文献

[1] 富景筠:《俄白哈关税同盟的历史演进、动因及前景——基于区域内贸易特点的视角》,《俄罗斯东欧中亚研究》2014年第2期。

[2] 宫艳华:《欧亚经济联盟经济一体化效果测度及评价》,《俄罗斯东欧中亚研究》2022年第5期。

[3] 华盾:《欧亚经济联盟的"旧貌新颜"》,《世界知识》2022年第14期。

[4] 曲文轶、杨雯晶:《俄罗斯自贸伙伴的选择逻辑》,《俄罗斯研究》2021年第6期。

[5] 王晨星、李兴:《欧亚经济共同体与欧亚经济联盟比较分析》,《俄罗斯东欧中亚研究》2016年第4期。

[6] 王娜娜:《区域经济一体化的新发展及中国的战略选择》,《改革与战略》2017年第3期。

[7] 王原雪、张二震:《全球价值链视角下的区域经济一体化及中国的策略》,《南京社会科学》2016年第8期。

［8］闫亚娟、陈志恒：《欧亚经济联盟对外自贸区建设的进展与方向》，《俄罗斯东欧中亚研究》2021 年第 2 期。

［9］张红菊：《美国亚太战略下亚太区域经济一体化发展》，《人民论坛》2020 年第 12 期。

［10］张继荣：《欧亚经济联盟对外自由贸易区建设的实践与启示——中国与欧亚经济联盟自贸区建设的可能路径》，《中国流通经济》2019 年第 11 期。

［11］张晓钦：《区域经济一体化的演化脉络及对 CAFTA 的启示》，《亚太经济》2015 年第 6 期。

［12］郑猛：《欧亚经济联盟一体化：特征事实与深度评估》，《太平洋学报》2022 年第 3 期。

B.8
中国与欧亚经济联盟共建自贸区的
现实基础与对策建议

李 军 吴晓鹏*

摘　要： 中国与欧亚经济联盟建立自由贸易区具有扎实的经贸基础，双方
贸易结构差异较大，贸易的互补性较强，且中国与欧亚经济联盟
都具有对外开放的相关政策支持和建立自由贸易区的计划，共建
自由贸易区的条件已经具备。只有双方加强政治互信，借鉴其他
自贸区建设的经验，落实已经签署的经贸合作协定和尽早签署自
贸协定，同时推进"一带一路"与"一带一盟"的合作对接，
加强沿线国家与联盟国家的多方合作和基础设施建设，才能最终
实现共建中国与欧亚经济联盟自由贸易区。

关键词： 欧亚经济联盟　自由贸易区　"一带一路"倡议

　　为深化中国对外开放，进一步提升经济开放程度，需要不断扩大中国的
对外自由贸易网络，加强与各经济体和贸易伙伴之间的经贸合作，以拓展合
作的深度和广度，助力中国经济从高速发展向高质量发展转变，同时也可以
为加快世界经济复苏进度贡献中国力量。

　　欧亚经济联盟是亚欧地区重要的经济组织，也是中国对外贸易的主要经
济体之一，其成员国俄罗斯、白俄罗斯、哈萨克斯坦、吉尔吉斯斯坦、亚美

---

　　* 李军，博士，副教授，广东工业大学经济学院国际贸易系副主任，研究领域为国际贸易、
　　"一带一路"；吴晓鹏，硕士研究生，广东工业大学经济学院，研究领域为国际贸易。

尼亚五个国家在地理位置上处于"一带一路"倡议的关键区域，均是"一带一路"沿线国家，一向是中国重要的贸易伙伴。建立自由贸易区，加强与欧亚经济联盟的经济贸易联系，能够加强"一带一路"倡议的影响力，促进"一带一路"沿线国家建设继续顺利推进。在区域经济一体化的所有形式中，自由贸易区因其政策协调度低、容易实现的特点成为主要的合作方式。在2018年5月17日，中国与欧亚经济联盟签署《中华人民共和国与欧亚经济联盟经贸合作协定》，该协定有效提升中国和欧亚经济联盟之间的经贸合作水平，促进双方贸易自由化程度的提高，但对于建立自由贸易区，中国与欧亚经济联盟在关税等重要问题上仍未取得一致意见。

中国和欧亚经济联盟成员国政治互信程度高，经贸合作历史悠久、关系密切。作为最大的发展中国家和世界第一大贸易国的中国，与欧亚经济联盟经济体量最大的成员国和创始国俄罗斯，两者2021年的经济总量（GDP）占全球经济总量的20.22%,① 约为世界1/5的经济体量能够为世界经济发展和全球贸易自由化推进贡献重要力量。中国和欧亚经济联盟成员国贸易结构差异较大，贸易的互补性较强，中国与欧亚经济联盟建立自由贸易区具有扎实的经贸基础。中国与欧亚经济联盟双方秉持互利共赢的理念，共建自由贸易区，降低关税壁垒，提高贸易便利度，推动区域经济一体化，加强多边经贸合作，可以促进中国和欧亚经济联盟各国实现资源的优化配置，提升经济发展效益，促进各自经济的可持续发展。

一　中国与欧亚经济联盟成员国经济贸易关系现状

（一）双边贸易情况

从贸易总量看，作为世界第一大贸易国的中国与欧亚经济联盟的双边贸易总量相对不大，但增速很快，贸易增长潜力很大，图1显示了2000~2022

---

① 世界银行数据库，https://data.worldbank.org.cn/。

年中国与欧亚经济联盟双边贸易总额。中国与欧亚经济联盟的贸易关系可以分为两个阶段。第一阶段，2000~2018年，中国与欧亚经济联盟成员国的双边贸易总额由98.57亿美元增至1343.90亿美元，增长了12.6倍，同期中国对外贸易总额由4814.69亿美元增至4.76万亿美元，增长了8.9倍。第二阶段，2018年中国与欧亚经济联盟签署了《中华人民共和国与欧亚经济联盟经贸合作协定》之后，两大经济体的双边贸易总额增加迅速，由2019年的1423.45亿美元增长到2022年的2434.51亿美元，突破了2000亿美元关卡，增长了71.03%，同期，中国对外贸易总额由4.71万亿美元增至6.20万亿美元，增长了31.63%，中国与欧亚经济联盟的双边贸易总额增长速度明显高于中国对外贸易总额的增长速度，经贸合作协定对中国与欧亚经济联盟的贸易促进作用显著。2019年中国与欧亚经济联盟的双边贸易总额占中国对外贸易总额的3.02%，2022年占中国对外贸易总额的3.93%，虽然有所增长，但与东盟（15.5%）、美国（13.4%）和欧盟（12.0%）等世界重要经济体相比还有一定的差距，说明中国与欧亚经济联盟国家间的贸易潜力还有很大的释放空间。

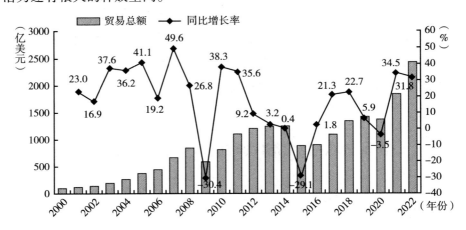

图1　2000~2022年中国与欧亚经济联盟双边贸易总额

资料来源：2000~2021年贸易数据来自UN COMTRADE数据库；2022年贸易数据来自中国海关总署。

从贸易趋势看，因为 2001 年中国加入世界贸易组织，与欧亚经济联盟成员国的双边贸易总额在 2002 年开始攀升，增长趋势明显，2006 年之后是双边贸易额的高速增长期。但在国际金融危机的影响下，世界经济下行，2008～2009 年双边贸易额增长受挫，出现下跌，在 2009 年之后世界经济逐渐复苏，双边贸易额重新保持增长趋势，直至欧亚经济联盟重要成员国俄罗斯在 2014 年爆发经济危机，双边贸易额在 2014～2015 年两年间持续下跌。2015 年 1 月 1 日，《欧亚经济联盟条约》正式生效，2016 年开始双边贸易额再次保持增长趋势，直至 2020 年新冠疫情在全球蔓延，世界经济和贸易普遍受到打击，中国与欧亚经济联盟成员国的双边贸易同样受到影响而短暂地出现下滑，2021 年的东欧政治局势紧张和 2022 年的俄乌冲突深刻影响了欧亚经济联盟成员国俄罗斯的外贸格局，2021 年之后双边贸易额迅速增长，可以预见未来数年内中国与欧亚经济联盟的双边贸易水平也将保持增长的趋势。总的来看，从 2000 年至 2022 年，中国与欧亚经济联盟成员国贸易额总体呈现上升趋势。

从贸易的成员国分布来看，欧亚经济联盟各成员国在国土面积、国内资源、经济体量和经济发展阶段等方面存在较大差别，决定了成员国之间与中国的双边贸易格局是不平衡的。如图 2 所示，作为欧亚经济联盟经济体量最大的国家，2000～2022 年，俄罗斯与中国的双边贸易总额占中国与欧亚经济联盟贸易总额的 75.4%，双边贸易总额由 2000 年的 80.03 亿美元增长至 2022 年的 1902.72 亿美元。在其他成员国中，位列第二和第三的分别是与中国新疆接壤的哈萨克斯坦和吉尔吉斯斯坦，2000～2022 年与中国的双边贸易总额分别占中国与欧亚经济联盟贸易总额的 18.0% 和 4.7%，双边贸易总额分别由 2000 年的 15.57 亿美元和 1.78 亿美元增长至 2022 年的 311.74 亿美元和 155.03 亿美元。位列第四和第五的分别是白俄罗斯和亚美尼亚，2000～2022 年与中国的双边贸易总额分别占中国与欧亚经济联盟贸易总额的 1.5% 和 0.3%，双边贸易总额分别由 2000 年的 1.14 亿美元和 0.05 亿美元增长至 2022 年的 50.80 亿美元和 14.22 亿美元。

可以认为，中国与欧亚经济联盟的贸易增长在较大程度上取决于中国与俄罗斯的双边贸易的增长。

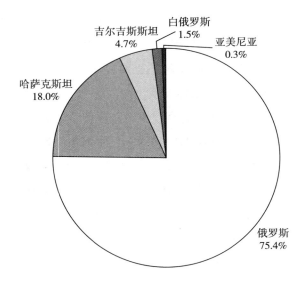

图2　2000~2022年中国与欧亚经济联盟各成员国双边贸易总额比重分布

资料来源：2000~2021年贸易数据来自UN COMTRADE数据库；2022年贸易数据来自中国海关总署。

（二）贸易结构情况

商品生产全球化的时代，专业化分工促进了贸易需求的增长，通过贸易来弥补经济结构的不同是设立自由贸易区的动因之一。中国与欧亚经济联盟国家的进出口贸易结构差异相对较大，互补性强，以产业间贸易为主，中国主要从联盟成员国进口初级产品，出口工业化加工产品，且中国进口的贸易产品集中度高，进口产品集中度一般高于出口产品集中度。

以2022年中国对欧亚经济联盟各成员国的双边贸易商品种类比重为例，中国从俄罗斯进口的产品集中度比较高，矿物燃料及其衍生产品占进口总额的74.80%，其次是木及木制品和木炭，占进口总额的3.15%，鱼和甲壳动物、矿砂等矿产、铜及其制品三类产品合计占中国对俄罗斯进口总额的8.18%；而在中国对俄罗斯出口方面，机器和机械器具及零件占比最大，占出口总额的22.18%，其次是电气设备及其零件，占比为17.51%，车辆及其零件占比为8.27%，鞋子、毛皮等日用品合计占出口总额的4.30%。可以看出，俄罗斯向中国出口的产品中，能源类产品占比超过八成，符合俄罗斯作为能源出口大国的外贸定位。

中国从哈萨克斯坦进口的产品种类集中在能源和金属矿产方面，其中矿物燃料及其衍生产品占进口总额的39.44%，矿砂等矿产占比为26.31%，铜及其制品占比为16.11%，钢铁、贵金属占比分别为6.80%和5.79%；中国对哈萨克斯坦的出口产品种类中，服装及服饰占比最大，为20.62%，排第二和第三的分别是机器和机械器具及零件、电气设备及其零件，占比分别为14.09%和12.15%，鞋子类出口占比为6.65%。可以看出，中国对哈萨克斯坦的出口产品主要是服装鞋子和工业设备两大类。

中国从吉尔吉斯斯坦进口的产品较为集中，主要集中在矿砂等矿产，该类产品占进口总额的56.54%，矿物燃料类产品占比为5.05%，羊皮、生皮等产品合计占比为5.22%；中国对吉尔吉斯斯坦出口的产品同样较为集中，服装及服饰占比达到45.61%，鞋子类占比为12.38%，电气设备及其零件占比为5.86%。可以看出，中国对吉尔吉斯斯坦的出口产品中服装鞋子等日用品占出口总额的一半以上。

中国从白俄罗斯进口产品种类较其他成员国有较大差别，占进口比重最大的产品是肥料，占比为51.44%，其次是肉类，占比为22.88%，乳蛋蜂蜜等动物食用产品占比为7.69%，木及木制品和木炭合计占比为9.44%；中国对白俄罗斯出口的产品中，工业设备类占比较大，其中，电气设备及其零件占比为19.93%，机器和机械器具及零件占比为18.59%，车辆及其零件占比为14.87%，有机化学品和鞋子占比分别为3.45%和1.24%。

中国从亚美尼亚进口的产品非常集中，进口总额的94.16%为矿砂等矿产，另有4.37%为服装，以上两类合计占中国从亚美尼亚进口总额的98.53%；在中国对亚美尼亚出口方面，电气设备及其零件占比为21.97%，机器和机械器具及零件占比为26.90%，车辆及其零件占比为11.57%，精密仪器及设备出口占比为2.94%，钢铁制品出口占比为1.50%。可以看出，中国对亚美尼亚的出口结构与对白俄罗斯的出口结构比较相似。

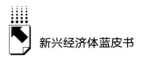

总的来看，中国从欧亚经济联盟成员国的进口产品以矿物燃料和矿砂等矿产为主，大部分为自然资源、化石能源等初级产品，中国对成员国的出口则以电气设备、机械设备和车辆等工业化产品为主，且大部分产品为经过深加工的产品，因而中国与欧亚经济联盟成员国间的贸易结构差异大，具有较强的互补性，贸易潜力巨大。

（三）贸易关系情况

贸易长期不平衡容易引发贸易矛盾，降低贸易需求，影响经济体之间贸易自由化的推进和自由贸易区落地。

如图3所示，从贸易的顺差和逆差来看，2006年之后的十五年内，欧亚经济联盟成员国对中国的贸易长期处于逆差状态，2006年的贸易逆差额为12.33亿美元，到了2016年欧亚经济联盟与中国的贸易逆差已经达到145.86亿美元。但自2017年以来，欧亚经济联盟对中国的贸易逆差不断缩小，2017年贸易逆差下降到55.15亿美元，缩小了62.19%；从2021年开始，欧亚经济联盟对中国的贸易额由逆差转变为顺差，2022年一跃实现201.4亿美元的贸易顺差。分国家来看，2000~2022年，中国对俄罗斯的贸易逆差累计额为557.07亿美元，年均贸易逆差为25.09亿美元，中国对哈萨克斯坦和吉尔吉斯斯坦的贸易顺差累计额分别为168.14亿美元和9.77亿美元，中国对白俄罗斯和亚美尼亚的贸易顺差累计额分别为861.06亿美元和146.64亿美元。2018~2022年，中国对俄罗斯和亚美尼亚的贸易处于逆差，对哈萨克斯坦、吉尔吉斯斯坦和白俄罗斯的贸易则处于顺差。在贸易逆差方面，对俄罗斯的贸易逆差从2018年的111.76亿美元增长至2022年的380.26亿美元，对亚美尼亚的贸易逆差从2018年的0.89亿美元增长至2022年的4.61亿美元；在贸易顺差方面，对哈萨克斯坦的贸易顺差从2018年的32.59亿美元下降至2022年的15.36亿美元，对吉尔吉斯斯坦的贸易顺差从2018年的55.02亿美元增长至2022年的153.40亿美元，对白俄罗斯的贸易顺差从2018年的5.71亿美元增长至2022年的14.71亿美元；从2018年至2022年的贸易顺逆差的变化来看，中国与欧亚经济联盟成员国持续增长的贸易额中，进口额的总体增长大于出口额的整体增长。

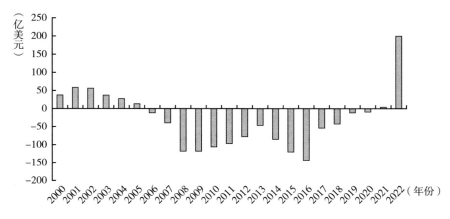

图 3 2000~2022 年欧亚经济联盟对中国的贸易差额

资料来源：2000~2021 年贸易数据来自 UN COMTRADE 数据库；2022 年贸易数据来自中国海关总署。

从贸易的相对关系来看，欧亚经济联盟对中国而言属于贸易规模相对较小的贸易对象，2022 年中国对外贸易总额为 6.20 万亿美元，欧亚经济联盟五国与中国的贸易总额为 2434.51 亿美元，仅约占中国对外贸易总额的 3.93%，中国对欧亚经济联盟成员国的出口贸易总额约占中国出口总额的 3.11%，从联盟成员国进口贸易总额约占中国进口总额的 4.85%。2022 年，中国与欧亚经济联盟成员国的贸易中最大的贸易对象是俄罗斯，中国从俄罗斯的进口贸易总额约占中国进口总额的 4.20%，对俄罗斯的出口贸易总额约占中国出口总额的 2.12%。

对于欧亚经济联盟成员国而言，中国是联盟的第一大贸易国，是非常重要的贸易伙伴，与中国的贸易额在成员国的贸易总额中占较大的比重。2007 年中国同时成为欧亚经济联盟的第一大出口国和进口国，2022 年，联盟成员国与中国的贸易总额占联盟贸易总额的 24.46%，将近 1/4，其中从中国的进口额约占联盟进口总额的 32.05%，对中国的出口额约占联盟出口总额

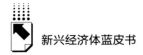

的 20.37%。从联盟成员国的分布来看,中国是俄罗斯的第一大贸易伙伴国、第一大出口市场和第一大进口来源地,2022 年,俄罗斯与中国的贸易额占俄罗斯贸易总额的 24.64%,俄罗斯自中国进口的贸易总额约占俄罗斯进口总额的 31.67%,俄罗斯向中国出口的贸易总额约占俄罗斯出口总额的 21.46%;中国是哈萨克斯坦第一大贸易伙伴国,2022 年,哈萨克斯坦与中国的贸易额占哈萨克斯坦贸易总额的 23.19%,哈萨克斯坦自中国进口的贸易总额约占哈萨克斯坦进口总额的 32.68%,哈萨克斯坦向中国出口的贸易总额约占哈萨克斯坦出口总额的 17.56%;2022 年,吉尔吉斯斯坦与中国的贸易额占吉尔吉斯斯坦贸易总额的 34.96%,吉尔吉斯斯坦自中国进口的贸易总额约占吉尔吉斯斯坦进口总额的 42.26%,吉尔吉斯斯坦向中国出口的贸易总额约占吉尔吉斯斯坦出口总额的 2.78%;2022 年,白俄罗斯与中国的贸易额占白俄罗斯贸易总额的 8.06%,白俄罗斯自中国进口的贸易总额约占白俄罗斯进口总额的 8.25%,白俄罗斯向中国出口的贸易总额约占白俄罗斯出口总额的 7.74%;2022 年,亚美尼亚与中国的贸易额占亚美尼亚贸易总额的 10.20%,亚美尼亚自中国进口的贸易总额约占亚美尼亚进口总额的 5.57%,亚美尼亚向中国出口的贸易总额约占亚美尼亚出口总额的 17.73%。①

总的来看,中国对欧亚经济联盟成员国的贸易逆差随着总贸易规模的增大而持续扩大,并且成员国对中国的贸易依赖程度随着与中国的贸易额占其本国贸易总额的比重的增加而提高,这对于提高欧亚经济联盟成员国与中国贸易的积极性是有利的,缓解了因贸易逆差导致的逆差国贸易保护主义抬头问题,巩固了双边贸易结构,同时也证明了中国与欧亚经济联盟继续扩大贸易规模并开设自由贸易区是利大于弊的,是互利共赢的。

(四)直接投资情况

在中国与欧亚经济联盟双边贸易总额日益增加的同时,中国对联盟成员

---

① 俄罗斯和白俄罗斯对外贸易数据来源于世界银行数据库,其他成员国对外贸易数据来源于 UN COMTRADE。

国的直接投资总额也呈总体增长趋势。2005～2021 年，中国对欧亚经济联盟国家累计直接投资总额达 2191.34 亿美元，2021 年对联盟成员国的直接投资总额为 203.36 亿美元，而中国同期的对外直接投资总额为 1788.20 亿美元，对欧亚经济联盟国家直接投资总额的占比为 11.37%。

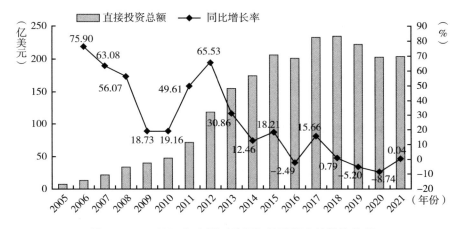

图 4 2005～2021 年中国对欧亚经济联盟直接投资总额

资料来源：直接投资数据均来自历年《中国对外直接投资统计公报》。

按直接投资的各东道国分布来看，2005～2021 年，中国对俄罗斯直接投资累计总额为 1251.89 亿美元，占中国同期对欧亚经济联盟累计直接投资总额的 57.13%，对哈萨克斯坦和吉尔吉斯斯坦的累计直接投资总额分别为 752.89 亿美元和 140.41 亿美元，对亚美尼亚和白俄罗斯的累计直接投资总额分别为 1.72 亿美元和 44.43 亿美元。其中，2021 年，中国对俄罗斯的直接投资额为 106.44 亿美元，占中国同期对欧亚经济联盟直接投资总额的 52.34%。按直接投资的增长趋势来看，2005～2013 年中国对欧亚经济联盟的直接投资额增长迅速，平均增长率为 47.37%，而后投资增长速度开始放缓，2016 年、2019 年和 2020 年甚至出现负增长（见图 4），同期中国对俄罗斯的直接投资增长出现同样的趋势，2005～2013 年平均增长率为 43.53%，2016 年、2019 年和 2020 年三年同样出现负增长。

从中国对欧亚经济联盟各成员国的直接投资情况来看，超过一半的直接投资流向了俄罗斯，因此中国对俄罗斯的直接投资增长情况较大程度地影响了中国对欧亚经济联盟的直接投资增长情况。2014年之后中国对俄罗斯的直接投资增长速度下降的原因可能是在2014年乌克兰事件后，欧美开始对俄罗斯采取多轮经济制裁，使得俄罗斯的投资环境恶化。投资者在对外进行跨境投资时，通常会考虑到东道国的投资气候与投资条件，特别是东道国的政治环境和经济形势，而自俄乌冲突爆发以来，俄罗斯被北约各国限制能源出口、国际结算受限、在欧美各国资产被冻结等，导致中国对俄罗斯的直接投资缩水，中国对欧亚经济联盟的直接投资总额也趋于下降。

二　中国与欧亚经济联盟共建自贸区的重大意义

近十几年来，中国与欧亚经济联盟成员国的双边贸易额日益增长，中国与联盟成员国的直接投资也呈总体增长趋势，中国与欧亚经济联盟共建自贸区、继续扩大中国与成员国之间的经济贸易合作，对参与方的许多方面具有非常重要的意义。

首先，共建自贸区可以提高欧亚经济联盟地区国家对"一带一路"倡议的信心和支持，助力中国"一带一路"倡议的推进。欧亚经济联盟成员国地处欧亚大陆交汇处，是"一带一路"倡议的关键区域，自从中国提出"一带一路"倡议后，得到欧亚地区乃至世界上许多国家和组织的积极支持和响应，截至2023年1月6日，中国已经同151个国家和32个国际组织签署200余份共建"一带一路"合作文件。[①] 2020年新冠疫情全球大流行也没能阻止"一带一路"倡议在沿线地区的稳步推进，中国与"一带一路"共建各方之间贸易关系的强大韧性由此可见。"一带一路"倡议的目标是要建立一个包括欧亚经济联盟各国在内的利益、命运和责任共同体，本着这种互利共赢的原则，中国与"一带一路"沿线国家的经贸合作取得了丰硕的成

---

① 《已同中国签订共建"一带一路"合作文件的国家一览》，中国一带一路网，https：// www.yidaiyilu.gov.cn/xwzx/roll/77298.htm，最后访问日期：2023年6月26日。

果，但也存在一些问题。一是"一带一路"倡议的推进面临较大的外部压力，近年来美国对"一带一路"倡议的回应主要集中在舆论上的批评抹黑和行动上的竞争替代，2021年6月，美国在七国集团峰会上强调，美国与盟友应加大联合应对中国的力度，强化规则竞争叙事，并通过其和盟友在中东地区的影响力抹黑"一带一路"倡议的形象，企图动摇地区国家对倡议的信心；二是区域的多边合作不够深入，中国与"一带一路"沿线国家的合作形式主要为双边合作，缺乏多方参与的合作形式，如签署多方经贸协定、多国共建自由贸易区等；三是"一带一路"沿线的中亚地区政治局势复杂多变，由于历史等各种原因，中亚地区小国内部冲突不断，大国博弈频繁，欧亚经济联盟的重要成员国哈萨克斯坦、吉尔吉斯斯坦、亚美尼亚均在该地区，联盟主要国家俄罗斯在该地区也存在利益纠纷，复杂的局势容易引发猜忌和矛盾，给"一带一路"的经贸合作带来不利因素。因而，共同建立中国与欧亚经济联盟的自由贸易区，共同创造宽松、便利、高效的政策环境，让商品、劳务、资本和人员自由流动，可以成为区域经济合作持续走向深层化和一体化的信号和示范，使"一带一路"倡议的政治互信、经济融合、文化包容走向实处，提高地区国家对"一带一路"倡议的信心、推动各国参与以"一带一路"倡议为主的多边合作、搁置矛盾和纠纷、在经贸领域开展区域一体化的互利共赢。

其次，共建自由贸易区可以提高贸易便利度，推动区域经济一体化，从而促进中国和欧亚经济联盟成员国的资源实现优化配置。中国和欧亚经济联盟都是重要的经济体，中国和五个联盟成员国都是发展阶段相近的发展中国家，但贸易结构差异较大，互补性较强，同时，因为欧亚经济联盟成员国之间贸易规模较小、贸易结构类似，导致其很难对国内的产业结构进行较大的调整，通过与中国的互补性贸易，发挥各国禀赋优势，才能实现经济和贸易的可持续发展，若能进一步实现共建自由贸易区，则可以转变双边经贸合作为多边经贸合作，更高效地实现优势互补。欧亚经济联盟成员国的制造业相对落后，俄罗斯轻工业相对落后，联盟国家能够生产和出口的产品种类有限，局限在矿产能源等初级产品方面，而中国自改革开放以来，通过承接发达国家产业并不断迭代升级，实现工业体系的不断完善，同时中国的贸易伙伴以东盟、欧盟和美国为主，为满足这些差异化的市场需求，中国生产和出口的产品基本实现了工业化和多样化。中国自欧亚经济联盟成员国的进口以矿物燃料和矿砂等矿产为主，2022年，除白俄罗斯外，中国自欧亚经济联盟成员国进口的产品中，自然资源、化石能源等初级产品占比均超过五成，而俄罗斯等国家由于国内自然资源丰富、经济体量与中国相差较大和产业结构单一等，在与中国的贸易中偏好进口电气设备、机械设备和车辆等工业化程度高的深加工产品和衣服鞋子等轻工业产品。中国和欧亚经济联盟成员国互补的贸易结构，不断催生出更多的贸易需求：两大经济体的双边贸易总额增加迅速，2019~2022年三年间双边贸易总额增长了71.02个百分点，同期中国对外贸易总额仅增长了52.02个百分点，中国与欧亚经济联盟的双边贸易总额增长速度明显高于中国对外贸易总额的增长速度。因此，中国与欧亚经济联盟双方秉持互利共赢的理念，共建自由贸易区，降低关税壁垒，提高贸易便利度，推动区域经济一体化，同时加强多边经贸合作，促进中国和欧亚经济联盟各国的资源实现优化配置，提升经济发展效益，促进各自经济的可持续发展，为后疫情时代全球经济复苏贡献力量。

最后，共建自由贸易区可以提高地区国家的经贸合作和对外开放程度，为各国参与推动全球化增添信心。近年来，贸易保护主义抬头和逆全球化趋势加剧，阻碍了资本、劳务、技术等要素在全球范围内的自由流动，不利于全球资源的优化配置和生产效率的提升，一定程度上抑制了全球贸易和经济的可持续发展。标志性事件是2018年以美国为首的西方发达国家挑起的对中国的贸易摩擦，通过逆全球化措施来限制中国商品进入其市场，在生产全球化的大背景下，大部分国家的经济和贸易都受到一定影响，一些国家国内的反对全球化浪潮开始反复，对贸易自由化和经济全球化的信心被严重打击，2020年新冠疫情全球大流行更进一步冲击了全球经济，国际贸易规模明显下滑。而欧亚经济联盟主导国俄罗斯更是长期处在西方国家的经济制裁当中，俄乌冲突爆发后，美国通过限制俄罗斯能源出口、切断俄罗斯美元贸易等方式限制俄罗斯经济发展，甚至限制欧洲国家对俄罗斯的天然气进口，直接导致欧洲国家能源价格上涨，后疫情时代经济复苏受阻，面临较大的经济下行压力，同时也打击了欧洲国家的贸易积极性。面对这种百年未有之大变局，中国与欧亚经济联盟，如果能通过共同建设自由贸易区，进一步加强经贸合作，共同创造经济增长点，将可以为各国参与全球化增添信心，同时也可以遏制贸易保护主义的抬头。

三　中国与欧亚经济联盟共建自由贸易区的现实基础

（一）政策支持基础

要建立宽松、便利、高效的自由贸易区，让商品、劳务、资本和人员自由流动，消除或减少各种贸易壁垒，提高贸易便利度，就必须有足够的政策支持。

中国方面，积极推进自由贸易区战略和继续提高经济的对外开放水平，是中国新一轮对外开放的重要议程。自党的十七大把自由贸易区建设上升为国家战略以来，中国一直在加快该战略的实施。党的十八大进一步提出加快实施自由贸易区战略。而党的十九大再次强调投资自由化、便利化政策的实施，着手探索建设自由贸易港，赋予自由贸易试验区更大改革自主权，为自由贸易区建设提供政策支持。党的二十大要求实行更加积极主动的开放战略，构建面向全球的高标准自由贸易区网络，加快推进自由贸易试验区、自由贸易港建设，形成更大范围、更宽领域、更深层次对外开放格局。此外，《国务院关于加快实施自由贸易区战略的若干意见》明确提出，加快自由贸易区建设的目标和要求。根据该文件，中国致力于与所有毗邻国家和地区建立自由贸易区，并积极推进同"一带一路"沿线国家建立自由贸易区，同时逐步形成全球自由贸易区网络，这一文件的出台传递了中国政府在促进贸易自由化、推动区域经济合作方面的决心的信号。另外，"一带一路"的定位是中国国家级顶层合作倡议，中国希望与沿线国家展开广泛深入和可持续的经贸合作，形成通往欧洲的经贸合作长廊，而欧亚经济联盟是亚欧大陆上

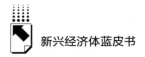

重要的经济组织，也是中国对外贸易的主要经济体之一，其成员国在地理位置上多处于"一带一路"倡议的关键区域，且均是"一带一路"的沿线国家，一向是中国重要的贸易伙伴，建立自由贸易区，加强与欧亚经济联盟的经济贸易联系是顺应政府政策支持方向的。

　　欧亚经济联盟方面，联盟内部早已建立联合研究小组以讨论联盟与其他国家自贸区建设问题，建立自由贸易区已成为联盟与其他经济体加强经贸合作的主要选择方式之一。从联盟与其他经济体已签订的自贸区协定来看，其不仅包含传统的消除关税壁垒的内容，还包括通过合作消除非关税壁垒，促进贸易便利化，推进基础设施建设，并积极开展服务贸易和投资合作领域的业务，以及签订国家采购、保护知识产权等协议。作为全球最大的贸易国，中国是欧亚经济联盟锁定的重要经贸合作伙伴。2015 年，在《中华人民共和国商务部和欧亚经济委员会关于启动中国与欧亚经济联盟经贸合作伙伴协定的联合声明》签署时，欧亚经济委员会贸易委员与中国商务部部长一致表示，中国作为全球最主要且具有良好发展潜力的经济体，与欧亚经济一体化联系密切，双方致力于促进地区贸易的便利化，并共同推动多方面的合作和交流，为未来双方共建自贸区奠定坚实基础。① 在 2016 年的"欧亚经济前景"国际论坛上，俄罗斯杜马主席表示，与中国和其他亚洲国家建立自贸区并确保欧亚经济联盟发展与"一带一路"建设相互配合和相互对接是当今联盟发展的重要方向。② 中国商务部与欧亚经济委员会执委会主席及欧亚经济联盟各成员国代表于 2018 年 5 月 17 日在哈萨克斯坦首都共同签署了《中华人民共和国与欧亚经济联盟经贸合作协定》。这项协定涵盖了 13 个章节，包括海关合作和贸易便利化、部门合作等内容。该协定的签订通过加强合作、信息交换和经验分享等方式进一步简化了通关手续、降低货物贸易成本，并减少非关税贸易壁垒，促进双方经济合作的发展，为双边经贸合作提

　　① 《商务部部长：中国与欧亚经济联盟最终将建立自贸区》，中国政府网，http：//www. gov. cn/xinwen/2015-05/10/content_ 2859756. htm，最后访问日期：2023 年 6 月 26 日。
　　② 《俄杜马主席：有必要建立欧亚经济联盟—中国自贸区》，中国自由贸易区服务网，http：//fta. mofcom. gov. cn/article /fzdongtai/201604/31299_ 1. html，最后访问日期：2023 年 6 月 26 日。

供制度性保障。① 该协定有效提升了中国和欧亚经济联盟之间的经贸合作水平，促进双方贸易自由化程度的提高，为最终建立自由贸易区奠定基础。由此可以看出，欧亚经济联盟同样具有对外开放的相关政策支持，具有与中国建立自由贸易区的计划，追求加强与中国的经贸合作。

（二）经济与贸易基础

中国与欧亚经济联盟国家的经济和贸易结构差异相对较大，互补性强，通过贸易来弥补经济结构的不同是设立自由贸易区的动因之一，建立自由贸易区能使参与方的经济利益都实现增长，而在建立自由贸易区之前，中国与欧亚经济联盟的贸易基础已经相当扎实。中国的电气设备、机械设备和轻工产品（鞋类和服装）等产业发展已较为成熟，生产和出口的产品基本实现了工业化和多样化。欧亚经济联盟能够生产和出口的产品种类有限，局限在矿产能源等初级产品方面，出口产品以能源、矿产等原材料为主。通过与中国的互补性贸易，发挥各国禀赋优势，能实现经济和贸易的可持续发展，进一步实现共建自由贸易区，可以转变双边经贸合作为多边经贸合作，更加有利于高效地实现贸易参与方的优势互补。从贸易总量看，作为世界第一大贸易国，中国与欧亚经济联盟的双边贸易总量相对不大，但增速很快，贸易增长潜力很大，具体来看，2000~2022 年俄罗斯与中国的双边贸易总额占中国与欧亚经济联盟贸易总额的 3/4 以上，双边贸易总额最高；在其他成员国中，位列第二和第三的分别是与中国新疆接壤的哈萨克斯坦和吉尔吉斯斯坦；位列第四和第五的分别是白俄罗斯和亚美尼亚。但对于欧亚经济联盟成员国而言，中国是联盟的第一大贸易国，与中国的贸易额在成员国的贸易总额中占比较大，2022 年联盟成员国与中国的贸易总额约占联盟成员国贸易总额的 1/4。

中国与欧亚经济联盟国家经贸基础的增强不仅在于贸易额的增长，2005~

---

① 《中国与欧亚经济联盟签署经贸合作协定》，新华网，http://www.xinhuanet.com/politics/2018-05/17/c_1122849884.htm? Baike，最后访问日期：2023 年 6 月 26 日。

2021 年，中国对欧亚经济联盟国家累计直接投资总额达 2191.34 亿美元，2021年对联盟成员国的直接投资总额为 203.36 亿美元，而中国同期的对外直接投资总额为 1788.20 亿美元，占比为 11.37%。[①] 2022 年 3 月，俄罗斯主导的欧亚经济联盟宣布，考虑到全球经济放缓和针对欧亚经济联盟国家及中国采取的限制性措施而带来的共同挑战和风险，将与中国共同构建一个独立的国际货币金融体系[②]，双方在经济安全领域的合作愈加密切，优化了中国对联盟国家的投资环境，提高了民间的投资意愿。总的来看，欧亚经济联盟对中国的贸易依赖程度较高，相互经济交流频繁，深入开展经贸合作的基础良好。

四 中国与欧亚经济联盟共建自贸区的对策建议

（一）加强政治互信

政治互信是推动中国与欧亚经济联盟之间加强经贸合作并最终建成自由贸易区的前提，坚持与各成员国平等对话，处理好政治和外交关系，尽量降低由领土争端、地缘政治等产生的不利因素的影响，强化战略合作伙伴关系，求同存异，放下猜忌和矛盾，秉持合作共赢原则将各方关注点集中到经贸合作上；同时双方应加强战略沟通，将各自的国际发展战略向对双方有利的方面倾斜，推进中国与联盟各国经贸合作的全面深化、互利共赢，各自对在共建自贸区和深入经贸合作对接中出现的矛盾和纠纷做出适度的让步，最大限度地寻找双方合作的利益契合点，为共建自由贸易区创造良好的政治和外交环境。

（二）借鉴联盟建设自贸区经验

欧亚经济联盟在对外共建自由贸易区方面已经有不少先例，联盟与伊朗、

---

① 《2021 年度中国对外直接投资统计公报》。"走出去"公共服务平台。
② 《欧亚经济联盟和中国将制定独立的国际货币金融体系方案》，中国—欧亚经济联盟国家海关合作信息网，http://www.customs.gov.cn/harbin_customs/zw18/xwdt87/zoyhgdt/4245495/index.html，最后访问日期：2023 年 7 月 20 日。

塞尔维亚、越南、新加坡等国家已签署共建自由贸易区协议，面对欧美的经济制裁，欧亚经济联盟希望通过对外自贸区建设，积极寻求外部伙伴，通过签订自由贸易协定的方式加强经贸合作是联盟与外部建立合作的主要形式之一，但从联盟已经签署的自由贸易协定的内容来看，多选择与一些规模不大的经济主体签订自由贸易协定，自由化总体水平也比较低，对于像中国这样的大国，联盟对外合作仍有诸多疑虑，比如，俄中双方在人口数量、经济规模、贸易结构及产业结构方面的差异较大，而联盟其他四个成员国与中国的经济关系过于紧密，这类状况可能会引起俄罗斯的顾虑。因此，双方要充分借鉴欧亚经济联盟现有自贸区合作的经验，例如双方共同成立研究促进共建自由贸易区"联合研究小组"，这种机制化安排为对接合作提供了先导示范，为今后可能的自贸协定谈判提供了机制保障；又或者两者之间建立起"5+1""1+1"等多层次的对话机制，通过不断地沟通和磋商，化解猜忌和矛盾，促进经贸合作的多层次交流，最终形成长久有效的沟通机制；同时，双方还将持续协商，对现有的双边经贸协定进行更新，并逐步推进降低和消除关税壁垒的谈判，还可以加快推动服务贸易领域的开放，并着力推进中国与欧亚经济联盟签署共建自由贸易区协定的谈判进程。通过这些努力，双方将进一步加强经贸合作，促进贸易自由化，为双边经贸合作提供更加便利和有利的制度性保障。

（三）落实经贸合作协定

《中华人民共和国与欧亚经济联盟经贸合作协定》的达成通过加强合作、信息交换、经验交流等多种方式，深化了合作关系，进一步优化了贸易环境，通关手续的简化、货物贸易成本的降低，以及非关税贸易壁垒的减少，共同提升了贸易便利化水平，为双边经贸合作奠定了制度性基础。中国应以此为基础，积极推进该协定的有效落实，并在此基础上加快自由贸易区谈判进程，进一步促进双方经贸合作的深入发展，通过削减关税和非关税贸易壁垒等举措，强化彼此的贸易联系，拓展经贸合作的广度和深度，并向最终共建自由贸易区的目标迈进。中国与欧亚经济联盟国家已经清晰地认识到，双方在经贸上的结构性差异使得建立自由贸易区是互利共赢的，因而进一步落实经贸协定，甚至将经贸合作协定升级为共建自由贸易区的协定，可以扩展双方共赢面，为中国和联盟各国带来更多切实的利益。

（四）推进"一带一路"对接合作

自从中国提出"一带一路"倡议后，得到欧亚地区和世界上许多其他国家或组织的积极支持和响应，截至 2022 年 12 月 6 日，中国已与 150 个国家、32 个国际组织围绕"一带一路"建立不同程度的合作关系。[①] 因此，在"一带一路"建设成果的基础上，中国可以利用在沿线地区经贸合作的良好口碑，创新沟通协商机制，牵头开展地区各国和欧亚经济联盟成员国的多方面合作交流，进而加强中国与联盟各国的政治互信，推动"一带一路"与建设自由贸易区的对接合作。具体而言，可以从推进"一带一路"与"一带一盟"的合作对接工作开始，将中国与俄罗斯、哈萨克斯坦、吉尔吉斯斯坦等联盟国家的合作和中国与沿线国家的多元化经贸合作对接。比如在俄罗斯对欧洲能源合作出现危机的情况下，促进俄罗斯与"一带一路"其他国家的能源合作；在与哈萨克斯坦、吉尔吉斯斯坦等国家在农业、科技、制造业等其他非资源领域的合作的同时，也要促进联盟国家与"一带一路"非联盟国家进行多方经贸合作。"一带一路"与"一带一盟"的合作对接可以有效促进包括联盟国家在内的"一带一路"沿线国家的经济结构改善，塑造发展创新、增长联动、利益融合的经济利益共同体，力求促使沿线国家的国民收入得到提高，消费需求普遍增长。同时，中方应继续普及"一带一路"倡议是建立一个政治互信、经济融合、文化包容的利益共同体、命运共同体和责任共同体的目标的理念，坚持经济对外开放，呼吁各方参与维护和发展开放型的世界经济，共同构建一个互惠互利的利益共同体、命运共同体和责任共同体，打造平等互惠的新全球价值链，使中国与欧亚经济联盟一同在该框架下共同受益。

---

① 国家发展改革委：《中国政府与巴勒斯坦政府签署共建"一带一路"谅解备忘录》，国家发展改革委官网，https：//mp. weixin. qq. com/s/N2tRqQ5RrYtCMlWX5_ ju2g，最后访问日期：2023 年 7 月 14 日。

（五）加强基础设施建设

运输成本和交流成本是阻碍国际经贸合作深化的一个重要因素，完善的基础设施，比如交通基础设施和通信基础设施，可以有效降低经贸合作中的运输交流成本。相对欧亚经济联盟成员国，中国显然更加具有基础设施建设能力，通过"一带一路"沿线国家基础设施建设的积累，中国在对外基础建设方面的技术、经验、沟通、融资等十分成熟，相对于欧亚经济联盟其他国家而言，中方应在自由贸易区和各国沿线基础设施建设上发挥更加主动的作用和做出更大的贡献。而推进基础设施建设，首先，可以推进道路联通建设，开展轨道交通、公路、铁路等交通基础设施领域合作，比如在中欧铁路沿线，打造与欧亚经济联盟国家公路、铁路网，并入联盟各国交通网络，扩大人员、货物、商品快递等的运输规模；其次，可以继续推进能源运输管道的建设，中国自欧亚经济联盟成员国进口的产品中，自然资源、化石能源等初级产品占比均超过五成，由于天然气石油的特殊性，在运输过程中产生的成本较大，因此通过能源运输管道的建设可提高能源贸易的便利性，减少贸易成本，这也对提高中国与欧亚经济联盟之间的政治互信和加深经贸合作具有重要意义；最后，还可以提高对欧亚经济联盟国家房地产、建材、建筑等行业的直接投资水平或加强行业的配套基础设施建设，因为欧亚经济联盟国家受欧美制裁，外资投资风险大、限制多，外来投资不足，而中国可以充分发挥资本、价格、技术优势，带动各国产业发展、城市化程度提高、经济结构改善，增加欧亚经济联盟整体的国民收入，进而提升联盟对中国的贸易需求，追求共建自由贸易区。

参考文献

［1］ 高志刚、王彦芳、刘伟：《丝绸之路经济带背景下中国-欧亚经济联盟自贸区建设研究》，《国际贸易问题》2017 年第 5 期。

［2］郭连成、左云：《中国与欧亚经济联盟国家的贸易效率及潜力研究——基于随机前沿引力模型的分析》，《经济问题探索》2021 年第 3 期。

［3］刘立新：《"一带一路"背景下中国与欧亚经济联盟深化经贸合作的障碍与策略》，《对外经贸实务》2020 年第 3 期。

［4］王树春、张娜：《中国与欧亚经济联盟建立自贸区的前景分析》，《欧亚经济》2019 年第 6 期。

［5］王效云：《中国与欧亚经济联盟贸易便利化水平评价及贸易潜力研究》，《欧亚经济》2022 年第 6 期。

［6］王彦芳、陈淑梅：《丝绸之路经济带与欧亚经济联盟对接模式研究》，《亚太经济》2017 年第 2 期。

［7］闫亚娟、陈志恒：《欧亚经济联盟对外自贸区建设的进展与方向》，《俄罗斯东欧中亚研究》2021 年第 2 期。

［8］尤立杰：《"一带一路"倡议下中国与欧亚经济联盟贸易特点分析》，《中国物价》2018 年第 11 期。

［9］张继荣：《欧亚经济联盟对外自由贸易区建设的实践与启示——中国与欧亚经济联盟自贸区建设的可能路径》，《中国流通经济》2019 年第 11 期。

［10］左云：《中国与欧亚经济联盟贸易关系研究——基于贸易竞争性、互补性及贸易联系紧密度》，《东北财经大学学报》2021 年第 6 期。

B.9
中印自贸区建设：机遇、困境与出路

李　涛　张秋容*

摘　要： 在全球经济复苏乏力、通胀压力加剧、主要经济体货币政策变化外溢风险上升之际，中国和印度作为亚洲两个最大的发展中国家，要推动中印自贸区早日建成，并成为两国应对纷繁复杂的国际贸易纷争、提升国际贸易竞争力的重要途径。本报告主要采取定性分析和文献分析相结合方法，探讨了中印自贸区建设面临的新机遇和重大挑战，展望了中印自贸区建设的前景。研究结果表明，贸易保护主义抬头、政治关系起伏不定、贸易持续失衡是中印自贸区建设面临的三大挑战。中印自贸区要早日建成，要秉持贸易自由化理念、推动中印关系行稳致远、转变发展方式和改善贸易结构、妥善应对印度"去中国化"政策。

关键词： 中印关系　自贸区建设　贸易自由化

2008年金融危机后，全球经济增长乏力，部分国家为保护本国经济发展，实行贸易保护主义，逆全球化思潮泛滥。随着中美经济实力的变化和全球经济格局的改变，国际经济秩序加速变革。当前，全球面临地缘冲突加剧风险，全球经济复苏缓慢，且单边主义、贸易保护主义抬头。越来越多的国家为规避全球贸易保护主义风险、促进自身贸易发展，纷纷选择与他国缔结

---

* 李涛，博士，教授，四川大学南亚研究所，研究领域为国际关系、南亚社会宗教；张秋容，博士，助理研究员，四川师范大学全球治理与区域国别研究院，研究领域为全球治理、区域国别治理。

双边自由贸易协定或加入区域贸易自由协定安排。商建中印自贸区，不仅可以降低影响中印贸易发展的关税和非关税壁垒，简化进出口手续，还可拓展两国市场空间、扩大市场规模，释放贸易潜能，发挥各自比较优势，优化资源配置，提高经贸合作贸易集聚和效能。

一 商建中印自贸区的机遇

印度作为中国最重要的邻国之一，稳定、健康、快速发展的中印双边贸易关系对塑造全球经济格局具有至关重要的作用。中印自贸区一旦达成，对推动中印双边经济关系乃至南亚地区贸易一体化都有着积极的促进作用。[1]双边贸易协定相较于区域贸易协定更容易达成，且具有灵活性高、谈判时间短等优点，能够有效实现要素的跨境流动，逐渐成为驱动经济全球化的引擎。随着自贸区提升战略稳定推进、区域贸易自由化进程加速以及中印经贸关系稳步发展，中印自贸区建设迎来了重大机遇。

（一）区域贸易自由化进程加速

自20世纪90年代以来，区域贸易自由化进程加速推进。截至2022年3月初，向WTO通报的区域贸易协定（RTAs）有793个，其中生效的RTAs为353个。[2]日本、加拿大、澳大利亚、智利、新西兰、新加坡、文莱、马来西亚、越南、墨西哥和秘鲁11国于2018年3月正式签署《全面与进步跨太平洋伙伴关系协定》（CPTPP）。2020年11月，东盟10国和中国、日本、韩国、澳大利亚、新西兰共15个亚太国家正式签署《区域全面经济伙伴关系协定》（RCEP），随后全部成员完成生效手续，相互实施关税减让，标志

---

[1] 陈淑梅、张思杨：《RCEP时代的中印自贸关系实证研究》，《现代经济探讨》2018年第8期，第74~81页。
[2] 周超：《多边、双边自贸区及国内自贸试验区关系辨析》，《国际经济合作》2022年第4期，第67~78页。

着全球最大自由贸易区形成。① 更为重要的是，南亚地区已经成为中国自贸区战略布局的重点地区。在南亚地区，已经签订了中巴自贸区和中马自贸区，正在谈判的自贸区有中斯自贸区，正在研究的自贸区有中孟自贸区。中印两国同为新兴经济体国家，都是世界贸易组织、亚太贸易协定、"金砖"国家、孟中印缅经济走廊的成员国，这些经贸机制不仅有助于中印两国经贸合作进一步深化，还有助于两国建立自贸区。此外，印度在20世纪90年代开始在"东向政策"指引下，借助东南亚各国市场，由多边带动双边，努力构筑广泛的自贸协定网络。印度和斯里兰卡于1998年签订双边自贸协定，与东盟于2003年建立了印度—东盟地区贸易和投资区，与新加坡于2005年签署全面经济合作协定，与孟加拉国、斯里兰卡、巴基斯坦、尼泊尔、不丹、马尔代夫6国于2004年共同签署了南亚自由贸易区（SAFTA）协议。② 随后，印度分别与韩国于2009年、与日本于2011年、与马来西亚于2011年签署自由贸易协定。截至2018年3月，印度先后签订14个自贸协定。尽管2019年印度退出RCEP谈判，但2021年之后，印度密集推进多个双边自贸协定谈判，与毛里求斯、阿联酋、澳大利亚签署自贸协定。2022年5月1日，伴随着印度和阿联酋自贸协定的正式生效，两国绝大部分商品获得零关税市场准入优惠。印度进一步面向发达经济体扩大贸易联系。目前，印度积极启动与英国和以色列的自贸协定谈判，重启与欧盟、加拿大自贸协定谈判。印度密集启动自贸谈判，进一步深化国内改革开放，为中印自贸区建设带来了重大历史机遇。

（二）中国自由贸易区提升战略稳步推进

2002年，中国与东盟签订自由贸易协定，拉开了中国实施自贸区战略的序幕。2007年，中国共产党第十七次全国代表大会明确提出"实施自由贸易区战略，加强双边多边经贸合作"。加快建设自贸区成为推动中国对外

① 《RCEP生效！全球最大自由贸易区正式启航》，新华网，http://www.news.cn/fortune/2022-01/01/c_1128223217.htm，最后访问日期：2023年6月8日。
② 贺平、周倩茹：《身份悖论与印度自由贸易战略的困境》，《太平洋学报》2018年第11期，第35~45页。

经贸关系的重要举措。为应对新一轮区域经济一体化浪潮，2012年召开的中国共产党第十八次全国代表大会再次提出了"加快实施自由贸易区战略"。为进一步扩大新一轮对外开放，《中华人民共和国国民经济和社会发展第十四个五年规划和2035年远景目标纲要》明确指出"实施自由贸易区提升战略，构建面向全球的高标准自由贸易区网络"。[①] 中国共产党第二十次全国代表大会再次强调"实施自由贸易试验区提升战略，扩大面向全球的高标准自由贸易网络"。[②] 由此观之，中国自贸区的战略目标经历了从加强双边多边经贸合作到应对区域经济一体化浪潮再到构建面向全球的高标准自由贸易网络的转变历程。而无论是加强双边多边经贸合作，还是加快南亚区域经济一体化进程，或是构建全球自由贸易网络，印度都是不可或缺的重要一环。

自中国与东盟签订自由贸易协定以来，中国已经与26个国家和地区签订了19个自由贸易协定，并有8个正在谈判的自贸区，8个正在研究的自贸区。[③] 从签订的自贸协定看，既有瑞士、澳大利亚、新西兰和新加坡这样的发达国家，也有智利等发展中国家。入世以来，中国自贸区"朋友圈"越来越大，已经初步形成了立足周边、辐射"一带一路"、面向全球的高标准自贸区网络。此外，中国自2013年开始建设自由贸易试验区。经过将近10年的发展，先后成立了上海自贸试验区、广东自贸试验区、天津自贸试验区、福建自贸试验区、辽宁自贸试验区、浙江自贸试验区、河南自贸试验区、湖北自贸试验区、重庆自贸试验区、四川自贸试验区等21个自贸试验区，已经初步建立了"南北齐进、东西两翼齐飞、多层整合的全方位自由贸易区网络"。[④]

（三）中印经贸关系韧性十足

中印的人口优势不仅是两国开展长期贸易合作的基础，也将成为带动全

---

① 全国人大财政经济委员会、国家发展和改革委员会编写《〈中华人民共和国国民经济和社会发展第十四个五年规划和2035年远景目标纲要〉释义》，中国计划出版社，2021，第82页。
② 习近平：《高举中国特色社会主义伟大旗帜 为全面建设社会主义现代化国家而团结奋斗》，人民出版社，2022，第33页。
③ 中国自由贸易区服务网，http://fta.mofcom.gov.cn/。
④ 李玉举：《发展中国家参与区域经济一体化》，中国市场出版社，2008，第178页。

球经济增长的活力源泉。尽管新冠疫情和地缘冲突加剧冲击了世界经济发展，但中印两国经济稳中有进（见表 1）。

表 1　2020~2023 年中印经济增长趋势

单位：%

类别	2020 年	2021 年	2022 年	2023 年
世界经济	−3.1	6.1	3.6	3.6
中国	2.2	8.1	4.4	5.1
印度	−6.6	8.9	8.2	6.9

注：2022 年和 2023 年数值为预测值；印度数据为财年数据。
资料来源：国际货币基金组织《世界经济展望》，2022 年 4 月。

近年来，中印两国经贸互惠程度逐步加深，具有较强的韧性和巨大的潜力。中印贸易额从 2017 年的 5722.3 亿元增长到 2021 年的 8121.3 亿元，2022 年则超过了 9000 亿元（见表 2）。2014 年中国超过阿联酋和美国成为印度最大贸易伙伴国。[①] 尽管中印关系曾出现一些波折，但 2015 年、2016 年、2017 年、2018 年中国继续保持印度最大贸易伙伴国地位。2019 年美国超过中国成为印度最大贸易伙伴国，但 2020 年中国反超美国，再次成为印度最大贸易伙伴国。[②]

表 2　2017~2022 年中国对印进出口情况

单位：亿元

年份	进出口总额	进口总额	出口总额	贸易差额
2017	5722.3	1107.3	4615.0	3507.7
2018	6295.7	1242.1	5053.6	3811.5
2019	6395.2	1239.0	5156.3	3917.3
2020	6058.6	1445.4	4613.2	3167.8
2021	8121.3	1818.9	6302.3	4483.4
2022	9055.8	1160.0	7895.7	6735.7

资料来源：作者根据中国海关总署数据整理而得。

[①] 《中国成印度最大贸易伙伴　495 亿美元超美国阿联酋》，观察者网，https://www.guancha.cn/economy/2014_03_04_210684.shtml，最后访问日期：2023 年 1 月 3 日。

[②] 《中国再次成印度最大贸易伙伴，印媒又"欢呼"：2020 年对中国出口增加，从中国进口减少》，环球网，https://world.huanqiu.com/article/423SCTKdZle，最后访问日期：2023 年 1 月 3 日。

　　总体而言，中印两国商品出口结构具有一定互补性，印度出口中国主要以农产品和矿产资源等大宗商品为主，而中国出口印度的主要是制造业产品。[①] 从中印制造业进出口综合贸易互补指数看，中国出口与印度进口的贸易互补性指数比印度出口与中国进口的贸易互补性指数高，贸易互补性指数基本保持在0.9以上且呈现上升趋势，而印度出口与中国进口的贸易互补性指数基本上保持在0.7以上且变化不大。[②] 与此同时，中印两国贸易依存度也存在不平衡性。印度对中国的贸易依存度基本稳定在3%至4.5%之间，中国对印度的贸易依存度仅停留在0.5%至1.5%之间（见图1）。中印两国商品出口结构具有一定互补性，且印度对中国贸易依存度较大，为两国自贸区建设提供了内在动力。

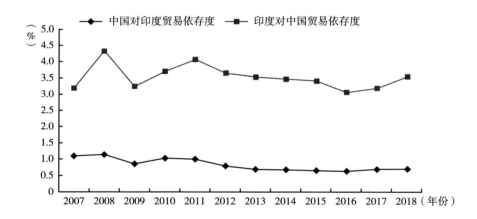

图1　2007～2018年中印两国贸易依存度变化趋势

　　资料来源：田堉《构建中印自贸区的预期经济效应及其对两国参与全球价值链的影响》，对外经贸大学博士学位论文，2021，第70页。

---

①　田堉：《构建中印自贸区的预期经济效应及其对两国参与全球价值链的影响》，对外经贸大学博士学位论文，2021，第62页。

②　李涛、秦卫娜：《"一带一路"倡议下中印制造业产能合作——基于价值链与比较优势视角》，《南亚研究季刊》2019年第4期，第93～100页。

二　中印自贸区建设的困境

早在 2003 年中印就提出建立自由贸易区的设想。两年之后，两国启动并展开了多次区域贸易安排联合可行性研究。2007 年 10 月，中国—印度区域贸易安排（RTA）联合可行性研究全部完成，双方就货物贸易、服务贸易、投资、贸易便利化、经济合作等全部章节达成共识。[①] 尽管辛格执政时对中印自贸区表现出积极态度，然而，随着中印贸易逆差的逐步扩大，中国—印度区域贸易安排难以取得新的进展。莫迪执政后，尽管中国商务部和印度工商部于 2019 年 10 月在德里联合举办中国—印度贸易项目签约仪式和对接洽谈，但中印自贸区建设仍未取得实质性进展。究其根源，中印自贸区建设主要面临全球贸易保护主义抬头、中印政治关系起伏不定以及中印贸易持续失衡等诸多困境。

（一）贸易保护主义抬头是中印自贸区建设的主要障碍

自 20 世纪 90 年代以来，伴随着贸易自由化深化的同时，各国经济发展不平衡加剧，新贸易保护主义开始盛行，主要表现在无休止地实行反倾销措施、任意实行出口补贴、以单方面制定的标准为壁垒、阻碍商品进口等。[②] 2008 年金融危机后，全球经济复苏乏力，各国为尽快走出经济危机的泥淖，出台种类繁多的贸易保护措施，新贸易保护主义开始"大行其道"，逆全球化思潮逐渐泛滥。2020 年新冠疫情全球大流行后，新贸易保护主义呈现新动向。一方面，保护手段交叉叠加使用。关税、配额等壁垒，检验检疫、环境、劳工等 WTO 下的非关税壁垒，政府采购、知识产权、区域自贸浪潮等

---

① 《中国—印度区域贸易安排联合研究如期完成》，中国自由贸易区服务网，http：// fta. mofcom. gov. cn/article/chinaindia/indianews/200809/68_ 1. html，最后访问日期：2023 年 6 月 26 日。

② 张秋容、邱倩、苏鑫、赵益民：《印度对外经济关系研究》，国际文化出版公司，2022，第 16 页。

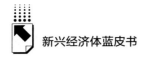

WTO"灰色区域"的保护壁垒，以及数字贸易、国有企业等"后 WTO"保护主义交叉使用。另一方面，高科技领域保护主义和服务贸易主义加剧。[1]

落后的工业体系使产品的国际竞争力严重不足，实行贸易保护一直是印度政府重要的对外经济政策。尤其是在全球新冠疫情冲击、经济改革陷入僵局、经济增长持续放缓的情况下，为实现"印度制造"的战略雄心和"自给印度"的战略目标，印度政府更是采取以积极干预为核心的贸易防御政策，大力推行贸易保护主义。一方面，采取"自给印度"战略和进口替代战略。在鼓励本土生产与采购的同时设置进口许可证限制并提高进口关税。中国海关总署公布的 2022 年数据显示，2022~2023 财年印度对华贸易逆差达到 1010.2 亿美元，占印度商品贸易逆差总额的 36.93%。[2] 为应对不断攀升的对华贸易逆差，近年来莫迪政府针对第一大进口来源国（中国）的产品不断调高关税比例。这些产品既包括传统劳动密集型制造品，也包括电子产品和通信设备等"关键产业"产品。[3] 当下，印度国内贸易壁垒还在不断提高。据路透社报道，印度为保护国内制造业发展，将智能手机、电子元件和家用电器在内的 50 多种商品的进口关税提高 5%~10%。[4] 印度自 2020 年 4 月起以遏制外资"恶意收购"印本地公司的机会主义投标为名，要求来自印度陆上邻国（如中国、孟加拉国、不丹、阿富汗、缅甸、尼泊尔和巴基斯坦等）的任何投资均需获得政府事先批准，此项限制实际上更多的是限制中国在印投资；自 2020 年 6 月以来，印度以所谓国家安全为由，对中国进行了五轮打击 App 行动，共对 300 多款 App 下达了禁令。[5] 此外，印度至

① 张秋容、邱倩、苏鑫、赵益民：《印度对外经济关系研究》，国际文化出版公司，2022，第 17 页。

② 林民旺：《减少对华逆差，印度莫走反了方向》，《环球时报》2023 年 2 月 3 日，https：//opinion. huanqiu. com/article/4BXkuJkifVu。

③ 宁胜男：《莫迪政府"自给印度"经济倡议评析》，《和平与发展》2020 年第 6 期，第 73~90 页。

④ "Budget 2021 Seen Raising Import Duties by 5-10% on Dozens of Items"，2021-04-18，https：//www. livemint. com/budget/news/budget-2021-seen-raising-import-duties-by-5-10-on-dozens-of-items-report-11610973839140. html.

⑤ 《又下黑手！以所谓"安全威胁"为由，印度再禁 54 款中国 App》，央广网，http：//tech. cnr. cn/techyw/technews/20220215/t20220215_ 525741343. shtml，最后访问日期：2023 年 1 月 3 日。

今未承认中国的市场经济地位，对中国发起大量反倾销诉讼等不平等的贸易政策，这是中印自贸区建设的重要障碍。

（二）政治关系起伏不定是中印自贸区建设的首要障碍

中印自建交后，两国关系虽有起伏，但总体呈积极发展态势。两国不仅共同倡导和平共处五项原则，还签订了《中印关于中国西藏地方和印度之间的通商和交通协定》，为两国经贸发展奠定了良好的基础。

20世纪90年代后，中印两国关系逐渐正常化，双方达成互不构成威胁的重要共识，两国经贸迅速发展，双边贸易成交额不断攀升。随着"一带一路"倡议的提出及莫迪执政，中印关系迎来了"再平衡""再定位"的关键转型时期。两国关系总体保持稳健发展的趋势，但面临的挑战也更为复杂和棘手。[①]一方面，印度对中国提出的"一带一路"倡议拒不参加，还将"东向政策"升级为"东向行动政策"，并出台"季风计划"等阻挠"一带一路"倡议在南亚地区乃至东南亚地区的顺利推进。另一方面，印度再打"边界牌"，先后爆发洞朗对峙危机和加勒万河谷冲突。经过中印两国多方的交涉和沟通，洞朗对峙危机解除。洞朗危机结束后，两国领导人就国际格局和中印关系中的全局性、长期性、战略性问题深入交换意见，开启了中印高层交往的新模式，推动两国关系更加紧密发展。[②] 两国经贸关系也随之迎来了新的突破。

边界争端已经成为影响中印双边关系的关键因素，并逐渐"外溢"到经贸领域。加勒万河谷冲突后，印度国内掀起一股抵制"中国货"的热潮，暂时中止中印签订的基础设施协议，印度官方甚至宣布拒绝参加中国主导的贸易协定。印度通过不断制造障碍主动削弱与中国的经贸往来，在经济上进一步减少对中国的依赖，中印经济压舱石的作用因为双边政治关系受挫而不断下降。[③] 由此观之，中印政治关系改善成为两国经贸发展的基石，而政治关系趋冷则可能成

---

① 李涛：《"一带一路"背景下中国与南亚地区合作研究》，国际文化出版公司，2021，第27页。

② 李涛主编《"一带一路"背景下中国与南亚地区合作研究》，国际文化出版公司，2021，第44页。

③ 张伟玉、陈宗华、张杭：《中印关系将延续缓慢下滑趋势》，《国际政治科学》2022年第2期，第179~185页。

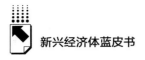

为两国经贸发展的"绊脚石"。莫迪执政后，中印关系像坐"过山车"一样起伏不定，不仅影响两国经贸发展，也成为中印自贸区建设的首要障碍。

（三）贸易持续失衡是印度无心推动自贸区建设的直接动因

进入 21 世纪后，中印贸易额呈现稳步增长，两国已互为重要贸易伙伴。从 2006 年开始，中印之间的贸易失衡现象开始显现。从 2015 年开始，中国成为印度第一大逆差来源国，中印之间的贸易失衡态势不断扩大。尽管自 2018 年以来，中印贸易失衡有所缓解，但 2020 年中国取代美国成为印度最大贸易伙伴后，两国之间的贸易逆差再创新高，贸易失衡现象异常严峻。①

影响两国贸易持续失衡的原因在于中印两国的经济结构既存在互补性也存在竞争性。从中印两国经济结构的互补性看，印度占出口优势的产业主要集中在密集型产业，而中国占出口优势的产业主要集中于制造业。2020 年，印度对中国出口的主要产品为矿石、有机化学品、钢铁、矿物燃料产品等，自中国进口的主要产品为机电产品、机械设备、有机化学品等。② 从中印两国经济结构的竞争性看，中印之间的贸易结构具有同质化特征。在 2016 年中印双边贸易中，出口量排名前五的商品有四种是重合的，分别为机电产品、化工产品、贱金属及制品、纺织品及原料。这将导致中印贸易竞争加剧，从而阻碍双方贸易持续健康的发展。

中印贸易持续失衡加剧了两国的贸易摩擦与利益冲突。由于印度长期存在贸易逆差问题且规模持续扩大，印度对于进出口商品频频制造贸易摩擦，企图单方面限制中国对印度的出口，保护本国产业。③ 据统计，印度对华反

① 《印度与中国双边贸易额创新高，印媒解释"为什么？"》，百度百家号，https://baijiahao.baidu.com/s? id＝1724963320155086120&wfr＝spider&for＝pc，最后访问日期：2023 年 6 月 26 日。
② 《对外投资合作国别（地区）指南：印度（2021）》，中华人民共和国商务部官网，http://opendata.mofcom.gov.cn/front/data/detail? id＝C5E1C2CA614F1C512980B497A98BE71C，最后访问日期：2023 年 6 月 26 日。
③ 金钢、黎鹏：《"一带一路"背景下深化中印经贸合作的动力基础与障碍分析》，《对外经贸实务》2018 年第 6 期，第 25~28 页。

倾销调查数量仅次于美国，在新兴经济体国家位居第一。^① 由于中印目前没有对解决双方贸易摩擦方面进行司法程序的制度安排，所以处理这些贸易纠纷还存在较大的困难，这也严重影响了中印自由贸易区的构建。^② 而中印贸易持续失衡不仅成为印度决定不加入区域全面经济伙伴关系协定（RCEP）的重要因素，也是印度无心推动自贸区建设的直接动因。

三　中印自贸区建设的前景

面对全球经济动荡和贸易衰退，中印双方应加强经贸合作，以贸易自由化扩大内部市场规模，加强区域内的国际分工，以逐渐减少两国经济对外部市场，尤其是对欧美发达国家市场的过分依赖，促进区域经济一体化发展。而中印商建自贸区将是促进环喜马拉雅地区贸易自由化的关键一招。当前，中印自贸区建设面临贸易保护主义思潮泛滥、中印双边政治关系起伏不定以及两国贸易持续失衡等诸多困境，中印自贸区建设要早日达成，需从以下几个方面持续发力：秉持贸易自由化理念；推动中印关系行稳致远；转变外贸发展方式，完善对外贸易政策；慎思经济"压舱石"作用，妥善应对印度"去中国化"政策等。

（一）秉持贸易自由化理念

当前，全球贸易保护主义抬头，印度在国内经济民族主义思潮影响下，对华实行贸易保护主义，主张与中国"经济脱钩"和"贸易脱钩"，^③ 对华滥用贸易救济措施，采取投资保护和就业保护，针对中企的"税务突袭"等不仅对两国贸易便利化造成严重影响，还会影响中国在南亚地区贸易自贸

---

① 《退出 RCEP，印度对华反倾销调查将更频繁》，搜狐网，https://www.sohu.com/a/361822561_99947734，最后访问日期：2023 年 6 月 26 日。

② 杨文武、戴江涛：《对于构建中印自由贸易区的理性认识》，《南亚研究》2006 年第 1 期，第 17~21 页。

③ 王蕊、潘怡辰、朱思翘：《印度对华经济脱钩的动因及影响》，《国际贸易》2020 年第 10 期，第 12~18 页。

区建设布局。虽然印度政府对华实施贸易保护主义，在一定程度上保障了印度国家经济利益不受威胁和本国的国家经济安全不受侵害，但从长远来看，印度对华"经济脱钩""贸易脱钩""科技脱钩""产业切割"不符合经济规律，不仅会伤害印度自身的供应链和科技产业链，还会严重影响中国投资对印度经济的拉动作用。印度"一意孤行"的贸易保护主义对中国造成"损害"的同时，实际上对印度经贸伤害更大，可谓是"损人不利己"。[①]要商建中印自贸区必须摒弃这种"伤敌一万自毁八千"的贸易保护主义理念，放弃"搬起石头砸自己的脚"的错误路径，坚持秉持贸易自由化理念，高度警惕印度贸易保护主义与美国贸易保护主义合流，进一步扩大内部市场规模，加快推动中印贸易经济一体化进程。

（二）推动中印关系行稳致远

中印建立自由贸易区的前提是两国政治互信不断加强和经贸往来互惠互利。但是，自中印爆发边界战争以来，两国受政治、领土、安全等诸多因素的影响，两国政治互信缺失。2005年双方建立"面向和平与繁荣的战略合作伙伴关系"后，双方高层互访不断，逐渐建立起相互信任，为两国经贸发展提供了有效平台。然而，近年来受美国"印太战略"因素影响，印度同美国一道将中国视为主要战略竞争对手。进入2021年以来，印度对华对抗心态进一步强化，两国既有的战略共识被严重削弱。政治互信丧失外溢到经济领域，突出表现在印度与中国展开一系列的经济竞争，并激烈反对中国"一带一路"倡议在南亚地区和东南亚地区的顺利推进。尤其是为配合"印太战略"，印度对美国倡导的"印太经济框架"（IPEF）积极支持。为减少对中国的供应链依赖，与美国一道重构"印太经济圈"，2023年5月27日，印度商工部部长戈亚尔以线上方式参与在美国底特律举行的印太经济框架成员国第二次部长级会议，并达成了旨在针对中国的供应链协议，进一步将经

[①] 楼春豪：《为什么说印度对华"经贸脱钩"必然是徒劳的》，《新京报》2022年2月21日，https://www.bjnews.com.cn/detail/164543603114925.html。

贸问题政治化。

要商建中印自贸区，首先双方要摒弃零和思维，加强竞争管控，建立中印复合战略信任关系。长期以来，印度政治精英的最大"心魔"就是认为中国是阻碍其实现"有声有色"的大国梦和维持南亚地区优势强权的最大挑战者。加上受国内印度教民族主义思潮和选票政治影响，反华已经成为印度各大政党的一种政治正确。要改变印度政党反华态势，其一，要注重发挥直接对话机制的作用，发挥高层交往引领政治互信的作用。一方面，要有效发挥双边对话机制的作用。如，加大两国军长级会谈力度，进一步扩大共识、缩小分歧；又如，强化中印经济战略对话机制，充分利用中印经贸科技工作联合小组、中国—印度经济论坛和中印发展圆桌研讨会等开展两国经贸摩擦谈判。另一方面，要发挥好多边对话机制的作用。可在上海合作组织、金砖国家领导人峰会、东盟峰会等多边框架下，积极加强与印度的沟通理解，拓展共同利益范围，达成战略共识。

其二，理性看待印度合理的利益关切。中印两国作为新兴市场国家，国际地位和国际影响力上升是大势所趋，两国作为全球发展的"发动机"作用越来越明显，要把分歧放在双边关系的适当位置，关键是要坚持中印不是竞争对手，而是合作伙伴，互不构成威胁、互为发展机遇的战略共识。[①] 面对中印同时崛起的事实和中印缺失战略互信的现实，理性看待印度正确合理的利益关切尤为重要。在商建中印自贸区时，对印度的实际利益也要给予适度关切，更要相互尊重、相互照顾敏感关切。

其三，探寻两国合作的新基础。过去，中印同为第三世界国家和发展中国家，双方在国际多边议题中紧密合作，这也成为双边政治互信的纽带。当前，两国在国际多边议题中的合作基础正在弱化，分歧不断扩大。因此，寻找新的合作纽带，探寻两国合作的新基础成为增强政治互信、弥合分歧的一剂"良方"。一方面，中印两国可在治国理政方面加强合作。另一方面，中印两国可在应对气候危机、打击民族分离主义、保障能源安全等方面找到合作点。

---

① 《中印以五点共识管控分歧》，《环球时报》2020年9月12日，第1版。

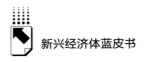

（三）转变外贸发展方式，完善对外贸易政策

自贸区的商建要充分考虑双方的比较优势与互补性优势，中印两国市场具有较高的互补性，中国在制成品、机械设备以及杂项制品上具有比较优势，而印度在农业与食品、化工产品、制成品、杂项制品上具有比较优势。中印在进行自贸区谈判时，应充分考虑到双方的互补性优势，发挥本国产业的比较优势，以推动双边贸易的扩大。[①]

与此同时，中国应进一步致力贸易便利化措施的完善。其一，优化贸易环境，促进贸易便利化。其二，优化海关程序，提升通关效率。其三，与印度建立利益联结机制，促进中印自贸区早日达成。譬如，可与印度建立标准化委员会。此外，还可建立中印贸易风险评估机制。一方面，要在精准识别中印贸易风险发生的类型的基础上精准识别隐藏的潜在贸易风险。另一方面，要收集和整理相关资料，应用统计学和概率论预判出现不同类型风险的可能性，并使用量化分析的方法分析中印贸易风险造成的损失。更为重要的是，要建立中印贸易争端解决机制。秉持和合理念，坚持用和平的手段解决中印之间的贸易争端，为早日建成中印自贸区扫清制度和政策障碍。

（四）慎思经济"压舱石"作用，妥善应对印度"去中国化"政策

发挥"以经促政"的经济"压舱石"作用一直是中印关系的主旋律。从中印两国经贸发展历程来看，当中印不存在结构性矛盾时，两国经贸相互依赖能够在一定程度上充当"压舱石"角色。随着中印在亚洲的崛起，两国结构性矛盾凸显，印度将中国视为战略竞争对手，"交好美国、对华强硬"成为印度长期的战略主基调。尽管中印两国经贸合作带来的共同收益巨大，但国际形势的变化以及印度对华认知的转变使印度对华的警惕性提

---

① 陈淑梅、张思杨：《RCEP 时代的中印自贸关系实证研究》，《现代经济探讨》2018 年第 8 期，第 74~81 页。

高，中国越想同印度加强经贸合作，印度越倾向于选择战略投机和勒索，经济"压舱石"作用失效，"以经稳政"策略也难以实现。① 更为严重的是，为减少对中国经贸的依赖，印度主动实施"去中国化"政策。对此，中国应在客观评估经济"压舱石"对中印关系促进效用的基础上，扩大和深化经贸合作，最大限度地发挥好经济"压舱石"效能。

从长期来看，中印自贸区建设并非一朝一夕之事。要推动中印自贸区建设落实落地，一方面，要反思"以经稳政"的限度、测算经济"压舱石"的效力，根据变化形势实时调整"以经稳政"策略，避免中印自贸区建设和政治相互捆绑，力争通过经济外交促进中印自贸区的早日建成。另一方面，继续推动与"一带一路"沿线国家尤其是南亚地区国家的自贸区谈判和升级进程，通过同这些国家共建协同发展模式，促进整个南亚地区内部形成相互依赖和优势互补，循序渐进推进中国—南亚自贸区建设。通过在与南亚地区国家构建自贸区过程中进一步扩大发展红利，从而促使印度放下对华偏见，早日推动中印自贸区落成。总而言之，中印多边自贸区建设或许能成为中印自贸区建设的一种可能。

参考文献

［1］陈淑梅、张思杨：《RCEP 时代的中印自贸关系实证研究》，《现代经济探讨》2018 年第 8 期。

［2］高程、部彦君：《大国崛起中"以经稳政"的限度、空间和效力——对"经济压舱石"理论的反思与重构》，《世界经济与政治》2022 年第 10 期。

［3］高巍：《中印签订自由贸易协定问题研究》，北京师范大学出版社，2011。

［4］贺平、周倩茹：《身份悖论与印度自由贸易战略的困境》，《太平洋学报》2018 年第 11 期。

［5］金钢、黎鹏：《"一带一路"背景下深化中印经贸合作的动力基础与障碍分

---

① 高程、部彦君：《大国崛起中"以经稳政"的限度、空间和效力——对"经济压舱石"理论的反思与重构》，《世界经济与政治》2022 年第 10 期。

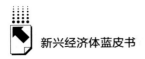
　　析》，《对外经贸实务》2018 年第 6 期。

［6］李涛、秦卫娜：《"一带一路"倡议下中印制造业产能合作——基于价值链与
　　比较优势视角》，《南亚研究季刊》2019 年第 4 期。

［7］李涛主编《"一带一路"背景下中国与南亚地区合作研究》，国际文化出版公
　　司，2021。

［8］李玉举：《发展中国家参与区域经济一体化》，中国市场出版社，2008。

［9］宁胜男：《莫迪政府"自给印度"经济倡议评析》，《和平与发展》2020 年第
　　6 期。

［10］田堉：《构建中印自贸区的预期经济效应及其对两国参与全球价值链的影响》，
　　对外经贸大学博士学位论文，2021。

［11］张秋容、邱倩、苏鑫、赵益民：《印度对外经济关系研究》，国际文化出版公
　　司，2022。

［12］张伟玉、陈宗华、张杭：《中印关系将延续缓慢下滑趋势》，《国际政治科学》
　　2022 年第 2 期。

［13］"Budget 2021 Seen Raising Import Duties by 5%‑10% on Dozens of Items"，2021‑
　　04‑18，https：//www. livemint. com/budget/news/budget‑2021‑seen‑raising‑
　　import‑duties‑by‑5‑10‑on‑dozens‑of‑items‑report‑11610973839140. html.

B.10

孟中印缅经济走廊建设：
进展、困境与出路

贾都强*

摘　要： 本报告在分析总结孟中印缅经济走廊自 2013 年启动建设以来在密
切双边合作、推进互联互通、拓展人文交流、深化经贸合作、完
善合作机制等多方面取得的一系列进展以及存在的问题和挑战的
基础上，深入剖析了基础设施落后、投资环境风险上升、中印政
治互信不足、域外势力干预、新冠疫情冲击等严重影响经济走廊
建设的深层因素，提出了加强基础设施建设、增强政治互信、密
切重点领域合作、创新合作模式、健全合作机制等具体政策建议。

关键词： 孟中印缅经济走廊　互联互通　经贸合作

孟中印缅经济走廊（以下简称"BCIM"）自 2013 年启动建设以来，
在各国政府推动和企业积极参与下，在诸多合作领域都取得了进展，尤其是
重点项目的合作取得了显著成效。但在 BCIM 建设过程中，也暴露了一些深
层次的问题，面临着一些重大挑战甚至困境。本报告立足于对 BCIM 建设的
历程、进展和成果的梳理、分析和总结，深入剖析对 BCIM 商建进程产生影
响的深层因素，并在此基础上针对未来如何更好地推进 BCIM 建设提出相关
政策建议。

＊ 贾都强，博士，副研究员，中国社会科学院亚太与全球战略研究院，研究领域为东亚政治发
展、东南亚经济。

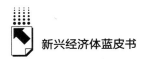
一 BCIM 的发展历程

BCIM 从构想到现实，大致经历了三个发展阶段。

（1）第一阶段从 1999 年至 2012 年，为前期探索阶段。早在 20 世纪末，中国云南省学术界就提出了孟中印缅地区经济合作构想。1999 年，孟、中、印、缅四国在昆明举办了首届"孟中印缅地区经济合作与发展研讨会"，签署了《昆明倡议》。这可以被称作 BCIM 的发端。后来在 2000 年和 2002 年，四国又分别在新德里和达卡召开了地区经济合作与发展会议，并在达卡会议上将会议名称正式变更为"孟中印缅地区经济合作论坛"。该论坛成为探讨地区经济合作的重要平台，为后来 BCIM 倡议的提出奠定了基础。

（2）第二阶段从 2013 年 5 月提出倡议至 12 月四国联合工作组第一次会议召开之前，为提出倡议和准备启动阶段。2013 年 5 月，国务院总理李克强出访印度，其间，中、印两国一起提出了建设 BCIM 的倡议，并得到了孟、缅两国的积极响应。同年 10 月，印度总理辛格访华，与中方再次进行了相关讨论。随后成立了孟中印缅经济走廊联合工作组，为启动 BCIM 建设进行相关的准备工作。

（3）第三阶段从 2013 年 12 月孟中印缅经济走廊联合工作组第一次会议召开至今，为 BCIM 建设实质性实施阶段。2013 年 12 月 18 日至 19 日，孟中印缅经济走廊联合工作组第一次会议在昆明召开，会议围绕走廊建设前景、优先合作领域、合作机制建设等问题进行了深入探讨，并发起了孟中印缅经济走廊联合研究计划。此次会议的召开标志着 BCIM 建设工作的正式启动，BCIM 随之步入实质性实施阶段。此后，在 2014 年 12 月、2017 年 4 月在孟加拉国科克斯巴扎尔、印度加尔各答又分别召开了第二、第三次孟中印缅经济走廊联合工作组会议，围绕四国联合编制的研究报告进行了深入讨论，确定将互联互通、能源、投融资、货物与服务贸易及投资便利化、人文交流等重点领域的交流与合作作为 BCIM 建设的优先合作领域。联合研究报告的出台标志着 BCIM 建设初期开展的联合考察研究工作告一段落。与此同时，BCIM 建设相关的各项具体工作也有序展开。这一时期，国内外学术界对 BCIM 建设予以高度关注，开展了大量集中研究，为 BCIM 建设的铺开提供了有力的智力支持。

二　BCIM 建设的进展与困境

回顾 BCIM 自 2013 年正式启动以来的发展历程，总体上可以说是喜忧参半，成果与挑战并存。一方面，BCIM 启动建设以来显著地深化了四国在各领域的互利合作，推动了区域经济增长；另一方面，BCIM 启动以来也遇到了一些重大挑战甚至是困境，这使得其实际进展大大低于提出构想和倡议时的预期。作为六大经济走廊之一，与其他走廊的快速推进相比，BCIM 无论是在推进速度还是在合作的广度和深度方面，都有些相形见绌。

（一）双边合作明显加强

自 BCIM 启动建设以来，多边合作因为印度态度的变化而受挫，进展缓慢。但是在双边合作层面却不乏重要突破和重大成果，尤其是中缅和中孟的双边合作均取得了亮眼的成绩。总体上看，现阶段 BCIM 框架下的区域合作呈现一种以双边合作为主、以双边促多边的合作格局。

中缅不仅双边合作密切，而且启动了共建中缅经济走廊计划。2017 年 11 月，中国外交部长王毅访缅期间提议建设"人"字形中缅经济走廊，计划北起中国云南，南下缅甸曼德勒，再分别延伸至仰光新城和皎漂经济特区，开创三端支撑、三足鼎立的大合作格局。[①] 缅方对此积极响应。次年 9 月，中缅两国签署共建中缅经济走廊谅解备忘录。2019 年，王毅赴中缅边境调研，表示要大力推进中缅经济走廊和中缅边境经济合作区建设。[②] 2022

---

① 2017 年 11 月 19 日，中国外交部部长王毅在内比都与缅甸国务资政兼外交部部长昂山素季在共同会见记者时披露了中方此项提议。参见《王毅：中方提出建设中缅经济走廊设想》，中华人民共和国外交部官网，https：//www.mfa.gov.cn/web/wjbzhd/201711/t20171120_356445.shtml。

② 《王毅在云南中缅边境调研》，中国政府网，http：//www.gov.cn/guowuyuan/2019-02/19/content_5366742.htm，最后访问日期：2023 年 6 月 26 日。

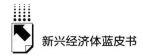

年 7 月 3 日，王毅在缅甸蒲甘出席澜湄合作第七次外长会，其间与缅甸外长温纳貌伦举行双边会谈，就加快推进中缅经济走廊建设达成共识，并同意适时探讨"中缅经济走廊+"合作，提升双边经贸合作水平。①

中孟双边合作同样成果斐然。2016 年中国领导人访问孟加拉国，中孟两国签署了 27 个协议和谅解备忘录，涵盖贸易投资、海洋经济、路桥建设、电力能源、海事合作、通信技术等诸多合作领域。在基础设施建设方面，由中国企业承建的帕德玛大桥于 2022 年 6 月 25 日建成通车。该桥横跨帕德玛河，主桥长 6.15 公里，造价估计 38.68 亿美元，是孟加拉国历史上最大的基建工程项目。② 它将与有近 3000 万居民的该国欠发达的西南地区与达卡—吉大港经济走廊相连，预计可带动该国西南地区经济增长 2.5%，带动整个国家 GDP 增长 1.23%。③

（二）互联互通稳步发展

基础设施建设与互联互通是 BCIM 建设的基础，是项目建设的重中之重。只有切实加强包括公路、铁路、水路、航空等交通基础设施的互联互通，才能为 BCIM 建设奠定坚实的基础。2013 年首届孟中印缅汽车集结赛的成功举办，对于推进互联互通具有重要的象征意义。在中国云南省与孟加拉国交通部、印度工业联合会、缅甸建设部的联合推动下，赛事车队历时半月，穿越四国，行程约 2800 公里，以体育赛事的特殊方式证明了打通孟中印缅陆上通道的重要性和可行性。④

但是在 BCIM 框架下，四国围绕交通基础设施的建设与互联互通的多边

---

① 《王毅同缅甸外长温纳貌伦会谈　双方一致同意加快推进中缅经济走廊建设》，百度百家号，https：//baijiahao.baidu.com/s？id=1737342222934675942&wfr=spider&for=pc，最后访问日期：2023 年 6 月 26 日。

② 孟加拉国桥梁局官网，http：//www.padmabridge.gov.bd/genral.php。

③ 伍晓阳、严勇：《建设孟中印缅经济走廊》，新浪财经网，https：//finance.sina.com.cn/jjxw/2023-01-29/doc-imycvpiw7161904.shtml，最后访问日期：2023 年 6 月 26 日。

④ 伍晓阳、严勇：《建设孟中印缅经济走廊》，新浪财经网，https：//finance.sina.com.cn/jjxw/2023-01-29/doc-imycvpiw7161904.shtml，最后访问日期：2023 年 6 月 26 日。

合作由于后来印度的态度转向消极而停滞不前。现阶段，相关国际合作的开展主要以双边合作为主。中缅政府就建设"中缅瑞丽—皎漂通道计划"达成了一致意见，云南省政府据此拟定了详细的中缅大通道建设计划，并与缅方商定了相关具体的道路共建工程项目。例如作为 BCIM 框架下的陆路北线分段工程，缅甸密支那—班哨公路就是在经云南省地方政府和缅甸地方政府商定后被设立为重点共建项目，然后在 2015 年开工建设、在 2017 年竣工使用的。

在多边合作与协商规划缺位的情况下，中国云南省实际上扮演了互联互通主要设计者和推动者的角色。云南省制定的"十三五"交通规划中就包含了关于 BCIM 基础设施联通的规划。根据该规划，至 2030 年将构建五大出境公路与铁路、三条出境水道、N 条跨境航线的互联互通大格局。公路联通网络规划有东、中、西、北四条轴线，其中后两条路线与 BCIM 相关。①

（三）人文交流快速拓展

自 2013 年 BCIM 建设启动以来，四国人文交流合作出现了加快发展的新局面。在 BCIM 框架下，涌现了形式多样的国际人文交流活动，涉及体育赛事、外交、卫生、科技、媒体、智库等众多交流领域。2013 年，中、孟、印、缅四国汽车集结赛在历经六年筹办后成功举行。2015 年 12 月 11~12 日和 2016 年 7 月 18~19 日，云南省地方政府分别举办了两届"孟中印缅卫生与疾控合作论坛暨乡村地区卫生人员传染病地方病防控培训项目"。2016年，云南芒市举办了首届"孟中印缅现代畜牧科技合作论坛"。2011 年至2019 年，云南省政府连续举办了九届"东南亚、南亚主流媒体云南行"活

---

① 西线为中国昆明—瑞丽—缅甸腊戍—曼德勒（原滇缅公路），中国昆明—清水河—缅甸腊戍—曼德勒（原滇缅铁路），均接入缅甸曼德勒—内比都—仰光主干线，通往皎漂港或仰光。北线为中国昆明—腾冲—缅甸密支那—印度雷多—孟加拉国达卡—印度加尔各答，衔接南亚交通网络，其中，昆明—雷多为原史迪威公路（中印公路）。尤其是北线为中国、东南亚连接南亚的通道，横贯 BCIM。参见姚勤华《中缅交通互联互通现状与前景分析——以云南基础设施建设为视角》，《社会科学》2017 年第 5 期。

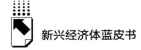

动。2013 年至 2022 年，中国社会科学院与云南省政府总共联合举办了八届"中国—南亚智库论坛"。尽管这些活动多由中方发起主办，但是均得到了孟、印、缅三国的积极支持和参与，促进了各领域的国际交流和民心相通，为 BCIM 建设提供了良好的社会人文环境。

（四）经贸合作不断深化

以 BCIM 建设为契机，依托各自产业优势，四国的经贸投资合作不断走向深化。近两年，中国与孟、印、缅三国的经贸合作得到了迅猛发展。2013～2022 年，中印贸易额从 659.5 亿美元增长到 1359.84 亿美元。① 尽管孟加拉国、缅甸与中国的双边贸易的绝对数额相对有限，但是双边经贸合作的规模一直保持增长势头。2013～2021 年，中孟双边贸易额从 103.08 亿美元增长到 251.5 亿美元，中缅双边贸易额从 64 亿美元增长到 183 亿美元。②

在 BCIM 建设带动下，区域内的相关投资活动也愈来愈活跃，各重点领域的合作项目显著增多。中缅能源合作取得显著成效。标志性的中缅油气管道建设项目于 2013 年顺利竣工。按照设计能力，该项目每年能够输送原油2200 万吨，输送天然气 120 亿立方米。③ 缅方则从中国获得税收、投资分红、路权费、过境费、培训基金及社会经济援助等可观的收益，以及相关的产业商机和大量就业机会。此外，中企还在缅甸投资建设了密松水电站、莱比塘铜矿、达贡山镍矿等一批重大项目。中孟合作聚焦基础设施、产能、能源电力、交通、通信、农业等重点领域。两国合作实施了帕德玛大桥铁路、

---

① 《去年中印贸易额再创新高，专家：印度没必要"盯着逆差不放"》，百度百家号，https：//baijiahao. baidu. com/s？ id = 1755078649721306316&wfr = spider&for = pc，最后访问日期：2023 年 7 月 14 日。

② 《瞭望/建设孟中印缅经济走廊》，百度百家号，https：//baijiahao. baidu. com/s？ id = 1756500261878223880&wfr = spider&for = pc，最后访问日期：2023 年 7 月 14 日。

③ 根据 2010 年 6 月中国石油天然气集团公司与缅甸国家油气公司签署的协议，中缅原油管道设计能力为 2200 万吨/年，中缅天然气管道年输气能力为 120 亿立方米/年。参见《中缅油气管道正式开工建设 年输油能力 2200 万吨》，中国政府网，https：//www. gov. cn/jrzg/2010-06/04/content_ 1620703. htm，最后访问日期：2023 年 7 月 14 日。

帕亚拉燃煤电站、卡纳普里河底隧道等一批重点项目。印度也是中国重要的投资市场和工程承包市场。截至 2017 年 7 月底，中国在印度累计投资 50.6 亿美元[①]；截至 2018 年 3 月底，中国对印度工程承包累计合同额达 711.8 亿美元，累计完成营业额为 488.4 亿美元。印度成为中国在南亚的第一大承包工程市场、第二大投资目的地。[②] 但是近年来，受中印关系趋冷的影响，印度政府在贸易、投资、科技、政府采购等方面采取了一系列打压中企的行动，引起了中企对印度投资环境和投资风险的担忧和投资兴趣的下降。

（五）合作机制逐步完善

BCIM 建设的行稳致远，需要建立完善的合作机制和制度来提供支撑和保障。当前，在 BCIM 框架下，已初步建立了一些国际合作机制，如孟中印缅经济走廊联合工作组、孟中印缅地区合作论坛、孟中印缅商务理事会工作会议等。孟中印缅经济走廊联合工作组迄今为止举办了 3 次工作会议。孟中印缅地区合作论坛从 1999 年到 2019 年，一共举行了 13 次会议。最近的一次会议即孟中印缅地区合作论坛第十三次会议，于 2019 年 6 月 11 日在云南省玉溪举行。与会的四方代表共同签署了《孟中印缅地区合作论坛第十三次会议联合声明》，并确定下次会议将适时在印度举办。2021 年 2 月 4 日，孟中印缅商务理事会工作会议和中国—南亚商务理事会工作会议以线上方式在昆明举行，[③] 会议的内容之一就是一致同意推动 BCIM 建设进程。总体上来看，BCIM 合作机制和制度建设还处于雏形阶段，还不够完善，未来还需要在建立健全合作机制和开展法律制度建设方面做更多工作。

---

① 《商务部谈中印对峙结束后双边经贸关系走向：保持稳定发展势头》，澎湃，https://www.thepaper.cn/newsDetail_forward_1780224，最后访问日期：2023 年 7 月 25 日。
② 《双边投资表现活跃 印度已成中国在南亚第一大承包工程市场》，走出去导航网，https://investgo.cn/article/yw/zctz/201905/449585.html，最后访问日期：2023 年 7 月 25 日。
③ 《孟中印缅商务理事会工作会议和中国—南亚商务理事会工作会议（线上）在昆明举行》，云南省人民政府网，https://www.yn.gov.cn/ywdt/zsdt/202102/t20210206_216706.html，最后访问日期：2023 年 7 月 25 日。

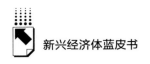

三 影响 BCIM 建设的深层因素

导致 BCIM 建设进展缓慢的原因很多，制约 BCIM 向前推进的深层因素主要有以下几点。

1. 基础设施落后的制约

经济走廊建设以交通等基础设施的互联互通为先导。[1] 基础设施落后会直接关系到经济走廊的建设成本以及人员、货物等要素的流动成本。以交通基础设施的联通为例。交通基础设施的联通包括道路等基础设施的"硬联通"，也包括建设规划、技术标准、合作机制等的"软联通"。

在"硬联通"方面，BCIM 所在区域大多为经济欠发达地区，民众生活困苦，交通等基础设施条件较差。"这一区域需要新的一体化努力和动力，来化解其初始条件对相关国家之间进行有效合作的制约。"[2] 譬如，根据国际能源署（IEA）发布的《世界能源展望（2018）》，在孟、印、缅三国广袤的乡村地区和部分城镇地区，仍然存在着电力紧缺现象，在孟、印、缅分别还有 3300 万、16800 万、2400 万人口无电可用。[3] 孟中印缅四国现有的公路和铁路，不仅施工标准不同，还存在很多缺失路段，加之边界道路管理的设施落后，导致现有道路状况难以满足 BCIM 建设的需要，必须进行大量改造或兴建，而这需要大量资金。在"软联通"方面，当前四国尚未能就 BCIM 框架下的基础设施建设进行整体规划，也未能实现技术标准的有效对接。孟中印缅四国尚未签署《过境运输框架协议》，而现有的双边过境运输协议对过境的人员、车辆限制太多，存在明显不足。

2. 投资环境风险上升

BCIM 区域的社会环境比较复杂，存在政局不稳、民族宗教矛盾凸显、

---

① 卢光盛、邓涵、金珍：《GSM 经济走廊建设的经验教训及其对孟中印缅经济走廊的启示》，《东南亚研究》2016 年第 3 期。

② 杨先明：《信任积累、务实合作与孟中印缅经济走廊的推进》，《学术探索》2016 年第 2 期。

③ *World Energy Outlook* 2018，http：//iea. org/reports/world-energy-outlook-2018.

社会安全问题突出等问题，这导致了近年来 BCIM 投资环境的政治、社会和安全等综合风险明显上升。自 2021 年 2 月缅甸军方推翻民盟政府上台以来，缅甸一直处于政治社会动荡的危机中。政局社会动荡也致使缅甸国内的 BCIM 相关项目建设陷入停滞。同时，在 BCIM 的一些局部区域，民族宗教矛盾突出，存在发生冲突事件的隐患。2017 年 8 月在缅甸若开邦爆发了大规模的社会冲突，有超过 74.5 万的罗兴亚人逃到孟加拉国境内，其中包括 40 万儿童。此次冲突事件引发的政治社会混乱和人道主义危机长期未能平息。① 此外，在 BCIM 区域的一些边境贫困地区，买卖人口、跨境犯罪等问题长期存在。投资环境潜在问题多，对于投资企业而言，意味着投资的不确定性和高风险，对投资意愿和项目落实都有很大影响。

3. 中印政治互信不足

中印之间存在边界领土争端和地缘政治竞争，并很容易导致中印的政治互信出现严重赤字。印度在 BCIM 建设问题上转而采取消极态度，也与此有关。印方将中印边界领土争端视为印度面临的重大地缘政治挑战。历史上，中印领土争端在 20 世纪曾导致一场边界战争。自那以后又不止一次出现边界对峙危机，并导致双边关系因此陷入低谷。这种状况导致中印之间的政治不信任长期存在。中国在印投资的企业面临极高的经济、政治和安全风险。② 在 2020 年 6 月 15 日加勒万河谷冲突事件发生前两个月，当中印边界形势趋于紧张之时，印度政府出台了禁止与印度接壤国家未经审核通过投资项目的规定。该规定被认为带有浓厚的针对中国企业的意味。印度还一直将中国列为投资敏感国，对中企实行高等级的安全审查和更严苛的审批程序。印度还在中印边界地区如藏南地区、克什米尔等地建立安全禁区，规定在从

---

① *The Department of Defense*, *Indo-Pacific Strategy Report*: *Preparedness*, *Partnerships and Promoting a Networked Region*, June 1, 2019, Available at https://media.Defense.gov/2019/May/31/2002139210/-1/-1/1/DOD _ INDO _ PACIFIC _ STRATEGY _ REPORT _ JUNE _ 2019.PDF.

② 例如 1962 年爆发中印边境冲突后，印度于 1968 年出台了《敌国财产法》，没收在印中国人和中企的财产。迄今这一法律依然存在。在 2020 年 6 月 15 日加勒万河谷冲突事件前后，印度针对中企发起了打压措施。

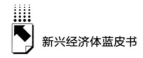
边界线向印度一侧延伸 10 公里以内的区域范围内，禁止外资企业特别是中企从事任何工程建设、设备制造等活动。

印度在地理位置上居于南亚中心区域，人口、面积、GDP 都在本区域占据绝对优势，分别占到整个南亚地区的 75%、63%、78%。① 印度因此长期以南亚地区的主导性大国自居，视本地区为印度羽翼下的禁脔。对于中国搞"一带一路"和 BCIM 建设，印度从放大中印竞争面的视角来看待，认为中国的行动旨在凭借强大的基建优势、资金实力和制造能力在南亚扩展影响力②，挤压印度的战略空间，威胁印度的主导地位。③ 中巴经济走廊的快速推进也在一定程度上加剧了印度的担忧和怀疑。④ 为了抗衡中国，印度在 2013 年提出印度—湄公河区域经济走廊合作构想⑤，还与日本联合推出建设"亚洲经济走廊"⑥ 和"亚非经济走廊"计划⑦。

4. 域外势力的干预

美国等西方势力的干预是影响 BCIM 建设的一大地缘政治因素。美国视中国为最大的战略竞争对手，因此对中国推动"一带一路"倡议和经济走

---

① 朱翠萍：《印度的地缘政治想象对中印关系的影响》，《印度洋经济体研究》2016 年第 4 期。

② 中企在南亚地区显示了强大的投资和工程建设能力，对斯里兰卡、尼泊尔等的吸引力明显增加。如 2016 年在巴基斯坦完成瓜达尔港的建设工程；2019 年，与尼泊尔达成 20 亿美元的水电合作项目等。从 1994 年到 2016 年，中国在南亚累计投资项目 22 个，投资金额达到 277.8 亿美元，提供贷款 26 项，贷款额达 144.23 亿美元。参见宋爽、王永中《中国对"一带一路"沿线国家金融支持的特征、挑战和对策》，http：//www.iwep.org.cn/xscg/xscg_ lwybg/201705/W020170511368228432611.pdf；《孟、印、缅如何看孟中印缅走廊》，新华网，http：//www.xinhuanet.com/world/2015_ 06/01/c_ 127865459_ 2.htm。

③ 朱翠萍、科林·弗林特：《"安全困境"与印度对华战略逻辑》，《当代亚太》2019 年第 6 期，第 26~46 页。

④ 2023 年 5 月 5 日，印度外长苏杰生在上合组织外长会议上发言称："印度反对目前的中巴经济走廊方案，因为其影响印度的安全。"

⑤ 《印度谋划建设印度—媚公河区域经济走廊》，中华人民共和国商务部官网，http：//in.mofcom.gov.cn/article/jmxw/201311/20131100394032.shtml，最后访问日期：2023 年 6 月 26 日。

⑥ 《日本与印度将共同推进"亚洲经济走廊"》，中文国际，http：//www.chinadaily.com.cn/hqzx/2014-01/20/content_ 17245091.htm，最后访问日期：2023 年 6 月 26 日。

⑦ 2017 年 5 月，印度总理莫迪在第 52 届非洲发展银行年会上提出该项战略倡议，拟通过将日本的技术、资金优势与印—非合作经验相结合，建设"亚非经济走廊"。参见王道征《印日"亚洲增长走廊"构建与前景》，《印度洋经济体研究》2017 年第 5 期。

廊建设一直处处掣肘，阻挠破坏。从特朗普到拜登的两届美国政府都极力奉行对华遏制政策。为了抗衡中国，美国提出"印太战略"、"经济繁荣网络"和"重建美好世界"等倡议；在基础设施建设方面，美国拉拢日本、澳大利亚等，发起制定所谓的基础设施建设"全球认可标准"；在产业链和供应链方面，大搞"去中国化"的半导体技术联盟，在舆论上大肆抹黑中国的"一带一路"倡议和经济走廊建设，炒作所谓的中国"债务陷阱"论。美西方国家的压力以及舆论攻势，对有关国家对待 BCIM 的立场以及项目决策都会产生负面作用。[①]

5. 新冠疫情的冲击

2020 年新冠疫情在全球蔓延，重创全球经济，对 BCIM 建设也产生了巨大影响。新冠疫情全球大流行后，孟印缅三国经历了数轮疫情的冲击。为了控制疫情蔓延，三国均采取了严格的防控措施。这种情况导致人员、货物等流动严重受限，BCIM 工程项目一度陷入停滞。同时，为了应对疫情，相关国家都纷纷大幅增加国内财政支出，加之疫情导致货币贬值、外来投资巨减、出口急剧下降和国家财政收入急速下降，国家财政面临巨大压力，BCIM 建设项目也出现了或被暂时搁置或被边缘化的情况。进入后疫情时期，BCIM 各国仍然面临重振经济的紧迫任务，在议程安排的优先次序上、可投入资源的分配上，BCIM 项目的正常运作仍面临一定的竞争压力。

四 进一步推进 BCIM 建设的政策建议

基于上述对 BCIM 建设成效、挑战和困境的分析，就未来如何进一步推动 BCIM 建设提出如下政策建议。

[①] 这方面的影响案例，如缅甸民盟政府以"避免陷入债务陷阱"为由大幅缩减了皎漂深水港项目从中国的融资金额，明显受到西方渲染抹黑中国的所谓"债务陷阱论"的影响。参见李晨阳、孟姿君、罗圣荣《"一带一路"框架下的中缅经济走廊建设：主要内容、面临挑战与推进路径》，《南亚研究》2019 年第 4 期，第 112~133 页。

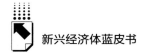

（一）加强基础设施建设，深化互联互通合作

各国应该在加强基础设施建设和实现互联互通上持续发力。一是要高度重视融资问题，帮助参与经济走廊建设的施工企业解决资金难题。二是要利用好各种融资平台，特别是亚洲基础设施投资银行、金砖国家新开发银行（New Development Bank，NDB）和丝路基金等本地区平台。要加强各国之间的沟通和协调，围绕经济走廊总体建设规划、技术标准、合作机制等问题，稳步推进，统筹安排。考虑适时签署关于 BCIM 基础设施建设和互联互通协议，制定《孟中印缅经济走廊建设总体规划》，签署《孟中印缅跨境客货运输便利化协定》等制度性协议。三是要抓住关键项目和关键节点，实现重点突破。譬如在陆路交通方面针对重要路线、缺失路段、瓶颈路段等实施一批重点工程，在建设资金、税收政策方面加大支持力度。对中国来说，可以云南省为重点，大力推进环印度洋大通道建设，尽快搭建"南亚大陆桥"，加强与南亚周边国家能源设施和电力通道的互联互通。推进跨境信息基础设施建设，向孟、印、缅等拓展 5G 领域建设和服务。

（二）增强政治互信，稳定中印关系

无论是经济发展还是从国家关系来看，维持良好而稳定的中印关系都是至关重要的。"中印同时崛起的态势，更需要妥善处理并正确定位两国关系。"①

"中印关系要稳定、要发展，基础是互信。"② 要培育中印政治互信，消除互信赤字，一是要通过友好协商妥善管控分歧。在致力于通过特定机制和长期努力谈判解决边界问题的同时，要在边界地区建立信任措施，维护边境

---

① 《中国驻印大使罗照辉：中印应走出过去 面向未来》，百度百家号，https：//baijiahao. baidu. com/s？id=1601969728973393216&wfr=spider&for=pc，最后访问日期：2023 年 6 月 26 日。
② 《习近平同印度总理莫迪在武汉举行非正式会晤》，百度百家号，https：//baijiahao. baidu. com/s？id=1599006234152809346&wfr=spider&for=pc，最后访问日期：2023 年 6 月 26 日。

地区和平安宁。二是要着眼于两国关系发展的大局，从全局性、长期性和战略性的视角，来看待和把握中印关系的发展，保持中印关系稳定向前发展。可以采取政治与经济适度分开的办法，把政治因素对经济的不利影响降到最低。三是要继续推动中印经贸合作和两国各层面的交流，包括政府、民间、媒体、智库等的合作沟通，以便增进了解和培养感情。当前中印两国的交往，无论是从贸易额还是从人员交往来看，显然都与两国的发展潜力不相匹配。

中印关系是影响未来孟中印缅经济走廊建设长远发展的关键因素。中印两国只有切实建立起政治互信，才有可能在 BCIM 框架下达成有意义的合作。中印两国都是 BCIM 建设的关键参与者，只有中印真诚合作，BCIM 才会有美好的发展前景。

（三）密切重点领域合作，打造利益命运共同体

经贸合作是 BCIM 建设的核心内容。应该以优势产业合作为核心，聚焦重点合作项目，为 BCIM 建设提供强有力的产业支撑。考虑到经济走廊地区能源丰富和基础设施落后的情况，要大力进行水电、太阳能、风能、油气等能源资源的合作开发，改善能源输送和利用的基础设施。鉴于孟中印缅四国都是农业大国的国情，要大力开展农业生产技术合作，设立重点农业合作项目，譬如农业示范区、畜牧业跨境合作区和农产品加工基地等。要继续拓展旅游合作。充分利用区域内丰富的文化、历史、自然、人文等旅游资源，大力发展旅游产业，可以尝试成立跨国旅游企业，共同开发、运营一些黄金旅游路线，合力推广宣传旅游产品和开拓客源市场。要深化产能合作。四国分别处在工业化发展的不同阶段，产业互补性强。要利用好各国的比较优势，如中国有资金优势和强大的制造业，印度的服务业高度发达，缅甸和孟加拉国有丰富的矿产资源。要精心挑选一些重点合作领域的重点项目，开展国际产能合作。

BCIM 建设要取得实效，共同利益是基石。只有以共同的利益诉求为基础，才能凝聚强烈的合作意愿和获得强大的动力。在 BCIM 建设过程中，各国既要维护自身利益，也要照顾他国利益，要兼顾本国发展与各国共同发展。

在整体建设规划上，要充分考虑 BCIM 区域各国人民的利益，深化互利合作与利益融合，把 BCIM 打造成互利合作、共同发展、利益相关的命运共同体。

（四）不断创新合作模式，为推进 BCIM 建设提供新动力

为了充分调动各方的积极性，提升合作意愿和增强信心，要注重合作模式的不断创新。鉴于印度现阶段参与 BCIM 的积极性不高，多边合作要在短期内取得突破不具备可行性。那么，优先发展双边合作，优先与合作意愿高的国家进行合作，就不失为一种明智的选择。实际上，以双边促多边就是在这一特定背景下的合作模式创新，也可以看作一种灵活的分步走战略。合作模式的创新还体现在合作对象、合作领域、合作项目等的精心选择上。合作意愿高的国家可以先行合作，优势合作领域可以优先安排，合作基础稳固、取得共识容易的项目可优先上马，这些做法都属于模式创新的范畴。这样做不仅有助于推动 BCIM 建设早日取得实效，还将起到凝聚共识和提振信心的示范效应。①

（五）建立健全合作机制和制度规范，为 BCIM 建设提供稳定保障

当前 BCIM 合作机制和各项规章制度尚不够健全。从多边合作角度看，在 BCIM 框架下，目前尚未能就统一规划、协商机制与政策引导达成一致意见。尽管中国坚定地支持和积极推动 BCIM 建设，但在国内层面也还未建立专门的统筹各省份行动的协调机制，目前这项工作主要由与南亚地区接壤的云南省、西藏自治区等地方政府负责和推动，尚未能形成相关省份联动机制和合力。在这方面，也许可以借鉴中巴经济走廊建设的经验。迄今为止，中巴经济走廊无论是在合作机制还是制度建设方面都走在了六大走廊建设的前头，其既有明确的合作规划，又建立了以双边联委会为主的有效工作机制。未来要进一步建立完善 BCIM 框架下的合作机制及各项制度，如可适时建立昆明合作组织，设立孟中印缅领导人会议、部长级会议等系列工作机制，可

---

① 卢光盛、邓涵、金珍：《GSM 经济走廊建设的经验教训及其对孟中印缅经济走廊的启示》，《东南亚研究》2016 年第 3 期。

以推动次区域政府签署涉及跨境运输、贸易投资便利化等的一系列法律文件等。

　　制度建设还包括标准规则的统一制定和规范。以铁路的硬联通为例，包括缅甸在内的中南半岛国家多使用 1000 毫米轨距的窄轨，而印度、巴基斯坦和孟加拉国则多使用 1676 毫米轨距的宽轨。这种标准上的差异不仅对跨境铁路的通行速度造成影响，还会给建设新的跨境铁路带来挑战。在软联通方面，BCIM 建设也同样面临着建立成熟而完备的规则标准的任务。

参考文献

［1］李晨阳、孟姿君、罗圣荣：《"一带一路"框架下的中缅经济走廊建设：主要内容、面临挑战与推进路径》，《南亚研究》2019 年第 4 期。

［2］林延明：《印度东北部地区与孟中印缅经济走廊》，《东南亚南亚研究》2015 年第 3 期。

［3］刘金鑫：《孟中印缅经济走廊建设研究》，云南大学出版社，2016。

［4］刘稚、黄德凯：《地缘政治权力结构冲突下的孟中印缅经济走廊建设》，《南亚研究》2018 年第 1 期。

［5］罗圣荣、聂姣：《印度视角下的孟中印缅经济走廊建设》，《南亚研究》2018 年第 3 期。

［6］杨思灵：《"一带一路"：中印战略互疑、挑战与对策》，《印度洋经济体研究》2016 年第 5 期。

［7］姚遥、贺先青：《孟中印缅经济走廊建设的现状及前景》，《现代国际关系》2018 年第 8 期。

［8］殷永林：《孟中印缅经济走廊的线路研究》，《云南社会科学》2016 年第 1 期。

［9］尹响、赵师苇：《孟中印缅经济走廊视域下中缅经济走廊建设的机遇、挑战与对策》，《南亚研究季刊》2020 年第 4 期。

［10］朱翠萍、〔印〕斯瓦兰·辛格编著《孟中印缅经济走廊建设：中印视角》，社会科学文献出版社，2015。

［11］朱翠萍、科林·弗林特：《"安全困境"与印度对华战略逻辑》，《当代亚太》2019 年第 6 期。

［12］B. R. Deepak, "Bangladesh, China, India, Myanmar Economic Corridor（BCIM - EC）: Security Dilemma Rider to Regional Economic Integration," in B. R. Deepak

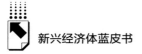

ed. , *China's Global Rebalancing and the New Silk Road* (Springer, October 24, 2017): 51–68.

[13] Hidetaka Yoshimatsu, "India's Response to China's Geoeconomic Rise: Hedging with a Multipronged Engagement," *Australian Journal of Politics and History*, December 2022, 68 (4): 593–611.

[14] Lucio Blanco Pitlo Ⅲ, Amruta Karambelkar M. Phil Scholar, "India's Perception and Response to China's 'One Belt, One Road' Initiative: Views from Indian Mainstream Media," *Asian Politics & Policy*, October 2015, 7 (4): 667–671.

[15] Shahidul Islam, Wuji Wang & Laping Sheng, "The Construction of Bangladesh-China-India-Myanmar Economic Corridor: Current Situation, Problem and Countermeasures," *Asian Journal of Social Science Studies* 2022, 7 (4): 10–24.

B.11
中国—南非自贸区建设前景展望

李景睿　侯卓君*

摘　要： 金砖国家是世界重要经济体，建立自由贸易区是实现金砖国家间贸易合作和加快共同发展的重要引擎。中国和南非有着长久以来的密切经贸来往，因此有必要研究两国的贸易竞争性与互补性，为中国—南非自贸区建设探索经验、指明方向。本报告选取 HS（2002）海关二位码①，通过测度中国和南非的货物贸易强度指数、专业化系数、一致性系数、显示性比较优势指数和贸易互补性指数，对中国与南非两国的贸易竞争性和互补性进行分析。结果显示，中国和南非之间的贸易联系较为紧密，竞争性并不强，但存在较高的互补性，具备良好的自贸区建设基础，但需要双方共同克服一些难题。

关键词： 新兴经济体　金砖国家　自由贸易区　贸易竞争性　贸易互补性

一　引言

金砖国家作为全球经济重要经济体，是经济全球化稳健持续发展的重要

---

* 李景睿，博士，教授，广东工业大学经济学院，金砖国家研究中心副秘书长，研究领域为世界经济、金砖国家；侯卓君，硕士研究生，广东工业大学经济学院，研究领域为应用经济学。本报告得到国家社科基金项目"数字经济背景下全球价值链分工地位重塑与收入分配的演变研究"（编号：22BJL078）资助。

① 张晓涛、王淳：《以自贸区为发展方向的金砖国家经贸合作——基于相互贸易关系视角的分析》，《宏观经济研究》2017年第4期。

力量，有助于改变西方发达国家主导的单极经济体系，推动各国经济竞争，促成更多国际合作。2022 年 6 月，中国作为金砖国家主席国，主办了以"构建高质量伙伴关系，共创全球发展新时代"为主题的金砖国家领导人的第十四次会晤。会晤中，中国强调，要继续秉持发扬多边主义的信念，促进包容性、代表性和参与性的全球治理，帮助发展中国家和最不发达国家公平参与全球决策、协商与合作。

为扭转发展中国家普遍被排斥在全球经济体系之外的边缘化现状，推动构建自贸区、增强南南合作对于整合新兴经济体的资源、重塑新兴经济体的优势、提升新兴经济体在国际贸易中的话语权、促进全球区域经济一体化具有深远影响。而南非和中国的货物产品进出口各有自身特点，建设好自贸区有利于促进国际贸易发展，提高南南合作水平。

为反映中国—南非自贸区建设的改进空间，需要对中南两国的贸易指数进行描述分析。现有关于金砖国家商品贸易的研究主要关注两个方面：第一，以进出口结构为基础对金砖国家贸易竞争性和互补性进行研究；第二，围绕金砖国家自贸区建设条件与前景开展研究。目前中国已有许多学者对金砖国家的贸易竞争性和互补性展开深入描述和分析。武敬云运用多种贸易指数发现金砖国家间的贸易联系较薄弱，但总体上呈现贸易互补性，同时存在较强的贸易竞争性。[1] 赖平耀和武敬云构建了"对称性贸易互补性指数"和"对称性贸易竞争性指数"，发现中国和南非的竞争商品种类较多，但竞争程度不高，中国和南非的商品种类贸易互补是对称的，但贸易互补关系显著不对称。[2] 汤碧使用显示性比较优势指数等研究发现，中国和南非的农产品竞争并不激烈且有缓和趋势，中国和南非的农产品贸易存在互补性且具有较大潜力。[3] 郑学党和庄芮修正的恒定市场份额模型（CMS）从中国对其他金

---

[1] 武敬云：《"金砖国家"的贸易互补性和竞争性分析》，《国际商务》（对外经济贸易大学学报）2012 年第 2 期。

[2] 赖平耀、武敬云：《"金砖国家"经贸合作面临的机遇和挑战》，《统计研究》2012 年第 2 期。

[3] 汤碧：《中国与金砖国家农产品贸易：比较优势与合作潜力》，《农业经济问题》2012 年第 10 期。

砖国家出口影响因素的角度研究得出中国对南非出口增长以出口价格竞争为主的结论①；杨逢珉和吴梦怡以机电产品为研究对象，发现中国与其他金砖国家的劳动密集型机电产品贸易互补性较强，资本密集型机电产品贸易互补性较弱。②

关于如何建立与规划自贸区，国内学者相继对中国应对经济全球化局势的自贸区部署战略提出观点和建议。其中，蔡春林和刘畅认为金砖国家建立自贸区的过程中存在利益共谋和冲突，建立自贸区是金砖国家对多边贸易体制的有力补充，金砖国家自贸区短期内存在由于认知和诉求等分歧而产生的彼此排斥，需要通过建立共同的评估协调机制实现长期经贸合作。③ 刘文革和王文晓利用 GTAP 模型分析金砖国家建立自贸区后对经济的影响，提出建立自贸区会使金砖国家的商品结构重合，可能冲击部分脆弱产业，但符合金砖国家的长期利益。④ 刘合光等采用 GTAP 数据库模拟自贸区建立对金砖五国农产品贸易的效应，研究结果显示，中国的多数农产品产出将下降并且贸易逆差将扩大，而南非具备比较优势的农产品将从中获益。⑤

本报告旨在通过贸易联系程度、贸易竞争性和互补性等角度对中国和南非的货物进出口贸易现状与特点进行探讨，由此根据中国和南非的国际贸易发展规律，从国家总体层面到产业类别层面比较两国发展自贸区的优劣势，总结得出中国—南非自贸区建设的利与弊，提出在未来长期建设中需要调整的策略方针。

---

① 郑学党、庄芮：《中国对其他金砖国家出口增长因素研究——基于修正的 CMS 模型分析》，《国际经贸探索》2015 年第 2 期。
② 杨逢珉、吴梦怡：《中国与其他"金砖国家"机电产品贸易竞争性和互补性研究》，《工业技术经济》2019 年第 4 期。
③ 蔡春林、刘畅：《金砖国家发展自由贸易区的战略冲突与利益协调》，《国际经贸探索》2013 年第 2 期。
④ 刘文革、王文晓：《建立金砖国家自贸区可行性及经济效应分析》，《国际经贸探索》2014 年第 6 期。
⑤ 刘合光、王静怡、陈珏颖：《金砖国家建立 FTA 对五国农业的可能影响及中国对策》，《农业经济问题》2015 年第 12 期。

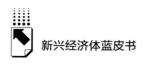

二 中国与南非货物贸易发展趋势

2011~2021年，中国与南非之间的货物进出口贸易总额经历了数次曲折变化。出口方面，如图1所示，中国对南非的出口额在2013~2014年、2015~2016年以及2019~2020年共出现过三次较为明显的下降，南非对中国的出口额在2011~2016年出现过四次幅度较大的跌落。总体来看，中国和南非之间的货物出口贸易仍然表现为上升趋势，尤其是在2020~2021年有一个明显的回升。进口方面，如图2所示，两国相互进口同样大致呈现上升的发展势头，南非对中国进口额没有太大的变化，但中国对南非的进口额在2011~2013年攀升之后，2013~2016年迅速逐年下跌，之后为有波动的增加。综合来看，中南两国的货物贸易相互依存，进出口相对来说没有出现顺逆差，尽管其间受到各种因素影响出现跌宕起伏，中国和南非的货物交易量最终仍然处于较高的水平。

图1　2011~2021年中国与南非出口贸易额

资料来源：根据UN COMTRADE数据库整理计算而得。

图 2 2011~2021 年中国与南非进口贸易额

资料来源：根据 UN COMTRADE 数据库整理计算而得。

三 中国与南非货物贸易联系程度

中国与南非长期以来具有一定规模的货物贸易总额，接下来需要进一步分析中国与南非的货物贸易的联系程度。本报告选取由 Brown 提出、后经 Kojima 等人完善的货物贸易强度指数 TII 来衡量中国与南非的货物贸易的联系强度，[①] 其中分为出口强度 TII_x 和进口强度 TII_m，计算公式如下：

$$TII_x = \left(\frac{X_{ij}}{X_i}\right) / [M_j / (M_w - M_i)]$$

$$TII_m = \left(\frac{M_{ij}}{M_i}\right) / [X_j / (X_w - X_i)]$$

其中，i、j 代表进行货物贸易的两个国家，TII_x 为 i 国对 j 国的出口强度，TII_m 为 i 国对 j 国的进口强度。X_{ij} 为 i 国对 j 国的出口额，M_{ij} 为 i 国对 j 国的进口额。M_i、M_j 和 M_w 分别为 i 国、j 国和世界的总进口额，X_i、X_j 和

[①] Brown，A. J.，"Applied Economics：Aspects of the World Economy in War and Peace，" *New York*：*Rinehart and Company*，1948；Kojima，K.，"The Pattern of International Trade among Advanced Countries，" *Hitotsubashi Journal of Economics*，1964，5（1）：16-36.

X_w 分别为 i 国、j 国和世界的总出口额。如果贸易强度指数大于 1，说明两国之间的贸易联系紧密，如果贸易强度指数小于或等于 1，则说明两国之间的贸易联系松散。一般来说，i 国对 j 国的出口强度较大，j 国对 i 国的进口强度通常也会相应较大，两个国家产业内贸易水平较高，但若出现两者一大一小的情况，则说明两个国家的产业内贸易水平较低。本报告测得的南非对中国的出口（进口）强度和中国对南非的出口（进口）强度如表 1 所示。

表 1   2011~2021 年中国与南非进出口贸易强度指数

方向	2011 年	2012 年	2013 年	2014 年	2015 年	2016 年	2017 年	2018 年	2019 年	2020 年	2021 年
TII_x南—中	1.222	1.070	1.231	0.920	0.920	0.929	0.957	0.847	0.997	0.992	0.940
TII_m南—中	1.334	1.267	1.328	1.255	1.335	1.384	1.437	1.451	1.406	1.415	1.366
TII_x中—南	1.148	1.214	1.261	1.153	1.233	1.196	1.275	1.252	1.302	1.354	1.342
TII_m中—南	2.819	4.114	4.397	4.115	3.212	2.585	2.333	2.344	2.318	1.788	1.931

资料来源：根据 UN COMTRADE 数据库和世界银行数据库整理计算而得；表中 "TII_x南—中" 为南非向中国出口，"TII_m南—中" 为南非向中国进口，"TII_x中—南" 为中国向南非出口，"TII_m中—南" 为中国向南非进口。

从整体上看，中国与南非在 2011~2021 年的进出口贸易强度指数大部分都在较高（1 以上）水平，虽然南非对中国的出口强度系数在 2014~2021 年回落，但这一数值在 0.9 附近徘徊，这表示中国与南非之间无论是在出口贸易还是在进口贸易方面的联系都相对紧密。总的来说，中南两国产业内的贸易水平处于较高的区间。

就出口强度而言，中南两国的出口强度较为相近，说明中国和南非的出口贸易联系程度较为稳定持久。就进口强度而言，中南两国的进口强度均大于两国的出口强度，且一直保持大于 1 的状态，尤其是 2012~2014 年，中国对南非的进口强度更是达到了 4 的高值，而南非对中国的进口强度相对小一些。这说明中国在货物进口贸易方面对南非依赖性比南非对中国的依赖性要高，中国对南非的货物有着较大的需求，南非是中国货物的重要补给来源国。中国和南非的自贸区建设有一定的现实必要性和贸易基础，具备后续发展的可行性。

四　中国与南非货物贸易竞争性与互补性

贸易竞争性和贸易互补性是对经济体之间的贸易关系进行研究分析的主要切入点，其中又分为国家层面和产业层面的贸易竞争性与互补性，对其分析可以为建设自贸区的策略制定与优化提供参考。下面使用从联合国 UN COMTRADE 数据库下载的 HS 海关二位码商品目录国际贸易数据进行计算，并采用修正后的专业化系数和一致性系数、贸易互补性指数和显示性比较优势指数，对中南贸易竞争性与互补性展开多方面的评价。

（一）国家层面的中南贸易竞争性与互补性

本报告参考张晓涛和王淳的做法[①]，选用修正后的出口专业化系数（CS）、修正后的出口一致性系数（CC）、修正后的进口专业化系数（CS_m）和修正后的出口一致性系数（CC_m）对中国与南非的贸易竞争性和互补性进行分析，计算公式如下：

$$CS = 1 - \frac{1}{2} \sum_n | a_{it}^n - a_{jt}^n |$$

$$CC = \frac{\sum_n a_{it}^n a_{jt}^n}{\sqrt{\sum_n (a_{it}^n)^2 \sum_n (a_{jt}^n)^2}}$$

$$CI = \frac{1}{2}(CS + CC)$$

$$CS_m = 1 - \frac{1}{2} \sum_n | a_{it}^n - b_{jt}^n |$$

$$CC_m = \frac{\sum_n a_{it}^n b_{jt}^n}{\sqrt{\sum_n (a_{it}^n)^2 \sum_n (b_{jt}^n)^2}}$$

---

① 张晓涛、王淳：《以自贸区为发展方向的金砖国家经贸合作——基于相互贸易关系视角的分析》，《宏观经济研究》2017 年第 4 期。

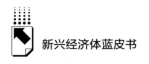

$$CI_m = \frac{1}{2}(CS_m + CC_m)$$

其中，a_{it}^n 和 a_{jt}^n 分别指 t 时间内产品 n 在 i 国和 j 国的出口占其总出口的比重，b_{jt}^n 指的是 t 时间内产品 n 在 j 国的进口占 j 国总进口的比重。

如果 CS 和 CC 指数越接近于 1，则说明 i 国和 j 国的贸易竞争性越强，i、j 两国的贸易出口结构越为相似；相反，如果 CS 和 CC 指数越接近于 0，则说明 i 国和 j 国的贸易竞争性越弱，中国和南非的出口结构差异越大。如果 CS_m 和 CC_m 指数越接近于 1，则说明 i 国和 j 国的贸易互补性越强，i、j 两国的贸易适配程度越高，进行贸易合作的互惠可能性越大；相反，如果 CS_m 和 CC_m 指数越接近于 0，则说明 i 国和 j 国的贸易互补性越弱，i、j 两国的产品进出口需求错位越大，贸易越难开展。

本报告借鉴张晓涛和王淳编制的 HS 海关二位码产品目录分类①，剔除部分与农业、矿产业和制造业无关的产品类别，把货物分为 18 个大类，包括：01~05，活动物、动物产品；06~14，植物产品；15，动植物油脂；16~24，食品、饮料、烟草；25~27，化工产品；28~38，矿产品；39~40，塑料、橡胶；41~43，皮革制品、箱包；44~46，木及制品；47~49，纤维素浆、纸张；50~63，纺织品及原料；64~67，鞋靴、伞等轻工品；68~70，陶瓷、玻璃；71，贵金属及制品；72~83，贱金属及制品；84~85，机电产品；86~89，运输设备；90~92，光学、照相及零件。以产品类别和年份为单位，分别计算了 2011~2021 年中国和南非的 CI 指数和 CI_m 指数，把贸易竞争性指数（CS、CC）和贸易互补性指数（CS_m、CC_m）按照从弱到强的梯度划分为五个级别，即 0~0.25 为很弱、0.25~0.45 为较弱、0.45~0.55 为一般、0.55~0.75 为较强、0.75~1 为很强，并根据计算结果对中南贸易竞争性和互补性进行评级（见表 2）。

---

① 张晓涛、王淳：《以自贸区为发展方向的金砖国家经贸合作——基于相互贸易关系视角的分析》，《宏观经济研究》2017 年第 4 期。

表 2　2011~2021 年中国与南非进出口贸易竞争性和互补性

指数/方向	2011 年	2012 年	2013 年	2014 年	2015 年	2016 年	2017 年	2018 年	2019 年	2020 年	2021 年
CI 中—南	较弱	较弱	较弱	较弱	较弱	较弱	较弱	较弱	较弱	较弱	较弱
CI_m 南—中	较强	较强	较强	较强	较强	较强	较强	较强	较强	较强	较强
CI_m 中—南	较强	较强	较强	较强	很强	很强	很强	较强	较强	很强	较强

资料来源：根据 UN COMTRADE 数据库整理计算而得；表中"CI 中—南"为中国和南非的贸易竞争性指数，"CI_m 南—中"为南非作为进口国、中国作为出口国时的贸易互补性指数，"CI_m 中—南"为中国作为进口国、南非作为出口国时的贸易互补性指数。

从表 2 显示的结果可知，中国和南非从 2011 年至 2021 年的 CI 指数评级都在"较弱"的区间，贸易竞争性一直较为缓和，贸易结构相似度没有得到特别大的提升，中南两国的出口在国际贸易上的竞争并不激烈，由此可以预估中国和南非建设自贸区在未来短期内不会产生巨大的利益对抗。从 CI_m 南—中和 CI_m 中—南的评级可以看出，中国和南非的贸易互补性长期较强，无论是南非出口、中国进口或是中国出口、南非进口，两国的贸易供需结构存在较好的耦合性，中国和南非彼此的货物类型互补互利，两国互为彼此合适的贸易对象，这有利于未来开展自贸区的后续合作。

（二）产业层面的中南贸易竞争性与互补性

1. 产业层面的中南贸易竞争性

金砖国家的竞争会集中出现在部分区位优势相近的产业上，由贸易竞争带来的利益冲突对自贸区的建设影响很大，厘清中国和南非在哪些产业上存在贸易竞争性，可以帮助完善自贸区的互利共赢机制。本报告选用由 Balassa 提出的传统的显示性比较优势指数（RCA 指数）来刻画中国和南非两国之间各个产业的出口竞争力[①]，计算公式如下：

$$RCA_{ui} = (x_{ui}/x_{gi})(x_{uw}/x_{gw})$$

---

① Balassa, B., "Trade Liberalization and 'Revealed' Comparative Advantage," *The Manchester School*, 1965, 33（2）: 99-123.

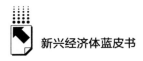

其中，x_{ui}代表产品 u 在国家 i 的出口额，x_{gi}代表国家 i 的出口总额，x_{uw}代表产品 u 的世界出口额，x_{gw}代表世界总出口额。

本报告计算了 2011～2021 年中国和南非 18 个种类的产品的显示性比较优势并取 11 年数值的平均值，按照日本振兴协会的标准把中南两国各个产业的国际竞争力划分为四个级别：RCA<0.8 为较弱、0.8≤RCA<1.25 为中度、1.25≤RCA<2.5 为较强、RCA≥2.5 为极强。表 3 展示的是 2011～2021 年中国和南非的显示性比较优势指数竞争级别在中度及以上（RCA≥0.8）的产业门类。

表 3 2011～2021 年中南两国竞争性较强的产业

HS 二位码分类商品	中国	南非
01～05：活动物、动物产品	—	—
06～14：植物产品	—	较强
15：动植物油脂	—	—
16～24：食品、饮料、烟草	—	较强
25～27：化工产品	—	较强
28～38：矿产品	—	—
39～40：塑料、橡胶	中度	—
41～43：皮革制品、箱包	较强	—
44～46：木及制品	中度	—
47～49：纤维素浆、纸张	—	较强
50～63：纺织品及原料	极强	—
64～67：鞋靴、伞等轻工品	极强	—
68～70：陶瓷、玻璃	较强	—
71：贵金属及制品	—	极强
72～83：贱金属及制品	中度	较强
84～85：机电产品	较强	—
86～89：运输设备	—	较强
90～92：光学、照相及零件	中度	—

资料来源：根据 UN COMTRADE 数据库整理计算而得。

　　由表 3 可以得出：除了贱金属及制品以外，中国和南非富有竞争力的产业几乎没有重合，双方并不直接对彼此的货物出口贸易构成竞争威胁，这预示着中国和南非建设自贸区可以避免大部分产业内贸易的利益冲突。中国最具竞争力的产业集中在纺织品及原料，鞋靴、伞等轻工品，以轻工制造业为首要优势，其次是皮革制品、箱包，陶瓷、玻璃和机电产品；南非最具竞争力的产业集中在贵金属及制品，以金属制造业为首要优势，其次为植物产品，食品、饮料、烟草，化工产品，纤维素浆、纸张，贱金属及制品和运输设备。

　　综上所述，中国的优势出口产业主要为劳动密集型和资本密集型产业。作为人口大国拥有可供工厂流水线作业的丰富劳动力，依靠从其他国家进口的半成品进行再加工出口工业制成品；南非的优势出口产业主要为原料密集型和劳动密集型产业，拥有丰富的植物、矿产和能源资源，并受限于相对落后的工艺技术，以向其他国家出口初级产品为主。由此可见，中国和南非可以构成上下游产业衔接关系，两国有着坚实的建设自贸区的产业链基础。

　　2. 产业层面的中南贸易互补性

　　贸易互补性是两国建设自贸区、加强贸易合作的前提条件。为考察中国和南非的货物贸易互补性，本报告采用 Drysdale 提出的贸易互补性指数 C_{ij}^p 来刻画中南两国之间贸易进口与出口的匹配程度，[1] 计算公式如下：

$$C_{ij}^p = RCA_{xi}^p \times RCA_{mj}^p$$
$$RCA_{xi}^p = (X_i^p / X_i) / (W_x^p / W_x)$$
$$RCA_{mj}^p = (M_j^p / M_j)(W_m^p / W_m)$$

　　其中，RCA_{xi}^p 代表 i 国在 p 产品上的相对出口优势，X_i^p 代表 i 国的 p 产品出口额，X_i 代表 i 国的出口总额，W_x^p 代表 p 产品的世界出口，W_x 代表世界出口总额；RCA_{mj}^p 代表 j 国在 p 产品上的相对进口劣势，M_j^p 代表 j 国的 p 产品进口额，M_j 代表 j 国的进口总额，W_m^p 代表 p 产品的世界进口额，W_m 代表

---

① Drysdale, P., "Japan, Australia, New Zealand: The Prospect for Western Pacific Economic Integration," *Economic Record*, 1969, 45 (3): 321-342.

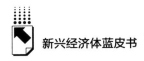

世界进口总额。贸易互补性指数 C_{ij}^p 为 i 国在 p 产品上的相对出口优势 RCA_{xi}^p 和 j 国在 p 产品上的相对进口劣势 RCA_{mj}^p 的乘积。

如果 C_{ij}^p 的值大于 1，则说明两国在 p 产品上具有较强的贸易互补性，且 C_{ij}^p 的值越大，贸易互补性就越强；相反，如果 C_{ij}^p 的值小于 1，则说明两国在 p 产品上具有较弱的贸易互补性，且 C_{ij}^p 的值越小，贸易互补性就越弱。本报告计算了 2011~2021 年中国和南非 18 个大类的贸易互补性指数，取 11 年的平均数作为最终衡量结果，表 4 列举的是中南两国互补性较强（C_{ij}^p 大于 1）的产业。

表 4　中南两国具有互补性的产业

HS 二位码分类商品	南非—中国	中国—南非
01~05:活动物、动物产品	—	—
06~14:植物产品	√	√
15:动植物油脂	—	√
16~24:食品、饮料、烟草	—	—
25~27:化工产品	√	√
28~38:矿产品	—	—
39~40:塑料、橡胶	—	√
41~43:皮革制品、箱包	—	—
44~46:木及制品	√	—
47~49:纤维素浆、纸张	√	√
50~63:纺织品及原料	—	—
64~67:鞋靴、伞等轻工品	—	—
68~70:陶瓷、玻璃	—	—
71:贵金属及制品	√	—
72~83:贱金属及制品	√	—
84~85:机电产品	—	√
86~89:运输设备	—	—
90~92:光学、照相及零件	—	√

资料来源：根据 UN COMTRADE 数据库整理计算而得；表中"南非—中国"指南非为出口国、中国为进口国；"中国—南非"指中国为出口国、南非为进口国。

从表 4 可以看出，总体上中国和南非具有产业覆盖面较广的贸易互补性。中国和南非在化工产品和纤维素浆、纸张产品上存在双向互补性。从要素禀赋的角度看，中南两国有在原材料要素和技术要素上取长补短的空间。南非主要在植物产品，化工产品，木及制品，纤维素浆、纸张，贵金属及制品和贱金属及制品等产品的出口方面与中国存在互补性。南非相对中国有着更为充足的森林与矿产储备，可以为中国的制造业提供食品、纸制品、冶金等工业建材原料。中国主要在动植物油脂，化工产品，塑料、橡胶，纤维素浆、纸张，机电产品以及光学、照相及零件等产品的出口方面与南非存在互补性。可见，中国的工业制品相比南非有着更高精密度和科技含量，可以弥补南非的工业产品短板。

五　推动中南自贸区建设政策建议

综合前文分析所得，中国和南非过去十几年都保持着较密切的贸易联系，贸易竞争性较小，互补性很强，两国贸易的互补性远大于竞争性。中国货物出口以劳动密集型轻工业产品为主导优势，南非货物出口以资源密集型农业产品为主导优势，南非能够向中国供应大量的工业原材料，中国能够向南非供应工业制成品，中南两国的要素禀赋和贸易结构高度契合。据此可以推测，在两国的贸易结构没有发生特大改变的前提下，中国和南非建设自由贸易区在未来一段时间内不会面临严重的贸易摩擦，但也要看到中国—南非自贸区建设存在的制约因素。南非正式加入金砖国家组织相对较晚，在区域经济一体化建设过程中，中国走在南非前列并取得了良好的成果，积累了充足的发展经验，南非对规则的适应成本较高。为了推动中国—南非自贸区建设，需要在如下三个方面加强协调对接和有效协动。

第一，深化市场需求对接。测算结果表明，中国和南非的产业内贸易水平较高，但以互补为主，竞争并不激烈。这说明中国今后可以继续加强与南非的产业内贸易分工合作，双方彼此给予对方关税优惠待遇，促进国际产业链协同。中南两国在保持原有贸易的基础上，进一步挖掘与衔接对方的国际市场需求，充分利用对方的要素禀赋优势，节约进口成本，增加出口收益，实现互利共赢。中南两国可针对各自的贸易重点产业领域制定双向贸易协

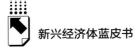

议，扩大贸易往来，减少来自发达国家的贸易限制。

第二，营造双边便利贸易环境。中国和南非的自贸区建设少不了贸易环境的共建。中南两国应该搭建官方开放查询平台，公布采购价格、关税等费用明细，促进市场资讯更新与最新信息共享。简化海关检查程序，提高货物跨国交易效率。在竞争性产业上提倡双方公平相待，以合作推动竞争，减少恶意壁垒，寻求共同利益诉求，进一步完善和实施区域贸易协定。中国发展较快，可以适当给予南非资金扶持，推动南非贸易发展；南非可以发挥要素优势，为中国提供关税减免优惠，帮助中国规避他国的高关税打压。中南两国可以减少互相海外建厂的投资约束。

第三，稳步提升产品竞争力。南非在进口中国产品的过程中，可以通过模仿学习改进产品制造工艺，提升出口产品的技术含量，提高产品的质量档次，促进出口产业结构升级转型。中国可以借助南非更为廉价的劳动力，以进口南非初级产品代替本国国内生产，提高出口产品价格的国际竞争力。中南两国明确产品产权制度，互相借鉴对方优势，实现本国出口产品的创新优化，以自贸区合作为铺垫，提高世界产业链附加值和国际贸易竞争力。

参考文献

［1］蔡春林、刘畅：《金砖国家发展自由贸易区的战略冲突与利益协调》，《国际经贸探索》2013 年第 2 期。

［2］赖平耀、武敬云：《"金砖国家"经贸合作面临的机遇和挑战》，《统计研究》2012 年第 2 期。

［3］李自若：《中国与南非贸易竞争性与互补性评价分析》，《中国市场》2012 年第 19 期。

［4］刘合光、王静怡、陈珏颖：《金砖国家建立 FTA 对五国农业的可能影响及中国对策》，《农业经济问题》2015 年第 12 期。

［5］刘文革、王文晓：《建立金砖国家自贸区可行性及经济效应分析》，《国际经贸探索》2014 年第 6 期。

［6］孙石磊、赵玉洁、胡瑞法：《中国与其他金砖国家的货物贸易及互补性研究》，

《商业经济研究》2015 年第 2 期。

［7］汤碧：《中国与金砖国家农产品贸易：比较优势与合作潜力》，《农业经济问题》2012 年第 10 期。

［8］王琳：《全球自贸区发展新态势下中国自贸区的推进战略》，《上海对外经贸大学学报》2015 年第 1 期。

［9］武敬云：《"金砖国家"的贸易互补性和竞争性分析》，《国际商务》（对外经济贸易大学学报）2012 年第 2 期。

［10］杨逢珉、吴梦怡：《中国与其他"金砖国家"机电产品贸易竞争性和互补性研究》，《工业技术经济》2019 年第 4 期。

［11］张琳：《国际经贸新规则：中国自贸区的实践与探索》，《世界经济与政治论坛》2015 年第 5 期。

［12］张晓涛、王淳：《以自贸区为发展方向的金砖国家经贸合作——基于相互贸易关系视角的分析》，《宏观经济研究》2017 年第 4 期。

［13］郑学党、庄芮：《中国对其他金砖国家出口增长因素研究——基于修正的 CMS 模型分析》，《国际经贸探索》2015 年第 2 期。

［14］Balassa, B., "Trade Liberalization and 'Revealed' Comparative Advantage," *The Manchester School*, 1965, 33（2）：99-123.

［15］Brown, A. J., "Applied Economics：Aspects of the World Economy in War and Peace," *New York：Rinehart and Company*, 1948.

［16］Drysdale, P., "Japan, Australia, New Zealand：The Prospect for Western Pacific Economic Integration," *Economic Record*, 1969, 45（3）：321-342.

［17］Kojima, K., "The Pattern of International Trade among Advanced Countries," *Hitotsubashi Journal of Economics*, 1964, 5（1）：16-36.

B.12
金砖国家自贸区建设思路及前景

刘文革　张川石*

摘　要： 金砖国家机制建立以来业已形成全方位、多层次架构的合作机制。随着五国国力不断增强，金砖国家合作走深走实，合作影响力已经超越五国范畴，成为促进世界经济增长、完善全球治理、推动国际关系民主化的建设性力量。但是，作为区域多边经贸合作的重要内容和推手的自贸区建设尚未进入金砖国家合作机制建设议程。为此，需要分析金砖国家启动自贸区建设谈判对于进一步深化务实合作的重大意义、必要性、启动自贸区谈判面临的机遇与挑战，探讨消除分歧、增进共识，尽快启动自贸区谈判的可行性及基本对策思路。

关键词： 金砖国家　自贸区　互补性

一　金砖国家建立自由贸易区的可行性与潜力

在世界经济退行和新冠疫情全球大流行的背景下，以巴西（南美洲）、中国（亚洲）、俄罗斯（欧洲）、印度（亚洲），南非（非洲）为代表的发展中国家逐渐成为推动世界经济增长的重要力量。2019 年，金砖国家集团 GDP 总量为 210986.43 亿美元，占世界经济总量（86.6 万亿美元）的 24.4%，同比增长 2.8%，增量 5751.43 亿美元，扣除价格因素后，同比实

* 刘文革，博士，教授，辽宁大学国际经济政治学院院长，研究领域为国际贸易、世界经济、政治经济学、地缘政治经济学；张川石，硕士研究生，辽宁大学国际经济政治学院，研究领域为世界经济。

际增长 5.1%。2019 年世界银行全球各国 GDP 统计榜单数据表明，金砖国家间贸易总额从 2006 年的 1040 亿美元增至 2019 年的 3942 亿美元。根据经济合作与发展组织（OECD）发布的《2060 年世界经济展望》预测，至2060 年，金砖国家的 GDP 总量占世界的比重将高达 49%，大大高于七国集团（G7）的 30%；2020~2021 年，仅中国与其他金砖国家之间的贸易总额就达 4904.2 亿美元，比 2020 年增长 39.2%。在新冠疫情大流行背景下的2021 年，金砖五国均实现经济正增长，为世界经济复苏贡献了重要力量。其中，中国 GDP 比上年增长 8.1%，两年平均增长 5.1%，在全球主要经济体中名列前茅；经济总量达到 114.4 万亿元，稳居全球第二大经济体。①

（一）金砖国家经济具有协同性

金砖国家国土面积约占世界领土总面积的 26.5%。中国同金砖其余四国的贸易往来密切，2018 年中俄两国贸易额超过 1070.61 美元，贸易额首次突破千亿美元，2019 年中国从俄罗斯进口额达 567.9 亿美元，同比增长1.4%，出口额达 541.3 亿美元，同比增长 3.6%。② 2011 年中国首次成为俄罗斯第一大贸易合作伙伴。中印两国作为世界上人口最多的发展中国家，2021 年中印贸易额达 1256.6 亿美元，同比增长 43.47%③，印度不仅在金砖国家中发挥重要作用，而且是"一带一路"倡议的重要枢纽。2020 年中巴双边贸易额为 1190 亿美元，中国是巴西第一大贸易伙伴和出口对象国，巴西是中国第八大贸易伙伴国。④ 2022 年中国主要出口机电、音响设备、纺织品、交通运输设备、化工产品、塑料及橡胶制品、金属制品等，主要进口木制品、铁矿石、大豆、花生、植物油等。⑤

---

① 刘文革、王文晓：《建立金砖国家自贸区可行性及经济效应分析》，《国际经贸探索》2014年第 6 期。
② 2019 年世界银行全球各国 GDP 统计榜单。
③ 中国海关总署：《2021 年中国与世界各国进出口贸易额》。
④ 中国海关总署：《2020 年中国与世界各国进出口贸易额》。
⑤ 张晓涛、王淳：《以自贸区为发展方向的金砖国家经贸合作——基于相互贸易关系视角的分析》，《宏观经济研究》2017 年第 4 期。

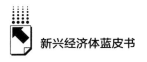

（二）金砖国家自贸区具有互补性

随着金砖各国的深化合作和中国"一代一路"倡议的提出，金砖国家在各领域达成共识，倡导"团结互助，深化合作，共谋发展"的合作理念。在新冠疫情大流行的冲击下，金砖国家代表的新兴经济体团结抗疫，在卫生领域加强交流与合作。中国与金砖各国具有普遍的互补性，中国出口与俄罗斯进口贸易互补性较强，俄罗斯出口与中国进口贸易互补性较弱。其余国家中，印度与巴西互补性较高，两国产品兼容度高。除俄罗斯与印度和南非以外，金砖其余各国之间都具有普遍的互补性（见表1）。

表1　金砖国家的进出口贸易互补性

类别	国家	进口国									
		中国		俄罗斯		印度		南非		巴西	
出口国	中国			竞争性	很弱	竞争性	较弱	竞争性	较弱	竞争性	较弱
				互补性	很强	互补性	较弱	互补性	较强	互补性	较弱
	俄罗斯	竞争性	很弱			竞争性	较强	竞争性	较弱	竞争性	较弱
		互补性	较弱			互补性	较弱	互补性	一般	互补性	一般
	印度	竞争性	较弱	竞争性	较强			竞争性	较强	竞争性	较弱
		互补性	较弱	互补性	较强			互补性	较强	互补性	较弱
	南非	竞争性	较弱	竞争性	较弱	竞争性	较强			竞争性	较弱
		互补性	一般	互补性	较弱	互补性	较强			互补性	一般
	巴西	竞争性	较弱	竞争性	较弱	竞争性	较弱	竞争性	较强		
		互补性	较强	互补性	较弱	互补性	较弱	互补性	较弱		

（三）全球化开放发展的需要

在金融危机的冲击下，全球各国面临着一系列挑战，其中包括经济复苏乏力、跨国贸易和投资低迷等问题。这些现象在一定程度上可以归因于经济全球化过程中新自由主义的影响。长期以来，新自由主义一直是金融垄断资本主义国家制定贸易和经济政策的理论基础和政策工具。随着时间的推移，新自由主义引发的一些问题逐渐出现。财富不平等的加剧和金融垄断的崛起使得社会矛盾日益激化，西方国家面临前所未有的衰退趋势。这些趋势导致了一些国家对全球化提出怀疑和批评，并催生了孤立主义和民粹主义的政治倾向。孤立主义和民粹主义的兴起是对经济困境和社会不满的一种反应。一些西方发达国家开始利用政府权力对资本流动进行限制，并采取措施来控制经济。在这一背景下，英国"脱欧公投"的成功被视为"逆全球化"思潮的标志性政治事件，其意味着区域一体化和全球化进程的倒退。

作为新兴经济体中起重要作用的金砖国家，更要与时俱进，加快发展，引领世界经济发展潮流。金砖国家自贸区建立的推进有利于金砖国家整体的发展，也有利于世界经济的发展，在经济全球化背景下，促进了自贸区的建立与发展。

习近平总书记在党的二十大报告中强调："推进高水平对外开放。依托我国超大规模市场优势，以国内大循环吸引全球资源要素，增强国内国际两个市场两种资源联动效应，提升贸易投资合作质量和水平。"① 这一重要论述，为新时代新征程进一步推进高水平对外开放指明了前进方向。习近平总书记深刻指出："站在新的历史起点，中国开放的大门只会越开越大。"② 新征程上，我们要坚定不移推进高水平对外开放，不断开拓合作共赢新局面，奋力谱写全面建设社会主义现代化国家崭新篇章。

（四）多元化、多方位发展的契机

金砖国家合作是国际关系发展的客观要求，推动世界经济全面增长，促进国际经济关系民主化。金砖国家关注改革和完善全球经济治理，加强协调合作。金砖国家的合作是互惠共赢的选择，共同倡导开放透明、团结互助、深化合作和共谋发展的原则，致力于构建更紧密、全面、牢固的伙伴关系。

---

① 《中国共产党第二十次全国代表大会文件汇编》，人民出版社，2022，第27页。
② 习近平：《开放合作 命运与共——在第二届中国国际进口博览会开幕式上的主旨演讲》，人民出版社，2019，第5页。

金砖国家虽在国情、资源禀赋等方面各具特点，但都处于相近发展阶段，共同肩负着促进经济增长、维护社会稳定、保障民生的艰巨任务，发展中遇到的挑战也类似。金砖国家优势互补，经济互助，基于开展广泛合作的坚实基础，也出于促进共同发展的现实和战略需求，加强合作是大家共同的选择。金砖国家合作符合国际社会发展的共同需要，金砖国家不是新的大国集团或政治联盟，而是发展伙伴。该机制聚焦于经济、金融和发展领域的问题，受到全球志同道合的国家的广泛关注。作为南北对话与合作的桥梁，金砖国家是全球发展伙伴关系的积极倡导者和实践者。

二　金砖国家自贸区面临的机遇与挑战

建设金砖国家自贸区符合经济全球化趋势，也是金砖国家合作深入的重要标志，可使金砖国家在贸易创造效应和贸易转移效应中获益，并符合国家间经贸合作规律。金砖国家领导人厦门会晤的成果显示，金砖合作越来越具有实质性和具体性，已经涉及成员间经贸体制机制合作，将问题置于自贸区框架下解决能带来更好的效果。[①] 同时，建设金砖国家自贸区有利于增强金砖合作关系的务实性，为金砖国家间合作提供更强的制度基础，并向世界传递加强金砖国家间合作的信号，提升国际投资者对金砖国家发展前景的预期，有利于创建稳定的发展环境。然而，在认识到建设金砖国家自贸区的必要性的同时，也需要客观分析该建设面临的挑战。

（一）金砖国家商建自贸区的优势与机遇

1. 禀赋资源优势突出

巴西有着发达的农牧业，是当今世界主要的农产品出口国之一，出口蔗糖、咖啡、玉米以及大豆等产品，无论是在生产量方面还是在出口量方面，

---

① 刘勇、沈继奔、王伟、邵峥：《金砖国家可持续发展的机遇、挑战及建议》，《当代世界》2017 年第 10 期。

巴西都能位居世界前列，拥有"世界粮仓"的美誉。另外，巴西还是一个资源大国，作为全球第五大领土大国，巴西的自然资源相当丰富，尤其是在矿物资源方面，巴西更是处在全球领先地位，被称为"世界原料基地"，目前探明储量的矿产有 50 多种，其中铌、锰、钛等矿物储量位居世界前列。巴西是具有一定工业基础的国家，工业各门类发展全面，其中像石油、天然气、矿产、钢铁、汽车等的产业技术都比较成熟，生物燃料和民用飞机等产业更是在世界上处于领先地位。[①]

俄罗斯也是一个有着雄厚工业基础和良好资源禀赋的国家，甚至优势更加突出。首先，俄罗斯的农业同样很发达，粮食产量和出口量都能居世界前列，是世界著名的粮仓。俄罗斯还是一个资源大国，作为全球第一大领土大国，俄罗斯广袤的国土下面蕴藏着丰富的资源，俄罗斯森林覆盖面积占国土面积的 51%，居世界第一；木材蓄积量 820 亿立方米，是世界上木材蓄积量最多的国家。天然气储量占世界的 21%，铁矿石储量占世界的 40%，石油储量占世界的 5%，铀储量占世界的 14%，磷灰石储量占世界的 65%，镍储量占世界的 30%，锡储量占世界的 30%。其中石油产量位居世界第二、天然气资源储量位居世界第一。[②]

印度则具有相对的劳动力成本优势，人口数量居全球第二，可提供充足的廉价劳动力。印度地理位置和气候条件优越，国土面积有 50% 以上可用作耕地。联合国粮农组织（FAO）发布的数据表明，印度国土面积不到中国的1/3，但耕地面积比中国还多，中国为 1.2 亿公顷，印度达到 1.6 亿公顷。印度的耕地面积不仅比中国多，且大部分土地肥沃，农作物一年可三熟。印度是世界上主要的粮食生产国，小米、香蕉、棉籽、芒果的产量均居世界第一。印度矿产资源丰富，云母产量居世界第一，重晶石、滑石产量均居世界第二，煤、铬铁矿、锌矿产量均居世界第三，铁矿石产量居世界第五。

---

① 翟荣花、张庆萍：《基于"双循环"视角的中国与其他金砖国家畜牧产业：比较优势与合作潜力》，《中国农业资源与区划》2022 年增刊。

② 刘文革、王磊：《金砖国家能源合作机理及政策路径分析》，《经济社会体制比较》2013 年第 1 期。

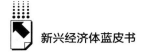

南非拥有丰富的矿产资源，现已探明储量并开采的矿产有 70 余种，铂族金属、铬、氟石的储量均居世界第一，黄金储量约 6000 吨，占世界总储量的 11.8%。钛储量居世界第四，磷酸盐矿、铀、铅储量居世界第五。

2. 人口红利突出

2020 年，金砖五国人口超过 33 亿，占到全球总人口的 42%，中国、俄罗斯、印度、巴西四国的就业人口占总人口的比重很大，为金砖国家自贸区的建立提供了充足的劳动力，并且庞大的人口基数创造了巨大的消费市场，金砖国家在供给与需求两端都具有明显优势。从自然增长率的角度来看，金砖国家中的南非和俄罗斯人口自然增长率都在提高，中国与印度虽然没有较高的人口自然增长率，但人口基数大，所有金砖国家人口水平维持在稳定增长的水平。

在跨境消费方面，金砖国家市场化水平总体偏低，突出表现为市场信息不对称和价格机制不完善，导致市场供给需求不匹配。电子商务可以跨越时空，把金砖国家的生产者、供应商和消费者整合在一个平台上，提高资源配置效率，促进生产端与消费端高效衔接，甚至催生一批新业态。2017 年，金砖五国网民数合计超过 14.5 亿，占全球网民的 41.9%，网购购物用户合计超过 8.4 亿，占全球网购用户的 50.8%，网络零售交易额 11851 亿美元，约占全球网络零售总额的 51.8%，跨境网络零售交易额 1296 亿美元，占全球跨境网络零售总额的 24.5%。庞大的跨境消费量以及拉丁美洲巨大的市场潜力可以促进金砖国家自贸区繁荣发展。

3. 新冠疫情后期公共卫生合作潜力凸显

印度享有"世界药房"的称号，在药品的制造方面，印度相比于金砖其余国家有着明显的优势，中国则在药品的原材料和医疗器械方面具有优势，印度每年从中国进口大量中药及饮片提取物、保健品、中成药、西药原料、生化药、保健康复用品及一次性耗材。[1] 2018 年，中国医疗器械对外贸

---

[1] 孙子秋、徐晓媛：《"一带一路"倡议下中印医药贸易竞争性与互补性分析》，《中国医药工业杂志》2019 年第 6 期。

易实现稳步增长，全年医疗器械对外贸易额达到 457.96 亿美元，同比增长 8.9%，其中，进口额 221.65 亿美元，同比增长 8.89%；出口额 236.3 亿美元，同比增长 8.88%。2022 年，中国对"一带一路"沿线国家出口额达 49.63 亿美元，占中国对外出口总量的 20% 左右，同比增长 10.89%，其中诊疗设备和保健康复用品增速明显，分别为 13.01% 和 13.09%。① 2016 年以来，中国医疗器械产品出口至"一带一路"沿线国家的增速明显加快，且占比逐年提升，其中，对印度、俄罗斯出口高速增长。从中国出口的医疗器械产品类型来看，医用耗材是中国出口到巴西的主要产品类型，2017～2021 年出口占比均超过 54%，2021 年出口额为 6.55 亿美元，4 年复合增长率为 17%。受新冠疫情影响，IVD 试剂出口额出现"过山车"式变化，2020 年出口额从 2019 年的 0.13 亿美元增长至 2.05 亿美元，占比从 1.72% 增加至 12.92%；2021 年有所回落，出口额降至 0.84 亿美元，占比为 7.02%，4 年复合增长率为 59.28%。② 2020～2021 年中国出口巴西的重点商品中，免疫制品、口罩和（臭氧、氧气、喷雾）治疗器、人工呼吸器等商品的出口额明显攀升后又轻微回落。其中，免疫制品出口额波动幅度最大，出口额从 2019 年的 92.67 万美元增长至 2020 年的 1.74 亿美元，出口占比从 0.12% 增加至 10.98%；2021 年出口额降至 0.57 亿美元，占比降至 4.73%。2020～2021 年口罩出口金额占比位居第一，出口额和占比分别为 4.05 亿美元和 25.52%、0.9 亿美元和 7.51%。③

4. 构建国际金融新秩序成为共同愿景

金砖国家正推动国际金融新秩序的建立，为发展中国家提供更加公平与安全的金融环境。在过去的几十年里，金砖国家主要从以下两方面着手。一方面，推动现有的国际金融秩序改革，例如在金砖国家的努力下，推动了 IMF 的改革。金砖国家在 IMF 的份额以及投票权重均有所增加，这

① 2018 年中国海关各门类统计数据。
② 2017～2021 年中国海关各门类统计数据。
③ 约书亚·托马斯、汉斯·弗雷迪：《后疫情时代的金砖国家合作：机遇与挑战》，《拉丁美洲研究》2022 年第 5 期。

使得金砖国家在现有国际金融秩序中的话语权增加，美元核心影响力受到冲击。另一方面，金砖国家也在建立独立的新金融秩序，例如金砖国家在2014年建立了类似IMF的金砖国家开发银行（NDB），以构建一张金融安全网。长期以来，西方某些国家不负责任的经济政策经常让新兴市场损失惨重，而有了金砖国家开发银行之后，当成员国遇到短期金融危机时，就可以从该金融机构兑换外汇来稳住本国的货币市场，而不需要再求助于IMF。

5. 金砖国家致力平等互利共赢

金砖国家之间的合作一直本着务实、平等、互利的原则，这使得各成员国的利益都可以实现最大化，避免了西方主张的"赢者通吃"的丛林法则。此外，金砖国家具有极强的包容性，各成员国之间的合作超越了意识形态、地缘政治矛盾、文化差异等。眼下金砖国家合作机制已经涵盖了政治、经济、科技、教育等多个领域，合作机制也日趋成熟，未来随着不断扩员，金砖国家在国际上的影响力无疑将进一步扩大。

（二）金砖五国商建自贸区面临的不利环境和挑战

1. 金砖国家增长乏力

金砖五国虽然在经济总量上具有明显优势，但是近年来经济增长明显放缓，中国、巴西、俄罗斯、南非的实际GDP增速从高于全球变为低于全球。①

经济总量第一、人口数量第二的印度虽然拥有9.1%（2021年）的GDP增长率，但是印度原油等大宗商品价格暴涨，2022年4月印度的零售通胀率飙升至7.79%。整体通胀率目前处于2016年以来的最高水平。由于国内物价飙升，作为全球第二大小麦生产国的印度当局害怕食品出现短缺问题，已经实施对小麦出口的限制，并且印度宣布于2022年6月1日起对食糖实施出口总量的限制，在2021~2022年榨季（2021年10月至2022年9

---

① 卢静：《深化金砖国家伙伴关系：挑战与应对》，《当代世界》2020年第12期。

月）将出口总量限制在 1000 万吨，印度是世界主要的产糖国，又是仅次于巴西的世界第二大糖出口国。为防止国内发生大米价格上涨过高以及短缺，印度可能会限制大米出口，这个决定对中国的影响可能最大。受俄乌冲突影响，俄罗斯受到以西方国家为首的经济制裁，能源出口受到了严重的影响，经济呈下行增长，GDP 增长率为负值。巴西与印度面临相似的问题，作为全球最大的粮食净出口国的巴西也出现了饥荒危机。该国经济受新冠疫情影响，2020 年 GDP 萎缩 4.1%。据早前巴西食品安全与营养协会的调查，2022 年当地有 3310 万人处于饥饿状态，有一半人口无法保证家中有充足食物。2021 年巴西通胀率为 10.06%，2022 年为 5.79%，其中 2022 年巴西服装价格涨幅最大，当年上涨 18.02%；其次是食品和饮料价格上涨 11.64%，健康和个人护理价格上涨 11.43%，家居用品价格上涨 7.89%，个人开支价格上涨 7.77%，教育价格上涨 7.48%。

2. 金砖五国全球供应链、价值链地位不高

金砖五国多为农业型和资源型国家，而以 G7 集团为首的发达国家联盟占据了全球价值链分工中的服务业和高端制造业。2022 年俄罗斯矿物燃料、石油及蒸馏产品出口额比 2021 年增加 42.8%，达到 3837 亿美元。巴西和南非主要出口初级农产品和资源产品，易受国际大宗商品市场价格波动影响。中国、印度主要参与全球价值链分工中的相对低端的制造业。金砖国家经济增长高度依赖出口，国际市场低迷、需求剧减、出口减少、外资流入下降等因素直接影响金砖国家的经济增长。

3. 金砖国家内部贫富分化严重

经济全球化是一把"双刃剑"，它在提高生产力、为少数发展中国家经济发展提供历史机遇的同时，加剧了国家间的贸易竞争，为国际关系的发展增加了一定的风险，对一些国家的主权和发展中或相对落后国家的工业发展造成了严重的冲击，一定程度上扩大了贫富差距，使得贫困人口增多。印度最富有的 1% 人口拥有的财富是最穷的 70% 人口的 4 倍还多。印度有 8 亿多极端贫困人民，而且财富正在加速流向富人，贫富差距还会进一步扩大。每个国家的经济结构都是金字塔型的，在印度，这个金字塔的塔尖非常小。目

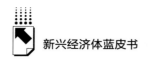

前，印度的亿万富翁数量居亚洲首位，百万富翁超过 10 万个，而且百万富翁的数量每年以 20% 的速度增长。巴西收入不平等研究中心数据显示，在 1% 最富人口收入占总收入的比例统计中，卡塔尔最高（29.0%），巴西位列全球第二。巴西 1% 的超级富豪（约 140 万成年人）的收入占该国总收入的 28.3%，他们的平均月收入达到 14 万雷亚尔。相比之下，即使把巴西收入较低的 50% 人口（约 7120 万成年人）的收入加起来，也只占全国收入的 13.9%，还不到 1% 超级富豪的一半。他们的平均收入是 1200 雷亚尔。巴西出现了与西方其他国家相似的趋势，即中产阶级（40% 的中间人口）收入逐渐减少。2015~2020 年，巴西中产阶级收入占国民收入的比重从 33.1% 降至 30.6%。

4. 俄乌冲突带来地缘政治重塑

作为金砖国家成员的印度和巴西在对俄罗斯制裁上展现出不同的态度，世界各国将出现新一轮的分化和地缘政治重构，形成新的力量格局，地区经济一体化会加速发展，地区政治军事合作和小集团活动将会越来越多。俄乌冲突不仅是一场地区冲突，更是全球政治格局和历史遗留问题的体现。俄乌冲突使世界地缘政治形态和国际秩序发生了突变，加速了世界地缘政治格局演变。世界将产生新的两大阵营之间的对立，在欧洲和亚太地区形成长期的对抗状态。美国主导的霸权秩序无疑成了金砖国家寻求发展以及获得更多国际话语权的最大阻碍，反对霸权也就成了他们的共识，以推动国际秩序朝向更加公平与合理的方向发展。

三 推动金砖国家自贸区建立的若干建议

金砖国家的经济稳定发展、经济周期趋同、贸易量不断增加、贸易关系日益紧密、贸易结构互补性增强，以及对扩大合作、共同发展的愿望，为自贸区的建立提供了有利的合作条件。目前，建立金砖国家自贸区存在困难和分歧，但从长期来看，建立自贸协定十分必要和重要。金砖国家自贸区的建立将拓宽经济发展空间、增进福利、促进经济增长、改善贸易条件、扩大贸易量。自贸区能够消除贸易和投资壁垒，使金砖国家业已形成的生产力更顺畅地进入国际市场成为现实。

建立自贸区，一方面有助于扩大金砖国家间的贸易规模，另一方面可产生自贸区的"辐射"效应。辐射效应指的是建立金砖国家自贸区后，金砖国家可以作为纽带相互加入其他国家参与的自贸区，促进区域整合。例如，俄罗斯作为独联体自贸区成员，并同时加入金砖国家自贸区，将使得其他金砖国家与独联体国家建立自贸区的谈判变得更加简单。这将极大地推动世界自贸区的建设，进一步促使金砖国家的生产力转向国际市场。

（一）发挥比较优势

金砖国家之间存在比较优势和资源禀赋的差别，大都位于全球产业链的下游，主要集中于生产低技术型产品，建立自贸区会调整金砖国家产品的贸易规模和贸易结构，使各国出口产品结构趋同。相似的产品结构将阻碍产业的升级和双边贸易的发展。因此，在建立自贸区之前，金砖国家就应该加快产业升级和出口结构调整，充分发挥金砖国家经济互补性，将贸易结构上的竞争关系转化为互补性竞争关系，形成优势互补、兼容并蓄的新型增长模式。[①] 同时，金砖国家自贸区的建立也会冲击金砖国家的不同脆弱产业，这是由各国的贸易结构以及比较优势差异决定的。因此，我们要充分考虑金砖国家产业的特殊性，一方面，要促使金砖国家积极融入经济一体化进程，积极推动金砖国家自贸区建设；另一方面，要正确认识建立自贸区对国内特定部门的冲击，提前调整产业结构，促进这些产业技术创新，提高生产率，推动产业结构的升级。

（二）加快改善基础设施建设合作

金砖国家在基础设施建设方面都有不同程度的滞后性，中国在改革开放

---

① 刘文革、王文晓：《建立金砖国家自贸区可行性及经济效应分析》，《国际经贸探索》2014年第6期。

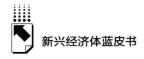

的推动下，经济高速发展，积极建设基础设施。在基础设施建设方面，中国具有丰富的经验。金砖国家可以在基础设施建设方面实现互联互通，夯实合作基础。

（三）进一步加快金融务实合作

NDB 作为现有多边和区域金融机构的补充，促进全球增长与发展，促进全球进步与发展，不仅得到了金砖国家的认可，相关国家也相继提出加入NDB。NDB 通过贷款、担保、股权参与和其他金融工具为公共和私营部门项目提供支持，为支持的项目提供技术援助，并在其职能范围内与国际金融机构、商业银行或其他合适的实体为项目提供联合融资、担保或联合担保等。资助项目主要集中在清洁能源、城市发展、环境效益、交通设施、灌溉水、资源管理、卫生、社会基础设施、数字基础设施、新型冠状病毒紧急援助等领域。

（四）尽快启动金砖国家自贸区建设可行性研究

印度巴西南非（ISAB）对话论坛是南南合作的新模式，于 2003 年 6 月发起，其早于金砖机制的建立，该合作机制日益健全。未来，该论坛可能发展成为一个具有经济、军事或政治联盟属性的组织，对金砖机制产生一定的影响。当务之急是启动金砖国家与南美洲各国、非洲经济共同体、欧亚经济联盟之间建立自贸区的可行性研究，从学术和实践的层面来明确法律关系和利益纠葛，以实现与 ISAB 对话论坛的整合，为未来建立金砖国家自贸区奠定组织基础并提供机制保障。①

（五）进行金砖国家双边和多边投资协定谈判

金砖国家应保持互信、共同推动投资协定的谈判，达成投资市场相互开

---

① 王明国：《"金砖+"合作模式与中国对全球治理机制的创新》，《当代世界》2019 年第
12 期。

放、进一步放宽投资限制、保障相互投资安全的共识。金砖国家可以通过三种路径来进行投资协定的谈判。第一，进行双边投资协定（BIT）谈判，先以两两谈判的模式，中国可以作为牵头国家，与金砖其余四国启动谈判进程，其中俄罗斯与印度在对外商投资方面较为敏感，应当加强关注。第二，金砖国家可以整体开展投资协定的谈判。当前，国际投资规则呈现明显的区域主义特征，金砖国家整体的投资协定谈判将比双边谈判更具影响力，能够最大限度地确保金砖国家的共同利益，提高投资规则的趋同性，减少条款定义或适用范围等因素对履行协议的阻碍。然而，金砖国家整体谈判面临较大困难和分歧，预计谈判进程会比较缓慢。第三，在前两条路径的基础上采取一种折中的方式，由在达成意向相对容易的三个或四个国家率先进行多边投资协定的谈判，然后考虑将其他立场坚定的两个或一个国家加入进来，与已谈成的三个或四个国家共同开展谈判。这种方式可以避免较为保守的个别金砖国家影响投资协定谈判进程，同时施压相对保守的国家，加快金砖国家整体谈判的进程。

（六）以制度创新促进金砖国家贸易投资大市场建设

要逐步消除制度和规则上的障碍，促进金砖国家之间的贸易和投资合作，为在金砖国家经商和投资的企业和个人提供良好的营商环境。加强电子信息、网络互联互通技术的应用，构建电子化一体化通关体系，构建真实有效的电子商务自贸区。通过单边贸易投资利益的让渡和优惠政策的实施，以及高科技运输物流和海关监测技术的应用，可以实现贸易投资便利化，推动金砖国家经贸合作的实质性发展，从而形成事实上的金砖一体化大市场。①

---

① 刘文革、吴妹：《基于价值链视角的金砖国家一体化大市场构建》，《亚太经济》2017 年第3 期。

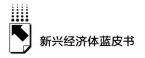

参考文献

［1］刘文革、王磊：《金砖国家能源合作机理及政策路径分析》，《经济社会体制比较》2013 年第 1 期。

［2］刘文革、王文晓：《建立金砖国家自贸区可行性及经济效应分析》，《国际经贸探索》2014 年第 6 期。

［3］刘文革、吴妹：《基于价值链视角的金砖国家一体化大市场构建》，《亚太经济》2017 年第 3 期。

［4］刘勇、沈继奔、王伟、邵峥：《金砖国家可持续发展的机遇、挑战及建议》，《当代世界》2017 年第 10 期。

［5］卢静：《深化金砖国家伙伴关系：挑战与应对》，《当代世界》2020 年第 12 期。

［6］孙子秋、徐晓媛：《"一带一路"倡议下中印医药贸易竞争性与互补性分析》，《中国医药工业杂志》2019 年第 6 期。

［7］王明国：《"金砖+"合作模式与中国对全球治理机制的创新》，《当代世界》2019 年第 12 期。

［8］约书亚·托马斯、汉斯·弗雷迪：《后疫情时代的金砖国家合作：机遇与挑战》，《拉丁美洲研究》2022 年第 5 期。

［9］翟荣花、张庆萍：《基于"双循环"视角的中国与其他金砖国家畜牧产业：比较优势与合作潜力》，《中国农业资源与区划》2022 年增刊。

［10］张晓涛、王淳：《以自贸区为发展方向的金砖国家经贸合作——基于相互贸易关系视角的分析》，《宏观经济研究》2017 年第 4 期。

附录一 巴西向 WTO（GATT）通报并生效的 FTA（RTA）基本信息

1. 巴西—墨西哥

协定名称	巴西—墨西哥		
覆盖范围	货物	类型	部分领域协定
法律地位	有效	通报类型	授权条款
签订日期	2002 年 7 月 3 日	通报日期	2019 年 7 月 23 日
生效日期	2003 年 5 月 2 日		
备 注	参考拉丁美洲一体化协会（LAIA）：AAP. CE 53. 本协定还根据授权条款由 LAIA 各方通知，作为 1980 年 LAIA《蒙得维的亚条约》（WT/COMTD/RTA15/N/1/Add. 52）的变更		
目前缔约国	巴西、墨西哥		
初始缔约国	巴西、墨西哥		
RTA 类型	双边		
地 区	南美洲、北美洲		
所有缔约方是否为 WTO 成员？	是	是否跨地区	是

2. 发展中国家全球贸易优惠制（GSTP）

协定名称	发展中国家全球贸易优惠制（GSTP）		
覆盖范围	货物	类型	部分领域协定
法律地位	有效	通报类型	授权条款
签订日期	1988 年 4 月 13 日	通报日期	1989 年 9 月 25 日

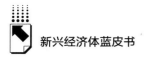

续表

生效日期	1989 年 4 月 19 日		
目前缔约国	阿尔及利亚、阿根廷、孟加拉国、贝宁、玻利维亚、巴西、喀麦隆、智利、哥伦比亚、古巴、厄瓜多尔、埃及、加纳、几内亚、圭亚那、印度、印度尼西亚、伊朗、伊拉克、朝鲜、韩国、利比亚、马来西亚、墨西哥、摩洛哥、莫桑比克、缅甸、尼加拉瓜、尼日利亚、巴基斯坦、秘鲁、菲律宾、新加坡、斯里兰卡、苏丹、坦桑尼亚、泰国、特立尼达和多巴哥、突尼斯、委内瑞拉、越南、津巴布韦		
初始缔约国	阿尔及利亚、阿根廷、孟加拉国、贝宁、玻利维亚、巴西、喀麦隆、智利、哥伦比亚、古巴、厄瓜多尔、埃及、加纳、几内亚、圭亚那、印度、印度尼西亚、伊朗、伊拉克、朝鲜、韩国、利比亚、马来西亚、墨西哥、摩洛哥、莫桑比克、缅甸、尼加拉瓜、尼日利亚、巴基斯坦、秘鲁、菲律宾、罗马尼亚、新加坡、斯里兰卡、苏丹、坦桑尼亚、泰国、特立尼达和多巴哥、突尼斯、委内瑞拉、越南、津巴布韦		
RTA 类型	诸边		
地 区	非洲、南美洲、西亚、加勒比、东亚、中东、北美洲、中美洲		
所有缔约方是否为 WTO 成员？	否	是否跨地区	是

3. 拉丁美洲一体化协会（LAIA）

协定名称	拉丁美洲一体化协会（LAIA）		
覆盖范围	货物	类型	部分领域协定
法律地位	有效	通报类型	授权条款
签订日期	1980 年 8 月 12 日	通报日期	1982 年 7 月 1 日
生效日期	1981 年 3 月 18 日		
备 注	下面列出的目前签署国是"经各缔约方通知"的。但是请注意巴拿马现在是拉丁美洲一体化协会的成员		
目前缔约国	阿根廷、玻利维亚、巴西、智利、哥伦比亚、古巴、厄瓜多尔、墨西哥、巴拉圭、秘鲁、乌拉圭、委内瑞拉		
初始缔约国	阿根廷、玻利维亚、巴西、智利、哥伦比亚、厄瓜多尔、墨西哥、巴拉圭、秘鲁、乌拉圭、委内瑞拉		
RTA 类型	诸边		
地 区	南美洲、加勒比、北美洲		
所有缔约方是否为 WTO 成员？	是	是否跨地区	是

4. 贸易谈判议定书（PTN）

协定名称	贸易谈判协定书（PTN）		
覆盖范围	货物	类型	部分领域协定
法律地位	有效	通报类型	授权条款
签订日期	1971 年 12 月 8 日	通报日期	1971 年 11 月 9 日
生效日期	1973 年 2 月 11 日		
目前缔约国	孟加拉国、巴西、智利、埃及、以色列、韩国、墨西哥、巴基斯坦、巴拉圭、秘鲁、菲律宾、塞尔维亚、突尼斯、土耳其、乌拉圭		
初始缔约国	孟加拉国、巴西、智利、埃及、以色列、韩国、墨西哥、巴基斯坦、巴拉圭、秘鲁、菲律宾、罗马尼亚、突尼斯、土耳其、乌拉圭、南斯拉夫		
RTA 类型	诸边		
地 区	西亚、南美洲、非洲、中东、东亚、北美洲、欧洲		
所有缔约方是否为 WTO 成员？	否	是否跨地区	是

5. 南方共同市场（MERCOSUR）

协定名称	南方共同市场（MERCOSUR）		
覆盖范围	货物 & 服务	类型	关税同盟和经济一体化协定
法律地位	生效	通报类型	授权条款和 GATS 第 5 条
签订日期（G）	1991 年 3 月 26 日	通报日期（G）	1992 年 2 月 17 日
签订日期（S）	1997 年 12 月 15 日	通报日期（S）	2006 年 12 月 5 日
生效日期（G）	1991 年 11 月 29 日		
生效日期（S）	2005 年 12 月 7 日		
备 注	参考 LAIA：AAP. CE 18. 本协议也由 LAIA 各方根据授权条款通知，作为 1980 年 LAIA《蒙得维的亚条约》（WT/COMTD/RTA15/N/1/Add. 18）的变更。下面列出的目前签署国是"经各缔约方通知"的。但请注意,委内瑞拉现在是南方共同市场的一个缔约方		
目前缔约国	阿根廷、巴西、巴拉圭、乌拉圭		
初始缔约国	阿根廷、巴西、巴拉圭、乌拉圭		
RTA 类型	诸边		
地 区	南美洲		
所有缔约方是否为 WTO 成员？	是	是否跨地区	否

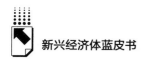

6. 南方共同市场（MERCOSUR）—埃及

协定名称	南方共同市场（MERCOSUR）—埃及		
覆盖范围	货物	类型	自由贸易协定
法律地位	生效	通报类型	授权条款
签订日期	2010 年 8 月 2 日	通报日期	2018 年 2 月 19 日
生效日期	2017 年 9 月 1 日		
目前缔约国	阿根廷、巴西、巴拉圭、乌拉圭、埃及		
初始缔约国	阿根廷、巴西、巴拉圭、乌拉圭、埃及		
RTA 类型	双边，其中一方为区域贸易协定		
地　区	南美洲、非洲		
所有缔约方是否为 WTO 成员？	是	是否跨地区	是

7. 南方共同市场（MERCOSUR）—印度

协定名称	南方共同市场（MERCOSUR）—印度		
覆盖范围	货物	类型	部分领域协定
法律地位	生效	通报类型	授权条款
签订日期	2004 年 1 月 25 日	通报日期	2010 年 2 月 23 日
生效日期	2009 年 6 月 1 日		
目前缔约国	阿根廷、巴西、巴拉圭、乌拉圭、印度		
初始缔约国	阿根廷、巴西、巴拉圭、乌拉圭、印度		
RTA 类型	双边，其中一方为区域贸易协定		
地　区	南美洲、西亚		
所有缔约方是否为 WTO 成员？	是	是否跨地区	是

8. 南方共同市场(MERCOSUR)—以色列

协定名称	南方共同市场（MERCOSUR）—以色列		
覆盖范围	货物	类型	自由贸易协定
法律地位	生效	通报类型	GATT 第 24 条
签订日期	2007 年 12 月 18 日	通报日期	2019 年 3 月 29 日
生效日期	2009 年 12 月 23 日		
备　注	生效日期:乌拉圭和以色列,2009 年 12 月 23 日;巴拉圭和以色列,2010 年 3 月 24 日;巴西和以色列,2010 年 4 月 3 日;阿根廷和以色列,2011 年 9 月 9 日		
目前缔约国	阿根廷、巴西、巴拉圭、乌拉圭、以色列		
初始缔约国	阿根廷、巴西、巴拉圭、乌拉圭、以色列		
RTA 类型	双边,其中一方为 RTA		
地　区	南美洲、中东		
所有缔约方是否为 WTO 成员?	是	是否跨地区	是

9. 南方共同市场（MERCOSUR）—南部非洲关税同盟（SACU）

协定名称	南方共同市场(MERCOSUR)—南部非洲关税同盟(SACU)		
覆盖范围	货物	类型	部分领域协定
法律地位	生效	通报类型	授权条款
签订日期	2008 年 12 月 15 日	通报日期	2017 年 7 月 19 日
生效日期	2016 年 4 月 1 日		
备　注	签订日期:南方共同市场成员国,2008 年 12 月 15 日;南部非洲关税同盟成员国,2009 年 4 月 3 日		
目前缔约国	阿根廷、巴西、巴拉圭、乌拉圭、博茨瓦纳、莱索托、纳米比亚、南非、斯瓦蒂尼		
初始缔约国	阿根廷、巴西、巴拉圭、乌拉圭、博茨瓦纳、莱索托、纳米比亚、南非、斯瓦蒂尼		
RTA 类型	双边,所有缔约方均为区域贸易协定缔约方		
地　区	南美洲、非洲		
所有缔约方是否为 WTO 成员?	是	是否跨地区	是

附录二 俄罗斯向 WTO（GATT）通报 并生效的 FTA（RTA）基本信息

1. 共同经济区（CEZ）

协定名称	共同经济区（CEZ）		
覆盖范围	货物	类型	自由贸易协定
法律地位	有效	通报类型	GATT 第 24 条
签订日期	2003 年 9 月 19 日	通报日期	2008 年 8 月 18 日
生效日期	2004 年 5 月 20 日		
备 注	本协议的审议是在欧亚经济联盟（EAEU）的审议过程中进行的		
目前缔约国	白俄罗斯、哈萨克斯坦、俄罗斯、乌克兰		
初始缔约国	白俄罗斯、哈萨克斯坦、俄罗斯、乌克兰		
RTA 类型	诸边		
地 区	独立国家联合体（CIS），包括某些联系国和前成员国；欧洲		
所有缔约方是否为 WTO 成员？	否	是否跨区域	否

2. 欧亚经济联盟（EAEU）

协定名称	欧亚经济联盟（EAEU）		
覆盖范围	货物和服务	类型	关税同盟和经济一体化协定
法律地位	有效	通报类型	GATT 第 24 条和 GATS 第 5 条
签订日期	2014 年 5 月 29 日	通报日期	2014 年 12 月 12 日
生效日期	2015 年 1 月 1 日		
备 注	生效日期：2015 年 1 月 1 日，白俄罗斯、哈萨克斯坦和俄罗斯生效；2015 年 1 月 2 日，亚美尼亚生效；2015 年 8 月 12 日，吉尔吉斯斯坦生效		
目前缔约国	亚美尼亚、白俄罗斯、哈萨克斯坦、吉尔吉斯斯坦、俄罗斯		

续表

原始缔约国	白俄罗斯、哈萨克斯坦、俄罗斯		
RTA 类型	诸边		
地　区	独立国家联合体（CIS），包括某些联系国和前成员国		
所有缔约方是否为 WTO 成员？	否	是否跨区域	否

3. 欧亚经济联盟（EAEU）—伊朗

协定名称	欧亚经济联盟（EAEU）—伊朗		
覆盖范围	货物	类型	自由贸易协定
法律地位	有效	通报类型	GATS 第 24 条
签订日期	2018 年 5 月 17 日	通报日期	2020 年 1 月 31 日
生效日期	2019 年 10 月 27 日		
目前缔约国	亚美尼亚、白俄罗斯、哈萨克斯坦、吉尔吉斯斯坦、俄罗斯、伊朗		
原始缔约国	亚美尼亚、白俄罗斯、哈萨克斯坦、吉尔吉斯斯坦、俄罗斯、伊朗		
RTA 类型：	双边，其中一方是 RTA		
地　区：	独立国家联合体（CIS），包括某些联系国和前成员国；中东地区		
所有缔约方是否为 WTO 成员？	否	是否跨区域	是

4. 欧亚经济联盟（EAEU）—塞尔维亚

协定名称	欧亚经济联盟（EAEU）—塞尔维亚		
覆盖范围	货物	类型	自由贸易协定
法律地位	有效	通报类型	GATS 第 24 条
签订日期	2019 年 10 月 25 日	通报日期	2021 年 11 月 3 日
生效日期	2021 年 7 月 10 日		
目前缔约国	亚美尼亚、白俄罗斯、哈萨克斯坦、吉尔吉斯斯坦、俄罗斯、塞尔维亚		
原始缔约国	亚美尼亚、白俄罗斯、哈萨克斯坦、吉尔吉斯斯坦、俄罗斯、塞尔维亚		

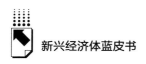
续表

RTA 类型	双边，其中一方为 RTA		
地　　区	独立国家联合体(CIS)，包括某些联系国和前成员国；欧洲		
所有缔约方是否为 WTO 成员？	否	是否跨区域	是

5. 欧亚经济联盟（EAEU）—越南

协定名称	欧亚经济联盟（EAEU）—越南		
覆盖范围	货物和服务	类型	自由贸易协定和经济一体化协定
法律地位	有效	通报类型	GATT 第 24 条和 GATS 第 5 条
签订日期	2015 年 5 月 29 日	通报日期	2017 年 5 月 4 日
生效日期	2016 年 10 月 5 日		
目前缔约国	亚美尼亚、白俄罗斯、哈萨克斯坦、吉尔吉斯斯坦、俄罗斯、越南		
原始缔约国	亚美尼亚、白俄罗斯、哈萨克斯坦、吉尔吉斯斯坦、俄罗斯、越南		
RTA 类型	双边，其中一方是 RTA		
地　　区	独立国家联合体(CIS)，包括某些联系国和前成员国；东亚		
所有缔约方是否为 WTO 成员？	否	是否跨区域	是

6. 格鲁吉亚—俄罗斯

协定名称	格鲁吉亚—俄罗斯联邦		
覆盖范围	货物	类型	自由贸易协定
法律地位	有效	通报类型	GATT 第 24 条
签订日期	1994 年 2 月 3 日	通报日期	2001 年 2 月 8 日
生效日期	1994 年 5 月 10 日		
目前缔约国	格鲁吉亚、俄罗斯		

续表

原始缔约国	格鲁吉亚、俄罗斯		
RTA 类型	双边		
地　区	独立国家联合体(CIS)，包括某些联系国和前成员国		
所有缔约方是否为 WTO 成员？	是	是否跨区域	否

7. 俄罗斯—阿塞拜疆

协定名称	俄罗斯联邦—阿塞拜疆		
覆盖范围	货物	类型	自由贸易协定
法律地位	有效	通报类型	GATT 第 24 条
签订日期	1992 年 9 月 30 日	通报日期	2012 年 9 月 13 日
生效日期	1993 年 2 月 17 日		
目前缔约国	阿塞拜疆、俄罗斯		
原始缔约国	阿塞拜疆、俄罗斯		
RTA 类型	双边		
地　区	独立国家联合体(CIS)，包括某些联系国和前成员国		
所有缔约方是否为 WTO 成员？	否	是否跨区域	否

8. 俄罗斯—白俄罗斯—哈萨克斯坦

协定名称	俄罗斯联邦—白俄罗斯—哈萨克斯坦		
覆盖范围	货物	类型	关税同盟
法律地位	有效	通报类型	GATT 第 24 条
签订日期	1995 年 1 月 20 日	通报日期	2012 年 12 月 21 日
生效日期	1997 年 12 月 3 日		
备　注	本协议的审议是在欧亚经济联盟的审议过程中进行的		

续表

目前缔约国	白俄罗斯、哈萨克斯坦、俄罗斯		
原始缔约国	白俄罗斯、哈萨克斯坦、俄罗斯		
RTA 类型	诸边		
地　区	独立国家联合体(CIS),包括某些联系国和前成员国		
所有缔约方是否为 WTO 成员?	否	是否跨区域	否

9. 俄罗斯—塞尔维亚

协定名称	俄罗斯联邦—塞尔维亚		
覆盖范围	货物	类型	自由贸易协定
法律地位	有效	通报类型	GATT 第 24 条
签订日期	2000 年 8 月 28 日	通报日期	2012 年 12 月 21 日
生效日期	2006 年 6 月 3 日		
目前缔约国	俄罗斯、塞尔维亚		
原始缔约国	俄罗斯、塞尔维亚		
RTA 类型	双边		
地　区	独立国家联合体(CIS),包括某些联系国和前成员国;欧洲		
所有缔约方是否为 WTO 成员?	否	是否跨区域	是

10. 俄罗斯—土库曼斯坦

协定名称	俄罗斯联邦—土库曼斯坦		
覆盖范围	货物	类型	自由贸易协定
法律地位	有效	通报类型	GATT 第 24 条
签订日期	1992 年 11 月 11 日	通报日期	2013 年 1 月 18 日
生效日期	1993 年 4 月 6 日		
目前缔约国	俄罗斯、土库曼斯坦		
原始缔约国	俄罗斯、土库曼斯坦		

续表

RTA 类型	双边		
地　区	独立国家联合体(CIS),包括某些联系国和前成员国		
所有缔约方是否为 WTO 成员？	否	是否跨区域	否

11. 俄罗斯—乌兹别克斯坦

协定名称	俄罗斯联邦—乌兹别克斯坦		
覆盖范围	货物	类型	自由贸易协定
法律地位	有效	通报类型	GATT 第 24 条
签订日期	1992 年 11 月 13 日	通报日期	2013 年 1 月 18 日
生效日期	1993 年 3 月 25 日		
目前缔约国	俄罗斯、乌兹别克斯坦		
原始缔约国	俄罗斯、乌兹别克斯坦		
RTA 类型	双边		
地　区	独立国家联合体(CIS),包括某些联系国和前成员国		
所有缔约方是否为 WTO 成员？	否	是否跨区域	否

12. 独联体国家（ICS）自由贸易区条约

协定名称	独立国家联合体(ICS)成员国之间的自由贸易区条约		
覆盖范围	货物	类型	自由贸易协定
法律地位	有效	通报类型	GATT 第 24 条
签订日期	2011 年 10 月 18 日	通报日期	2013 年 6 月 6 日
生效日期	2012 年 9 月 20 日		
备　注	生效日期:2012 年 9 月 20 日,俄罗斯、白俄罗斯和乌克兰生效;2012 年 10 月 17 日,亚美尼亚生效;2012 年 12 月 8 日,哈萨克斯坦生效;2012 年 12 月 9 日,摩尔多瓦生效;2013 年 12 月 13 日,吉尔吉斯斯坦生效;2015 年 12 月 24 日,塔吉克斯坦生效。请注意,根据《亚美尼亚、白俄罗斯、哈萨克斯坦、吉尔吉斯斯坦、摩尔多瓦、俄罗斯、塔吉克斯坦和乌克兰自由贸易区条约》第 23.1、23.2 条和附件 5,以前生效的若干协议被终止。请参见 WT/REG82/N/3 和 WT/REG/GEN/N/8-9 文件		

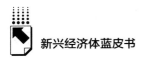

续表

目前缔约国	亚美尼亚、白俄罗斯、哈萨克斯坦、吉尔吉斯斯坦、摩尔多瓦、俄罗斯、塔吉克斯坦、乌克兰		
原始缔约国	亚美尼亚、白俄罗斯、哈萨克斯坦、吉尔吉斯斯坦、摩尔多瓦、俄罗斯、塔吉克斯坦、乌克兰		
RTA 类型	诸边		
地　区	独立国家联合体(CIS),包括某些联系国和前成员国;欧洲		
所有缔约方是否为 WTO 成员?	否	是否跨区域	是

附录三 印度向 WTO（GATT）通报并生效的 FTA（RTA）基本信息

1. 东盟（ASEAN）—印度

协定名称	东盟—印度		
覆盖范围	货物和服务	类型	自由贸易协定和经济一体化协定
法律地位	有效	通报类型	授权条款和 GATS 第 5 条
签订日期	2009 年 8 月 13 日	通报日期	2010 年 8 月 19 日
签订日期	2014 年 11 月 13 日	通报日期	2015 年 8 月 20 日
生效日期	2010 年 1 月 1 日		
生效日期	2015 年 1 月 1 日		
备注	框架协议生效日期:2004 年 7 月 1 日。TIG 协议生效日期:2010 年 1 月 1 日,印度、马来西亚、新加坡和泰国;2010 年 6 月 1 日,文莱、缅甸和越南;2010 年 10 月 1 日,印度尼西亚;2011 年 1 月 1 日,老挝;2011 年 5 月 17 日,菲律宾;2011 年 7 月 15 日,柬埔寨		
目前缔约国	文莱、缅甸、柬埔寨、印度尼西亚、老挝、马来西亚、菲律宾、新加坡、越南、泰国、印度		
初始缔约国	文莱、缅甸、柬埔寨、印度尼西亚、老挝、马来西亚、菲律宾、新加坡、越南、泰国、印度		
RTA 类型	双边,其中一方为区域贸易协定		
地区	东亚、西亚		
所有缔约方是否为 WTO 成员?	是	是否跨地区	是

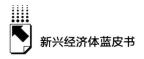
2. 亚太贸易协定（APTA）

协定名称	亚太贸易协定（APTA）		
覆盖范围	货物和服务	类型	部分领域协定和经济一体化协定
法律地位	有效	通报类型	授权条款和 GATS 第 5 条
签订日期	1975 年 7 月 31 日	通报日期	1976 年 11 月 2 日
签订日期	2011 年 8 月 24 日	通报日期	2019 年 6 月 17 日
生效日期	1976 年 6 月 17 日		
生效日期	2013 年 9 月 17 日		
备 注	前称为《曼谷协定》。修订后的协定生效日期为 2006 年 9 月 1 日		
目前缔约国	孟加拉、中国、印度、韩国、老挝、斯里兰卡		
初始缔约国	孟加拉、印度、韩国、老挝、斯里兰卡		
RTA 类型	诸边		
地 区	西亚、东亚		
所有缔约方是否为 WTO 成员？	是	是否跨地区	是

3. 智利—印度

协定名称	智利—印度		
覆盖范围	货物	类型	部分领域协定
法律地位	有效	通报类型	授权条款
签订日期	2006 年 3 月 8 日	通报日期	2009 年 1 月 13 日
生效日期	2007 年 8 月 17 日		
备 注	由于行政性质的内部考量,该协议于 2007 年 9 月 11 日在印度生效		
目前缔约国	智利、印度		
初始缔约国	智利、印度		
RTA 类型	双边		
地 区	南美洲、西亚		
所有缔约方是否为 WTO 成员？	是	是否跨地区	是

4. 发展中国家全球贸易优惠制（GSTP）

协定名称	发展中国家全球贸易优惠制（GSTP）		
覆盖范围	货物	类型	部分领域协定
法律地位	有效	通报类型	授权条款
签订日期	1988 年 4 月 13 日	通报日期	1989 年 9 月 25 日
生效日期	1989 年 4 月 19 日		
目前缔约国	阿尔及利亚、阿根廷、孟加拉国、贝宁、玻利维亚、巴西、喀麦隆、智利、哥伦比亚、古巴、厄瓜多尔、埃及、加纳、几内亚、圭亚那、印度、印度尼西亚、伊朗、伊拉克、朝鲜、韩国、利比亚、马来西亚、墨西哥、摩洛哥、莫桑比克、缅甸、尼加拉瓜、尼日利亚、巴基斯坦、秘鲁、菲律宾、新加坡、斯里兰卡、苏丹、坦桑尼亚、泰国、特立尼达和多巴哥、突尼斯、委内瑞拉、越南、津巴布韦		
初始缔约国	阿尔及利亚、阿根廷、孟加拉国、贝宁、玻利维亚、巴西、喀麦隆、智利、哥伦比亚、古巴、厄瓜多尔、埃及、加纳、几内亚、圭亚那、印度、印度尼西亚、伊朗、伊拉克、朝鲜、韩国、利比亚、马来西亚、墨西哥、摩洛哥、莫桑比克、缅甸、尼加拉瓜、尼日利亚、巴基斯坦、秘鲁、菲律宾、罗马尼亚、新加坡、斯里兰卡、苏丹、坦桑尼亚、泰国、特立尼达和多巴哥、突尼斯、委内瑞拉、越南、津巴布韦		
RTA 类型	诸边		
地　区	非洲、南美洲、西亚、加勒比海、东亚、中东、北美洲、中美洲		
所有缔约方是否为 WTO 成员？	否	是否跨地区	是

5. 印度—阿富汗

协定名称	印度—阿富汗		
覆盖范围	货物	类型	部分领域协定
法律地位	有效	通报类型	授权条款
签订日期	2003 年 3 月 6 日	通报日期	2010 年 3 月 8 日
生效日期	2003 年 5 月 13 日		
目前缔约国	阿富汗、印度		
初始缔约国	阿富汗、印度		
RTA 类型	双边		
地　区	西亚		
所有缔约方是否为 WTO 成员？	是	是否跨地区	否

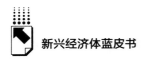

6. 印度—不丹

协定名称	印度—不丹		
覆盖范围	货物	类型	部分领域协定
法律地位	有效	通报类型	授权条款
签订日期	2006 年 7 月 28 日	通报日期	2008 年 6 月 30 日
生效日期	2006 年 7 月 29 日		
目前缔约国	不丹、印度		
初始缔约国	不丹、印度		
RTA 类型	双边		
地　区	西亚		
所有缔约方是否为 WTO 成员?	否	是否跨地区	否

7. 印度—日本

协定名称	印度—日本		
覆盖范围	货物和服务	类型	自由贸易协定和经济一体化协定
法律地位	有效	通报类型	GATT 第 24 条和 GATS 第 5 条
签订日期	2011 年 2 月 16 日	通报日期	2011 年 9 月 14 日
生效日期	2011 年 8 月 1 日		
目前缔约国	印度、日本		
初始缔约国	印度、日本		
RTA 类型	双边		
地　区	西亚、东亚		
所有缔约方是否为 WTO 成员?	是	是否跨地区	是

8. 印度—马来西亚

协定名称	印度—马来西亚		
覆盖范围	货物和服务	类型	自由贸易协定和经济一体化协定
法律地位	有效	通报类型	授权条款和 GATS 第 5 条
签订日期	2011 年 2 月 18 日	通报日期	2011 年 9 月 6 日
生效日期	2011 年 7 月 1 日		
目前缔约国	印度、马来西亚		
初始缔约国	印度、马来西亚		
RTA 类型	双边		
地　区	西亚、东亚		
所有缔约方是否为 WTO 成员？	是	是否跨地区	是

9. 印度—毛里求斯

协定名称	印度—毛里求斯		
覆盖范围	货物和服务	类型	自由贸易协定和经济一体化协定
法律地位	有效	通报类型	授权条款和 GATS 第 5 条
签订日期	2021 年 2 月 22 日	通报日期	2021 年 4 月 15 日
生效日期	2021 年 4 月 1 日		
目前缔约国	印度、毛里求斯		
初始缔约国	印度、毛里求斯		
RTA 类型	双边		
地　区	西亚、非洲		
所有缔约方是否为 WTO 成员？	是	是否跨地区	是

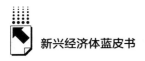

10. 印度—尼泊尔

协定名称	印度—尼泊尔		
覆盖范围	货物	类型	部分领域协定
法律地位	有效	通报类型	授权条款
签订日期	2009 年 10 月 27 日	通报日期	2010 年 8 月 2 日
生效日期	2009 年 10 月 27 日		
目前缔约国	印度、尼泊尔		
初始缔约国	印度、尼泊尔		
RTA 类型	双边		
地　区	西亚		
所有缔约方是否为 WTO 成员？	是	是否跨地区	否

11. 印度—新加坡

协定名称	印度—新加坡		
覆盖范围	货物和服务	类型	自由贸易协定和经济一体化协定
法律地位	有效	通报类型	GATT 第 24 条和 GATS 第 5 条
签订日期	2005 年 6 月 29 日	通报日期	2007 年 5 月 3 日
生效日期	2005 年 8 月 1 日		
目前缔约国	印度、新加坡		
初始缔约国	印度、新加坡		
RTA 类型	双边		
地　区	西亚、东亚		
所有缔约方是否为 WTO 成员？	是	是否跨地区	是

12. 印度—斯里兰卡

协定名称	印度—斯里兰卡		
覆盖范围	货物	类型	自由贸易协定
法律地位	有效	通报类型	授权条款
签订日期	1998 年 12 月 28 日	通报日期	2002 年 6 月 17 日
生效日期	2000 年 3 月 1 日		
目前缔约国	印度、斯里兰卡		
初始缔约国	印度、斯里兰卡		
RTA 类型	双边		
地　区	西亚		
所有缔约方是否为 WTO 成员？	是	是否跨地区	否

13. 印度—泰国

协定名称	印度—泰国		
覆盖范围	货物	类型	部分领域协定
法律地位	有效	通报类型	授权条款
签订日期	2003 年 10 月 9 日	通报日期	2017 年 6 月 18 日
生效日期	2004 年 9 月 1 日		
备　注	框架协议签署日期：2003 年 10 月 9 日 框架协定修正议定书签署日期：2004 年 8 月 30 日 修订框架协议的第二议定书签署日期：2012 年 1 月 25 日 框架协议生效日期：2004 年 9 月 1 日 框架协定修正议定书生效日期：2004 年 8 月 31 日 修订框架协议的第二议定书生效日期：2012 年 6 月 8 日		
目前缔约国	印度、泰国		
初始缔约国	印度、泰国		
RTA 类型	双边		
地　区	西亚、东亚		
所有缔约方是否为 WTO 成员？	是	是否跨地区	否

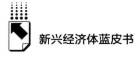

14.印度—阿联酋

协定名称	印度—阿联酋		
覆盖范围	货物和服务	类型	自由贸易协定和经济一体化协定
法律地位	有效	通报类型	授权条款和 GATS 第 5 条
签订日期	2022 年 2 月 18 日	通报日期	2022 年 9 月 22 日
生效日期	2022 年 5 月 1 日		
目前缔约国	印度、阿联酋		
初始缔约国	印度、阿联酋		
RTA 类型	双边		
地　区	西亚、中东		
所有缔约方是否为 WTO 成员？	是	是否跨地区	是

15.韩国—印度

协定名称	韩国—印度		
覆盖范围	货物和服务	类型	自由贸易协定和经济一体化协定
法律地位	有效	通报类型	GATT 第 24 条和 GATS 第 5 条
签订日期	2009 年 8 月 7 日	通报日期	2010 年 7 月 1 日
生效日期	2010 年 1 月 1 日		
备　注	本协定根据 GATT 第 24 条、授权条款和 GATS 第 5 条进行通报		
目前缔约国	印度、韩国		
初始缔约国	印度、韩国		
RTA 类型	双边		
地　区	西亚、东亚		
所有缔约方是否为 WTO 成员？	是	是否跨地区	是

16. 南亚自由贸易协定（SAFTA）

协定名称	南亚自由贸易协定（SAFTA）		
覆盖范围	货物	类型	自由贸易协定
法律地位	有效	通报类型	授权条款
签订日期	2004 年 1 月 6 日	通报日期	2008 年 4 月 21 日
生效日期	2006 年 1 月 1 日		
目前缔约国	阿富汗、孟加拉国、不丹、印度、马尔代夫、尼泊尔、巴基斯坦、斯里兰卡		
初始缔约国	孟加拉国、不丹、印度、马尔代夫、尼泊尔、巴基斯坦、斯里兰卡		
RTA 类型	诸边		
地区	西亚		
所有缔约方是否为 WTO 成员？	否	是否跨地区	否

17. 南亚优惠贸易安排（SAPTA）

协定名称	南亚优惠贸易安排（SAPTA）		
覆盖范围	货物	类型	部分领域协定
法律地位	生效	通报类型	授权条款
签订日期	1993 年 4 月 11 日	通报日期	1997 年 4 月 21 日
生效日期	1995 年 12 月 7 日		
目前缔约国	孟加拉国、不丹、印度、马尔代夫、尼泊尔、巴基斯坦、斯里兰卡		
初始缔约国	孟加拉国、不丹、印度、马尔代夫、尼泊尔、巴基斯坦、斯里兰卡		
RTA 类型	诸边		
地　区	西亚		
所有缔约方是否为 WTO 成员？	否	是否跨地区	否

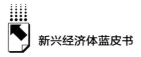

18. 南方共同市场（MERCOSUR）—印度

协定名称	南方共同市场（MERCOSUR）—印度		
覆盖范围	货物	类型	部分领域协定
法律地位	生效	通报类型	授权条款
签订日期	2004 年 1 月 25 日	通报日期	2010 年 2 月 23 日
生效日期	2009 年 1 月 1 日		
目前缔约国	阿根廷、巴西、巴拉圭、乌拉圭、印度		
初始缔约国	阿根廷、巴西、巴拉圭、乌拉圭、印度		
RTA 类型	双边，其中一方为区域贸易协定		
地　区	南美洲、西亚		
所有缔约方是否为 WTO 成员？	是	是否跨地区	是

附录四 中国向 WTO（GATT）通报并生效的 FTA（RTA）基本信息

1. 东盟（ASEAN）—中国

协定名称	东盟（ASEAN）—中国		
覆盖范围	货物和服务	类型	自由贸易协定和经济一体化协定
法律地位	有效	通报类型	授权条款和 GATS 第 5 条
签订日期（G）	2004 年 11 月 29 日	通报日期（G）	2005 年 9 月 21 日
签订日期（S）	2007 年 1 月 14 日	通报日期（S）	2008 年 6 月 26 日
生效日期（G）	2005 年 1 月 1 日		
生效日期（S）	2007 年 7 月 1 日		
目前缔约国	文莱、缅甸、柬埔寨、印度尼西亚、老挝、马来西亚、菲律宾、新加坡、越南、泰国、中国		
初始缔约国	文莱、缅甸、柬埔寨、印度尼西亚、老挝、马来西亚、菲律宾、新加坡、越南、泰国、中国		
RTA 类型	双边，其中一方为区域贸易协定		
地　区	东亚		
所有缔约方是否为 WTO 成员？	是	是否跨地区	否

2. 亚太贸易协定（APTA）

协定名称	亚太贸易协定（APTA）		
覆盖范围	货物和服务	类型	部分领域协定和经济一体化协定
法律地位	有效	通报类型	授权条款和 GATS 第 5 条

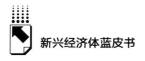

签订日期（G）	1975 年 7 月 31 日	通报日期（G）	1976 年 11 月 2 日
签订日期（S）	2011 年 8 月 24 日	通报日期（S）	2019 年 6 月 17 日
生效日期（G）	1976 年 6 月 17 日		
生效日期（S）	2013 年 9 月 17 日		
备　注	前称为《曼谷协定》。修订后的协定生效日期为 2006 年 9 月 1 日		
目前缔约国	孟加拉国、中国、印度、韩国、老挝、斯里兰卡		
初始缔约国	孟加拉国、印度、韩国、老挝、斯里兰卡		
RTA 类型	诸边		
地　区	西亚、东亚		
所有缔约方是否为 WTO 成员？	是	是否跨地区	是

3. 澳大利亚—中国

协定名称	澳大利亚—中国		
覆盖范围	货物和服务	类型	自由贸易协定和经济一体化协定
法律地位	有效	通报类型	GATT 第 24 条和 GATS 第 5 条
签订日期	2015 年 6 月 17 日	通报日期	2016 年 1 月 26 日
生效日期	2015 年 12 月 20 日		
目前缔约国	澳大利亚、中国		
初始缔约国	澳大利亚、中国		
RTA 类型	双边		
地　区	大洋洲、东亚		
所有缔约方是否为 WTO 成员？	是	是否跨地区	是

4. 智利—中国

协定名称	智利—中国		
覆盖范围	货物和服务	类型	自由贸易协定和经济一体化协定
法律地位	有效	通报类型	GATT 第 24 条和 GATS 第 5 条
签订日期(G)	2005 年 11 月 18 日	通报日期(G)	2007 年 6 月 20 日
签订日期(S)	2008 年 4 月 13 日	通报日期(S)	2010 年 11 月 18 日
生效日期(G)	2006 年 10 月 1 日		
生效日期(S)	2010 年 8 月 1 日		
目前缔约国	智利、中国		
初始缔约国	智利、中国		
RTA 类型	双边		
地 区	南美洲、东亚		
所有缔约方是否为 WTO 成员？	是	是否跨地区	是

5. 中国—哥斯达黎加

协定名称	中国—哥斯达黎加		
覆盖范围	货物和服务	类型	自由贸易协定和经济一体化协定
法律地位	有效	通报类型	GATT 第 24 条和 GATS 第 5 条
签订日期	2010 年 4 月 8 日	通报日期	2012 年 2 月 27 日
生效日期	2011 年 8 月 1 日		
目前缔约国	中国、哥斯达黎加		
初始缔约国	中国、哥斯达黎加		
RTA 类型	双边		
地 区	东亚、中美洲		
所有缔约方是否为 WTO 成员？	是	是否跨地区	是

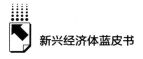

6. 中国—格鲁吉亚

协定名称	中国—格鲁吉亚		
覆盖范围	货物和服务	类型	自由贸易协定和经济一体化协定
法律地位	有效	通报类型	GATT 第 24 条 GATS 第 5 条
签订日期	2017 年 5 月 13 日	通报日期	2018 年 4 月 5 日
生效日期	2018 年 1 月 1 日		
目前缔约国	中国、格鲁吉亚		
初始缔约国	中国、格鲁吉亚		
RTA 类型	双边		
地 区	东亚;独立国家联合体(独联体),包括某些准成员国和前成员国		
所有缔约方是否 为 WTO 成员?	是	是否跨地区	是

7. 中国—中国香港

协定名称	中国—中国香港		
覆盖范围	货物和服务	类型	自由贸易协定和经济一体化协定
法律地位	有效	通报类型	GATT 第 24 条和 GATS 第 5 条
签订日期	2003 年 6 月 29 日	通报日期	2003 年 12 月 27 日
生效日期	2003 年 6 月 29 日		
备 注	实施期结束(EOI):协定的最后一份补充协议的实施期结束。自 2003 年协定生效以来,每年的补充协议都对原 EOI 进行了修改		
目前缔约方	中国、中国香港		
初始缔约方	中国、中国香港		
RTA 类型	双边		
地 区	东亚		
所有缔约方是否 为 WTO 成员?	是	是否跨地区	否

8. 中国—韩国

协定名称	中国—韩国		
覆盖范围	货物和服务	类型	自由贸易协定和经济一体化协定
法律地位	有效	通报类型	GATT 第 24 条和 GATS 第 5 条
签订日期	2015 年 6 月 1 日	通报日期	2016 年 3 月 1 日
生效日期	2015 年 12 月 20 日		
目前缔约国	中国、韩国		
初始缔约国	中国、韩国		
RTA 类型	双边		
地 区	东亚		
所有缔约方是否为 WTO 成员？	是	是否跨地区	否

9. 中国—中国澳门

协定名称	中国—中国澳门		
覆盖范围	货物和服务	类型	自由贸易协定和经济一体化协定
法律地位	有效	通报类型	GATT 第 24 条和 GATS 第 5 条
签订日期	2003 年 10 月 17 日	通报日期	2003 年 12 月 27 日
生效日期	2003 年 10 月 17 日		
备 注	实施期结束（EOI）：协定的最后一份补充协议的实施期结束。自 2003 年协定生效以来，每年的补充协议都对原 EOI 进行了修改		
目前缔约方	中国、中国澳门		
初始缔约方	中国、中国澳门		
RTA 类型	双边		
地 区	东亚		
所有缔约方是否为 WTO 成员？	是	是否跨地区	否

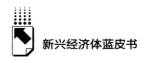

10. 中国—毛里求斯

协定名称	中国—毛里求斯		
覆盖范围	货物和服务	类型	自由贸易协定和经济一体化协定
法律地位	有效	通报类型	GATT 第 24 条和 GATS 第 5 条
签订日期	2019 年 10 月 17 日	通报日期	2021 年 1 月 5 日
生效日期	2021 年 1 月 1 日		
目前缔约国	中国、毛里求斯		
初始缔约国	中国、毛里求斯		
RTA 类型	双边		
地 区	东亚、非洲		
所有缔约方是否为 WTO 成员？	是	是否跨地区	是

11. 中国—新西兰

协定名称	中国—新西兰		
覆盖范围	货物和服务	类型	自由贸易协定和经济一体化协定
法律地位	有效	通报类型	GATT 第 24 条和 GATS 第 5 条
签订日期	2008 年 4 月 7 日	通报日期	2009 年 4 月 21 日
生效日期	2008 年 10 月 1 日		
目前缔约国	中国、新西兰		
初始缔约国	中国、新西兰		
RTA 类型	双边		
地 区	东亚、大洋洲		
所有缔约方是否为 WTO 成员？	是	是否跨地区	是

12. 中国—新加坡

协定名称	中国—新加坡		
覆盖范围	货物和服务	类型	自由贸易协定和经济一体化协定
法律地位	有效	通报类型	GATT 第 24 条和 GATS 第 5 条
签订日期	2008 年 10 月 23 日	通报日期	2009 年 3 月 2 日
生效日期	2009 年 1 月 1 日		
目前缔约国	中国、新加坡		
初始缔约国	中国、新加坡		
RTA 类型	双边		
地　区	东亚		
所有缔约方是否为 WTO 成员？	是	是否跨地区	否

13. 冰岛—中国

协定名称	冰岛—中国		
覆盖范围	货物和服务	类型	自由贸易协定和经济一体化协定
法律地位	有效	通报类型	GATT 第 24 条和 GATS 第 5 条
签订日期	2013 年 4 月 15 日	通报日期	2014 年 10 月 10 日
生效日期	2014 年 7 月 1 日		
目前缔约国	中国、冰岛		
初始缔约国	中国、冰岛		
RTA 类型	双边		
地　区	东亚、欧洲		
所有缔约方是否为 WTO 成员？	是	是否跨地区	是

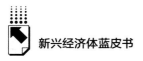

14. 巴基斯坦—中国

协定名称	巴基斯坦—中国		
覆盖范围	货物和服务	类型	自由贸易协定和经济一体化协定
法律地位	有效	通报类型	GATT 第 24 条和 GATS 第 5 条
签订日期（G）	2006 年 11 月 24 日	通报日期（G）	2008 年 1 月 18 日
签订日期（S）	2009 年 2 月 21 日	通报日期（S）	2010 年 5 月 20 日
生效日期（G）	2007 年 7 月 1 日		
生效日期（S）	2009 年 10 月 10 日		
目前缔约国	中国、巴基斯坦		
初始缔约国	中国、巴基斯坦		
RTA 类型	双边		
地 区	东亚、西亚		
所有缔约方是否为 WTO 成员？	是	是否跨地区	是

15. 秘鲁—中国

协定名称	秘鲁—中国		
覆盖范围	货物和服务	类型	自由贸易协定和经济一体化协定
法律地位	有效	通报类型	GATT 第 24 条和 GATS 第 5 条
签订日期	2009 年 4 月 28 日	通报日期	2010 年 3 月 3 日
生效日期	2010 年 3 月 1 日		
目前缔约国	中国、秘鲁		
初始缔约国	中国、秘鲁		
RTA 类型	双边		
地 区	东亚、南美洲		
所有缔约方是否为 WTO 成员？	是	是否跨地区	是

16. 瑞士—中国

协定名称	瑞士—中国		
覆盖范围	货物和服务	类型	自由贸易协定和经济一体化协定
法律地位	有效	通报类型	GATT 第 24 条和 GATS 第 5 条
签订日期	2013 年 7 月 6 日	通报日期	2014 年 6 月 30 日
生效日期	2014 年 7 月 1 日		
目前缔约国	中国、瑞士		
初始缔约国	中国、瑞士		
RTA 类型	双边		
地　区	东亚、欧洲		
所有缔约方是否为 WTO 成员？	是	是否跨地区	是

注：截至 2023 年 5 月 18 日，中国自由贸易区服务网（mofcom. gov. cn）公布中国已签协议的自由贸易区共计 21 个，其中上述 16 个（港澳地区作为单独关税区分别通报）向 WTO 做了通报，而中国—厄瓜多尔（尚未生效）、中国—尼加拉瓜（早期收获安排已生效）、RCEP（2023 年 6 月 2 日生效）、中国—柬埔寨（已生效）和中国—马尔代夫（尚未生效）5 个自由贸易区尚未通报。

附录五 南非向 WTO（GATT）通报并生效的 FTA（RTA）基本信息

1. 欧洲自由贸易联盟（EFTA）—南部非洲关税同盟（SACU）

协定名称	欧洲自由贸易联盟(EFTA)—南部非洲关税同盟(SACU)		
覆盖范围	货物	类型	自由贸易协定
法律地位	有效	通报类型	GATT 第 24 条
签订日期	2006 年 6 月 26 日	通报日期	2008 年 10 月 29 日
生效日期	2008 年 5 月 1 日		
目前缔约国	博茨瓦纳、莱索托、纳米比亚、南非、埃斯瓦蒂尼、冰岛、列支敦士登、挪威、瑞士		
初始缔约国	博茨瓦纳、莱索托、纳米比亚、南非、埃斯瓦蒂尼、冰岛、列支敦士登、挪威、瑞士		
RTA 类型	双边，双方均为 RTA		
地区	非洲、欧洲		
所有缔约方是否为 WTO 成员?	是	是否跨地区	是

2. 欧盟（EU）—南部非洲发展共同体（SADC）

协定名称	欧盟(EU)—南部非洲发展共同体(SADC)		
覆盖范围	货物	类型	自由贸易协定
法律地位	有效	通报类型	GATT 第 24 条
签订日期	2016 年 6 月 10 日	通报日期	2017 年 4 月 3 日
生效日期	2016 年 10 月 10 日		

续表

备　注	欧盟官方期刊:2016 年 9 月 16 日 L250 号文件。从 2016 年 10 月 10 日起,博茨瓦纳、莱索托瓦、纳米比亚、南非、埃斯瓦蒂尼与欧盟暂时适用该协定。2018 年 1 月 16 日,莫桑比克向欧盟理事会致函,表示同意批准该协议。该协议将于 2018 年 2 月 4 日起在莫桑比克和欧盟之间暂时实施。该协议经各方批准后生效。在 2020 年 1 月 31 日之前,英国一直是欧盟的成员国。欧盟和英国已经根据《欧洲联盟条约》第 50 条达成《退欧协议》,其中规定了一个有时间限制的过渡期,在此期间,除《退欧协议》中规定的有限例外情况外,欧盟的法律将适用于英国。进一步的细节可在 2020 年 2 月 1 日英国的信函(WT/GC/206)和 2020 年 1 月 27 日欧盟的口头说明(WT/LET/1462)中找到,其中说道,通知 WTO 成员,在过渡期内,为了相关国际协定,英国被视为欧盟的一个成员国
目前缔约国	奥地利、比利时、保加利亚、克罗地亚、塞浦路斯、捷克共和国、丹麦、爱沙尼亚、芬兰、法国、德国、希腊、匈牙利、爱尔兰、意大利、拉脱维亚、立陶宛、卢森堡、马耳他、荷兰、波兰、葡萄牙、罗马尼亚、斯洛伐克共和国、斯洛文尼亚、西班牙、瑞典、博茨瓦纳、埃斯瓦蒂尼、莱索托、莫桑比克、纳米比亚、南非
初始缔约国	奥地利、比利时、博茨瓦纳、保加利亚、克罗地亚、塞浦路斯、捷克共和国、丹麦、爱沙尼亚、埃斯瓦蒂尼、芬兰、法国、德国、希腊、匈牙利、爱尔兰、意大利、拉脱维亚、莱索托、立陶宛、卢森堡、马耳他、莫桑比克、荷兰、波兰、葡萄牙、罗马尼亚、斯洛伐克共和国、斯洛文尼亚、南非、西班牙、瑞典、英国
RTA 类型	诸边,其中一方是 RTA
地　区	欧洲、非洲

所有缔约方是否为 WTO 成员?	是	是否跨地区	是

3. 欧盟（EU）—南非

协定名称	欧盟（EU）—南非		
覆盖范围	货物	类型	自由贸易协定
法律地位	有效	通报类型	GATT 第 24 条
签订日期	1999 年 10 月 11 日	通报日期	2000 年 11 月 2 日

续表

生效日期	2000 年 1 月 1 日		
备　注	欧盟官方公报:1999 年 12 月 4 日 L311 文件。英国在 2020 年 1 月 31 日之前是欧盟成员国。欧盟和英国已经根据《欧洲联盟条约》第 50 条商定了《退欧协议》,其中规定了一个有时间限制的过渡期,在此期间,除《退欧协议》中规定的有限例外情况外,欧盟的法律将适用于英国。进一步的细节可在 2020 年 2 月 1 日英国的信函(WT/GC/206)和 2020 年 1 月 27 日欧盟的口头说明(WT/LET/1462)中找到,其中说道,通知 WTO 成员,在过渡期内,为了相关国际协定,英国被视为欧盟一个成员国		
目前缔约国	奥地利、比利时、保加利亚、克罗地亚、塞浦路斯、捷克共和国、丹麦、爱沙尼亚、芬兰、法国、德国、希腊、匈牙利、爱尔兰、意大利、拉脱维亚、立陶宛、卢森堡、马耳他、荷兰、波兰、葡萄牙、罗马尼亚、斯洛伐克共和国、斯洛文尼亚、西班牙、瑞典、南非		
初始缔约国	奥地利、比利时、丹麦、芬兰、法国、德国、希腊、爱尔兰、意大利、卢森堡、荷兰、葡萄牙、南非、西班牙、瑞典、英国		
RTA 类型	双边,其中一方是 RTA		
地区	欧洲、非洲		
所有缔约方是否为 WTO 成员?	是	是否跨地区	是

4. 南部非洲关税同盟(SACU)

协定名称	南部非洲关税同盟(SACU)		
覆盖范围	货物	类型	关税联盟
法律地位	有效	通报类型	GATT 第 24 条
签订日期	2002 年 10 月 21 日	通报日期	2007 年 6 月 25 日
生效日期	2004 年 6 月 15 日		
目前缔约国	博茨瓦纳、埃斯瓦蒂尼、莱索托、纳米比亚、南非		
初始缔约国	博茨瓦纳、埃斯瓦蒂尼、莱索托、纳米比亚、南非		
RTA 类型	诸边		
地　区	非洲		
所有缔约方是否为 WTO 成员?	是	是否跨地区	否

5. 南部非洲发展共同体（SADC）

协定名称	南部非洲发展共同体（SADC）		
覆盖范围	货物和服务	类型	自由贸易协定和经济一体化协定
法律地位	至少一方有效	通报类型	GATT 第 24 条
签订日期（G）	1996 年 8 月 24 日	通报日期（G）	2004 年 8 月 2 日
签订日期（S）	2012 年 8 月 19 日	通报日期（S）	2022 年 9 月 12 日
生效日期（G）	2000 年 9 月 1 日		
生效日期（S）	2022 年 1 月 13 日		
备　注	SADC 共同体的成员：安哥拉、博茨瓦纳、科摩罗、刚果民主共和国、埃斯瓦蒂尼、莱索托、马达加斯加、马拉维、毛里求斯、莫桑比克、纳米比亚、塞舌尔、南非、坦桑尼亚、赞比亚和津巴布韦。除安哥拉、科摩罗和刚果民主共和国外，所有成员国都适用 GATT。除安哥拉、科摩罗、刚果民主共和国、马达加斯加和坦桑尼亚外，所有成员都适用 GATS		
目前缔约国	安哥拉、博茨瓦纳、科摩罗、刚果民主共和国、埃斯瓦蒂尼、莱索托、马达加斯加、马拉维、毛里求斯、莫桑比克、纳米比亚、塞舌尔、南非、坦桑尼亚、赞比亚、津巴布韦		
初始缔约国	博茨瓦纳、埃斯瓦蒂尼、莱索托、马拉维、毛里求斯、莫桑比克、纳米比亚、南非、坦桑尼亚、赞比亚、津巴布韦		
RTA 类型	诸边		
地　区	非洲		
所有缔约方是否为 WTO 成员？	否	是否跨地区	否

6. 南方共同市场（MERCOSUR）—南部非洲关税同盟（SACU）

协定名称	南方共同市场（MERCOSUR）—南部非洲关税同盟（SACU）		
覆盖范围	货物	类型	部分领域协定
法律地位	有效	通报类型	授权条款
签订日期	2008 年 12 月 15 日	通报日期	2017 年 7 月 19 日
生效日期	2016 年 4 月 1 日		
备　注	南方共同市场成员于 2008 年 12 月 15 日签署；南部非洲关税同盟成员于 2009 年 4 月 3 日签署		

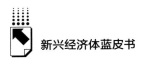

续表

目前缔约国	阿根廷、巴西、巴拉圭、乌拉圭、博茨瓦纳、莱索托、纳米比亚、南非、埃斯瓦蒂尼		
初始缔约国	阿根廷、巴西、巴拉圭、乌拉圭、博茨瓦纳、莱索托、纳米比亚、南非、埃斯瓦蒂尼		
RTA 类型	双边,双方均为 RTA		
地　区	南美洲、非洲		
所有缔约方是否为 WTO 成员?	是	是否跨地区	是

7. 英国—南部非洲关税同盟（SACU）—莫桑比克

协定名称	英国—南部非洲关税同盟(SACU)—莫桑比克		
覆盖范围	货物	类型	自由贸易协定
法律地位	有效	通报类型	GATT 第 24 条
签订日期	2019 年 10 月 9 日	通报日期	2021 年 1 月 8 日
生效日期	2021 年 1 月 1 日		
备　注	2019 年 10 月 9 日,英国、博茨瓦纳、埃斯瓦蒂尼、莱索托、莫桑比克、纳米比亚签订;2019 年 10 月 16 日,南非签订		
目前缔约国	博茨瓦纳、莱索托、纳米比亚、南非、埃斯瓦蒂尼、莫桑比克、英国		
原始缔约国	博茨瓦纳、莱索托、纳米比亚、南非、埃斯瓦蒂尼、莫桑比克、英国		
RTA 类型	诸边,其中一方是 RTA		
地　区	非洲、欧洲		
所有缔约方是否为 WTO 成员?	是	是否跨地区	是

Abstract

For more than half a century, economic globalization has been surging, and countries' desire to promote economic and trade cooperation, prosperity and efficiency has continued to rise. In addition, the General Agreement on Tariffs and Trade/the World Trade Organization (WTO) has gradually become rigid and inefficient. As such, countries have been actively exploring new multilateral cooperation mechanisms and models to get rid of the plight of lengthy negotiations, high costs and inefficient decision-making in traditional multilateral trade organizations. Various regional multilateral free trade agreements have been widely concluded and developed rapidly. As a cooperation form and mechanism with low barriers to economic, trade and investment activities among countries and regions and with high degree of freedom and efficiency, it plays an increasingly important role in helping reduce and eliminate trade and investment thresholds and obstacles among cooperative actors, deepening inter-country and inter-regional economic, trade, technological and investment cooperation and promoting economic growth of participants, regional development and global prosperity. Its flexibility, vitality and efficiency are increasingly recognized and supported by the international community, and it has gradually become a new orientation, new regulatory mechanism and new paradigm of international economic and trade cooperation on par with the WTO. As of March 2023, in the world there are 356 regional trade agreements (RTAs/FTAs) notified to the GATT/WTO and in force, and the number is still growing.

However, as a relatively complex in-depth cooperation system and model, it has quite high requirements for participating countries' and regions' value orientation, cooperation demands, political mutual trust, geographical relations,

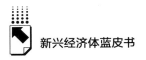

level of openness and regulatory construction. As such, it is not only a manifestation of like-mindedness and in-depth cooperation among economic actors, but also a high requirement of and constraint on the alignment and coordination of institutions, rules and policies of participating actors.

BRICS cooperation is an exploration of a cooperation model among emerging economies. Since the BRIC leaders convened the 1st BRIC Summit in Yekaterinburg, Russia in 2009 and issued a joint statement and it was officially released as a collective cooperative mechanism, the BRIC strategic coordination relationship has been comprehensively improved. Pragmatic economic and trade cooperation and cooperation mechanisms have also continuously stepped up to a new level. In particular, at the 14th BRICS Summit held in Beijing in June 2022, the BRICS Digital Economy Partnership Framework, theBRICS Initiative on Trade and Investment for Sustainable Development, and the BRICS Initiative on Enhancing Cooperation on Supply Chains were approved. There was also a consensus on promoting consumer protection in e-commerce by advancing the implementation of BRICS Framework for Consumer Protection in E-commerce. It was agreed to strengthen exchanges and cooperation in trade in services and engagement of BRICS national focal points, as established in the BRICS Framework for Cooperation on Trade in Services, with the BRICS Business Council with the aim to promote implementation of BRICS Trade in Services Cooperation Roadmap and relevant documents including the BRICS Framework for Cooperation in Trade in Professional Services.

These show that the awareness of economic and trade cooperation among the BRICS countries has gradually increased, and the breadth, depth and intensity of cooperation have been improved. It has pointed out the direction and consolidated the institutional foundation for encouraging BRICS countries to cooperate, strengthen supply chain interconnection, and promote trade and investment flows. Overall, over the past decade or so, the scale, structure, level and cooperation mechanism of the BRICS countries' economic and trade cooperation have made gratifying progress and achievements, which have not only promoted the development of economic and trade cooperation and economic growth of the BRICS countries—for example, over the past decade or so, the trade growth of the BRICS countries has exceeded the average growth rate of world trade—but has also enhanced the voice and influence of the BRICS countries as emerging countries in the international economic system.

However, the mode of economic and trade cooperation between BRICS countries is still at a relatively single and shallow level, the level of economic, trade and investment cooperation is not high enough, and the huge potential for cooperation has yet to be tapped. One important cause is the lack of a multilateral free trade agreement, which is a driver for economic and trade integration and cooperation. As of March 2023, in the BRICS countries there are 62 regional trade agreements (RTAs/FTAs) notified to the GATT/WTO and in force, including 9 in Brazil, 12 in Russia, 18 in India, 16 in China and 7 in South Africa. The establishment of a free trade area has not yet been put on the agenda of the BRICS countries. This is obviously not in line with the overall goal of the BRICS countries to vigorously promote the level of practical cooperation and boost a more comprehensive and high-level cooperative relationship, nor is it consistent with the general international trend of integration of regional cooperation and the continuous birth, development and overall success of various multilateral free trade agreements. In the long run, this is bound to be detrimental to the improvement of the comprehensive practical cooperation level and quality and efficiency of the BRICS countries, and will cause a huge loss of potential welfare. It will also hinder the improvement of the quality and efficiency of the BRICS cooperation mechanism, hinder their own economic development, and drag down their role in promoting and contributing to economic globalization and global economic governance reform.

A comprehensive and in-depth discussion of the opportunities and challenges facing the construction of the BRICS free trade area, an analysis of the attitudes and orientations of all parties and a clarification of the direction of efforts and possible cooperative actions can provide new goals for the BRICS countries to launch and deepen high-level cooperation including free trade area agreement negotiations and improve cooperation mechanisms in the future. It can also provide new momentum for curbing the pessimistic view of the BRICS cooperation mechanism and the cooperation and development prospects of the BRICS

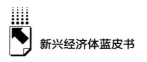

countries, boosting economic globalization, regional economic cooperation and global economic cooperation. In addition, it can provide new content and samples for the study of international economic and trade theory, South-South cooperation theory, and the development law of free trade areas.

In light of this, the editorial board of this blue book invited a number of BRICS research experts and scholars to focus on this major issue, aiming to analyze the significance, connotation, obstacles, future path orientation of building a BRICS free trade area amid the mushrooming of multilateral free trade agreements, to help the relevant decision-making departments of the BRICS countries to recognize the reality, to discuss in depth the feasibility of the negotiation and signing of the BRICS free trade area, and to contribute to the advancement of economic globalization and regional cooperation and integration. It also aims to enhance the level of practical cooperation among the BRICS countries and improve the economic and trade cooperation mechanism, strengthening the belief in cooperation and forming a consensus on cooperation, and taking joint actions to provide theoretical and policy recommendations. Furthermore, it also makes efforts and contributions to enrich and deepen BRICS cooperation research.

This book consists of twelve parts in three major sections: General Report, Sub-reports, and Special Reports. The main content of each section is introduced as follows.

General Report

"*New Progress and New Ideas for Building BRICS FTA in the New Period of Turbulence and Transformation*" analyzes the background and motivation of the construction of the BRICS free trade area, for instance, the situation of global economic and trade cooperation is facing major adjustments: the multilateral trading system is in trouble and a free trade area has become a common choice among countries; multiple factors have exacerbated the instability and shrinkage of the industrial chain and supply chain; the digital economy propels the accelerated transformation of BRICS economic and trade cooperation. This requires the BRICS countries to enhance practical cooperation in order to cope with the difficulties and challenges of the trading system, and put the establishment of a free trade area on the agenda. It is necessary to tackle the difficulties faced by the BRICS countries in the construction of a free trade area. For example, the BRICS countries have very different perceptions of the complementarity and competitiveness of economic and trade relations, India's policy toward China is more populist and strategically competitive, and the BRICS countries tend to give priority to consolidating the construction of a free trade area in their own region. In addition, the BRICS countries are facing such difficulties as the economic or technological "decoupling" of Western countries. Building on this, the article puts forward the basic orientation and policy suggestions for the future construction of the BRICS free trade area.

Country Reports

The Country Reports consist of the annual national FTAs development reports of the BRICS countries, which respectively elaborate on the policy measures, progress, and views and attitudes of the BRICS countries in building their own FTAs.

Based on Brazil's active participation in the multilateral trading system for many years, "*Brazil's Views, Ideas and Policy Measures for Signing FTAs with Foreign Countries*" sorts out and evaluates the status of foreign trade in Brazil's diplomatic strategy and the status of free trade agreements in Brazil's integration strategy, and the free trade agreements signed by Brazil and their effects. The article looks ahead to Brazil's ideas and policy measures for signing free trade agreements after Luiz Inácio Lula da Silva's return. It is estimated that due to the institutional constraints of the Southern Common Market (Mercosur) and Brazil's long-term strategic considerations to promote South American integration based on the Southern Common Market, Brazil is less likely to pay attention to the establishment of the BRICS free trade agreement and take practical actions in the short term.

"*Russia's Views and Ideas on Construction of BRICS FTAs and China-Russia FTAs*" analyzes the backdrop of the increase in regional free trade agreements in recent years and the difficulties faced by the BRICS countries in the construction of a free trade area, as well as their adverse effects on improving the level of practical cooperation among the BRICS countries and the risk of them being marginalized by the trend of international multilateral trade mechanisms. In construes the opinions, positions and prospects of Russian academic circles, think tanks and

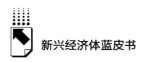
新兴经济体蓝皮书

political circles on the significance, possibility, reality and prospects of the construction of the BRICS free trade area and the China-Russia free trade agreement. It also reflects on the difficulties and challenges that Russia needs to solve to start the negotiation process of the BRICS free trade agreement and the China-Russia free trade agreement.

"*India's FTA Construction and Attitudes to BRICS FTA Construction*" analyzes the progress and trend of India's free trade zone construction, India's free trade zone construction actions based on economic, political, diplomatic and other considerations in the international context, and its actual orientation of participating in the BRICS FTA. Out of the strategic goal of building itself into a big power, India regards FTAs as an important strategic choice for opening up and development. However, India has showed an attitude of reducing its strategic dependence on China and improving its international status by means of the "Indo-Pacific Strategy", with a negative or wait-and-see attitude towards the multilateral service and trade agreement and the construction of bilateral and multilateral BRICS free trade FTAs advocated by China. It is of great significance and a long way to go to encourage India to participate in the negotiations on the construction of the BRICS free trade area.

Based on the introduction and analysis of China's theoretical viewpoints on advancing regional economic cooperation, "*China's Regional Economic Cooperation and FTAs Strategy*" reviews China's negotiation process and stages concerning FTAs, and analyzes the strategies, layout characteristics and tasks and objectives at different stages. It also combines the Belt and Road Initiative to shed light on China's new mode of regional cooperation and the key and strategic issues of China's implementation of FTAs strategy in the next stage.

"*South Africa's Construction of FTAs and Attitudes towards Construction of BRICS FTA*" analyzes South Africa's strategic conception, policy orientation and practice of free trade area construction. On the whole, on the premise of ensuring that the development of its national industry is not infringed, South Africa holds a very conservative attitude towards the establishment of free trade areas with countries and regions outside the African continent other than the service and trade agreement with the African continent. As for the start of negotiations with the other BRICS countries on the establishment of a free trade area, there are few discussions, negative attitudes, or even denials in South Africa. The mainstream view in the country is that the establishment of a BRICS free trade area is a long and difficult road, and that the BRICS free trade agreement will cause serious damage to South Africa as its threats and disadvantages outweigh benefits. Especially in the short term, South Africa will not consider negotiating with China to establish a free trade area. The South African government has not made an official statement on starting negotiations on the BRICS free trade area, and it will not be put on the government's official agenda in the short term.

Special Reports

The special report consists of 6 special reports related to the construction of BRICS FTA, analyzing the different levels, current situations, challenges, and prospects of BRICSFTA, with the aim of outlining the outlook of BRICS cooperation in building FTA.

"*Status Quo and Prospects of Construction of Eurasian Economic Union's FTA*" analyzes the internal integration process and status of the Eurasian Economic Union since its establishment in 2015, as well as the progress of the construction of free trade areas with countries outside the union. It argues that the integration process within the union is accelerating, but to a certain extent, it is affected by the economic sanctions and political isolation adopted by the United States and other Western countries against Russia for launching special military operations against Ukraine. At the same time, it has made some progress in terms signing free trade agreements and non-preferential trade agreements with foreign countries, signing cooperation memorandums with a third country or international organizations, and in strengthening multilateral cooperation and actively building a free trade area network. The development prospects of the Eurasian Economic Union and its free trade area construction are still optimistic, and will have significant inspiration and reference for the construction of the BRICS free trade area.

"*The Practical Foundation and Suggestions for Countermeasures of China – Eurasian Economic Union FTA Construction*" analyzes the role of China and the Eurasian Economic Union to jointly build a free trade area as China–US trade frictions tend to ease and the negative impact of the COVID – 19 pandemic on the world

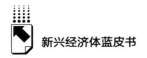

economy gradually subsides. It sheds light on its great significance, potential, foundation and possibility for promoting regional economic integration, optimizing the resource allocation of various countries, improving economic and trade cooperation and opening up of regions and countries, truly realizing mutual benefit for countries, and improving regions' and countries' confidence and support for the Belt and Road Initiative. For policy recommendations, it proposes to enhance political mutual trust, learn from the union's experience in building a free trade zone, implement the signed economic and trade cooperation agreements, sign a free trade agreement as soon as possible to promote the alignment between the Belt and Road and the "Belt and Union", and strengthen the multi-party cooperation and infrastructure construction between countries along the Belt and Road route and the union's members.

"*Difficulties in and Prospects of Construction of China-India FTA*" argues that a resilient economic and trade relationship is the stabilizer for the sound development of China-India relations. When the global economic recovery is weak, inflationary pressures are intensifying, and the risk of spillover from monetary policy changes in major economies is rising, China and India's jointly discussing the construction of a free trade area will become an important means and way for the two countries to deal with the complicated international trade disputes and enhance their competitiveness in international trade. On the basis of explaining that the construction of a China-India free trade area is ushering in a period of great opportunity, it focuses on analyzing its difficulties and challenges and offers policy suggestions for China and India to increase trust and dispel doubts, seek common ground while reserving differences, align strategies and coordinate actions to reach an agreement on the China-India free trade area and facilitate its construction.

"*Construction of Bangladesh–China–India–Myanmar Economic Corridor: Dilemma and Way Out*" summarizes a series of specific progresses and some existing problems and challenges in interconnection, cultural exchanges, scientific and technological mutual assistance, economic and trade cooperation, and project construction since the launch of the economic corridor in 2013. On this basis, it profoundly shows that insufficient political mutual trust, lagging-behind transportation infrastructure, limited cultural exchanges and cooperation, prominent economic and trade competition frictions, rising risks in investment environment, and obstruction by external forces seriously affect the smooth progress of the economic corridor's construction. Specific policy recommendations include strengthening political mutual trust, promoting interconnection, expanding direct investment, enhancing cultural cooperation, and innovating with economic and trade cooperation models.

"*Prospects for Construction of China—South Africa Free Trade Area*" argues that the establishment of a free trade area is a key policy to achieve trade cooperation and common development among the BRICS countries, and the establishment of a free trade area between China and South Africa is an important foundation and support for the construction of a BRICS free trade area. China-Africa economic and trade relations have a long history and far-reaching effects. By selecting the HS (2002) customs two-digit code to measure the trade intensity index, professional coefficient, consistency coefficient, revealed comparative advantage index and trade complementarity index of China and South Africa, it shows that the two countries are highly complementary rather than competitive. The foundation for the construction of the free trade area is sound, but there are still some difficulties that need to be overcome. To this end, it is necessary to conduct research on the possibility and obstacles of the construction of the China-South Africa free trade area and explore effective ways to enhance complementarity and tackle competition, so as to promote its construction.

"*Ideas and prospects for building BRICS Free Trade Area*" reviews and affirms the remarkable achievements of the BRICS cooperation mechanism construction and practical cooperation over the past decade or so. At the same time, it finds that the free trade area construction, which is an important content and driving force of regional multilateral economic and trade cooperation, has not yet entered the BRICS cooperation mechanism construction agenda. In order to further deepen practical cooperation, it is necessary to analyze the significance and necessity of the BRICS countries' starting negotiations on the construction of a free trade area, as well as its opportunities and challenges. Building on this, it discusses overcoming differences and increasing consensus, and the feasibility and basic countermeasures

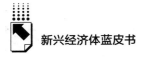 新兴经济体蓝皮书

of starting free trade area negotiations as soon as possible.

Keywords：BRICS；Economic and Trade Cooperation；Economic and Trade Development；FTA Strategy；Regional Strategy

Contents

I General Report

Abstract: This paper analyzes the background and motivation of the construction of the free trade area in the BRICS countries, such as the global economic and trade cooperation situation facing major adjustment: the multilateral trading system is in trouble, leading to the free trade area becoming the common choice of all countries. Multiple factors are aggravating the instability and contraction of industrial and supply chains. The digital economy is accelerating the transformation of BRICS economic and trade cooperation. This requires BRICS countries to enhance practical cooperation in order to cope with the difficulties and challenges in the trade system and elevate the building of a free trade area to the top of the agenda, as well as many difficulties facing the building of a free trade area of BRICS countries. For example, BRICS countries have very different perceptions of the complementarity and competitiveness of economic and trade relations, and India's policy towards China is more populist and strategic competitive. The BRICS countries are giving priority to strengthening the building of free trade areas in their own regions. Some BRICS countries are facing difficulties such as economic or technological "decoupling" of Western countries. On this basis, the author puts

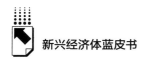
forward the basic orientation and policy suggestions of building the free trade area in the future.

Keywords: Turbulent Change Period; BRICS Free Trade Agreement; "Early harvest"; Inclusive Thinking

Ⅱ Country Reports

B.2 Brazil's Views, Ideas and Policy Measures for
Signing FTAs with Foreign Countries *Wang Fei* / 024

Abstract: Based on the background of Brazil's active participation in the multilateral trading system over the past years, this paper summarizes and evaluates the status of free trade agreements in Brazil's foreign trade and integration strategies, the free trade agreements signed by Brazil, and their effectiveness. It also looks forward to the perspectives and policy measures of Brazil's signing of free trade agreements after Lula's return. It is expected that due to the institutional constraints of the Mercosur and Brazil's long-term strategic considerations of promoting South American integration based on the MERCOSUR, Brazil's attention to the establishment of a BRICS free trade area and the possibility of taking practical actions in the short term are relatively low.

Keywords: Brazil; FTA; MERCOSUR; BRICS Cooperation

B.3 Russia's Views and Ideas on Construction of BRICS
FTAs and China-Russia FTAs *Lin Yueqin* / 045

Abstract: This paper analyzes the background of the increase of regional free trade agreements in recent years, the significance of the construction of BRICS free trade area, the difficulties it faces, the negative impact on the improvement of the level of practical cooperation of BRICS countries, and the risk of being marginalized by the trend of international multilateral trade mechanism. This paper sorts out the viewpoints and positions of several Russian academic circles, think tanks and political circles on the significance, possibility and reality of the construction of the BRICS free Trade Area and the China‒Russia free Trade area, as well as their prospects, and presents some thoughts on the difficulties and challenges that need to be solved in starting the negotiation process of the BRICS free Trade area and the China‒Russia free Trade area.

Keywords: Russia; Brics Free Trade Area; China-Russia Free Trade Area; Dilemma and solution

B.4 India's FTA Construction and Attitudes to BRICS

FTA Construction   *Chen Lijun, He Ruifang* / 062

Abstract: At present, India is facing a double favorable domestic and international situation. It has an important position among emerging economies, and its international economic and political influence is rising. The number of free trade area built in India ranks first in Asia. Establishing free trade area and promoting economic and trade cooperation with other countries is an important strategic choice for India to open up and develop, but India is not active in building BRICS free trade area. Based on the analysis of India's free trade area construction and its attitude towards the BRICS free Trade area construction and its influencing factors, this report may provide countermeasures and suggestions on India's recognition, enthusiasm and implementation of the BRICS free trade area construction.

Keywords: India Free Trade Area; Brics Free Trade Area; Brics Cooperation

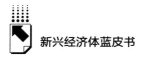
B.5 China's Regional Economic Cooperation and FTAs Strategy

Feng Zongxian, Yu Luyao / 082

Abstract: This paper first analyzes regional integration from the perspectives of regionalism, politics and free trade areas, and introduces and analyzes the theoretical viewpoints of promoting regional economic cooperation in China. Secondly, the implementation process of the China Free Trade Area strategy was reviewed, and it was divided into four development stages: initial practice, steady development, rapid advancement and expansion and upgrading. The strategies, layout characteristics and mission objectives of different stages were analyzed. Then, it looks forward to China's expansion of the network of high-standard free trade areas, analyzes the new ways of China's regional cooperation in combination with the "Belt and Road" initiative, and puts forward policy suggestions from the perspectives of consolidating and expanding the achievements of free trade areas, promoting the upgrading of signed free trade agreements, accelerating institutional opening-up, strengthening institutional cooperation with countries along the "Belt and Road", and taking into account opening up and safeguarding national security.

Keywords: Regional Economic Cooperation; FTA Agreements; The "Belt and Road" Initiative

B.6 South Africa's Construction of FTAs and Attitudes towards
Construction of BRICS FTA   *Yi Kexin, Hong Yonghong* / 107

Abstract: South Africa remains committed to the construction of Free Trade Areas (FTA) with African countries. At the same time, however, it appears very cautious in establishing FTAs with countries outside the continent. So far, it has established FTAs with only the European Union and the United Kingdom. Also, there have been very few discussions on the construction of BRICS FTA within

South African academic circles, among which only a few South African scholars have a positive attitude towards the construction of BRICS FTA. The mainstream view holds that the construction of BRICS FTA will pose a threat to South Africa's economy by causing it more harm than good. The reasons focus on the imbalance of trade structure among BRICS countries and the fact that the construction of BRICS FTA will further increase such imbalances. The South African government is yet to make an official statement on the initiation of formal negotiations on the BRICS FTA, which suggests that it does not support its construction. To this extent, the BRICS FTA is not expected to be placed on the government's agenda and put into action anytime soon.

Keywords: South Africa Free Trade Area; BRICS Free Trade Area; Trade Structure

III Special Reports

B.7 Status Quo and Prospects of Construction of Eurasian

Economic Union's FTA   *Zheng Xueping, Yang Guimin* / 127

Abstract: Since its establishment in 2015, the Eurasian Economic Union (EEU) has been effective in promoting trade and economic growth both within and outside the Union through the establishment of a common market and strengthened external cooperation. Overall, the Union has shown steady progress in its internal development and has been accelerating the integration process. However, the comprehensive economic sanctions and diplomatic isolation imposed by Western countries due to the Russia-Ukraine conflict have inevitably had an associated impact on the internal development of the Union. In external relations, the Union has actively pursued multilateral cooperation by signing free trade agreements, non-preferential trade agreements, and cooperation memoranda with third countries or international organizations, aiming to enhance multilateral cooperation and actively build a network of external free trade zones, resulting in

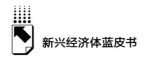

significant achievements. In the long term, the Eurasian Economic Union and its prospects for developing an external free trade zone have broad development prospects, and its influence continues to expand.

Keywords: Eurasian Economic Union; Construction of an External Free Trade Zone; Economic Cooperation; Development Prospects.

B.8 The Practical Basis and Countermeasures of Building a Free Trade Zone Between China and the EAEU

Li Jun, Wu Xiaopeng / 144

Abstract: Building a free trade area between China and the EAEU is based on a solid foundation of economic and trade cooperation. The two sides have substantial differences in trade structure and strong complementarity. Moreover, both China and the EAEU have relevant policy support for openness and plans to establish a free trade area. EAEU countries, including Russia, seek to develop long-term and in-depth economic and trade cooperation with China due to changes in the international landscape, and the conditions for upgrading the agreement to jointly build a free trade area are already in place. However, to ultimately establish a free trade area, both sides need to strengthen political mutual trust, draw upon the experience of building free trade areas in the negotiation process, implement the already signed economic and trade cooperation agreements, sign the free trade agreement as soon as possible, and promote the alignment of the Belt and Road Initiative with the EAEU, enhance multilateral cooperation and infrastructure development among countries along the routes and EAEU countries. Only through these efforts can the establishment of a China-Eurasian Economic Union free trade area be realized.

Keywords: Eurasian Economic Union; Free Trade area; The Belt and Road Initiative

B . 9　The Construction of the China-India Free Trade

　　　Area— Opportunities, Difficulties and Solutions

Abstract: At a time when the global economic recovery is weak, inflation pressure is intensifying, and the risk of spillover from monetary policy changes of major economies is rising, China and India, as the two largest developing countries in Asia, should promote the early completion of the China-India Free Trade Area, which will become an important way for the two countries to cope with complicated international trade disputes and enhance international trade competitiveness. This report mainly adopts the method of qualitative analysis and literature analysis, discusses the new opportunities and major challenges faced by the construction of China-India Free Trade Area, and looks forward to the prospect of the construction of China-India Free Trade Area. The findings show that rising trade protectionism, fluctuating political relations and persistent trade imbalances are the three major challenges facing the construction of the China-India Free Trade Area. The China-India Free Trade Area should be completed at an early date, we should uphold the concept of trade liberalization, push for steady and long-term development of China-India relations, change the development model and improve the trade structure, and properly respond to India's "De-sinification" policy.

Keywords: Sino-Indian Relations; Free Trade Zone Construction; Trade Liberalization

B . 10　Construction of Bangladesh-China-India-Myanmar

　　　　Economic Corridor— Dilemma and Way Out

Abstract: " Construction of Bangladesh-China-India-Myanmar Economic Corridor: Dilemma and Way Out" Summarizes a series of progresses and some

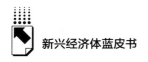
existing problems and challenges in interconnection, cultural exchanges, scientific and technological assistance, economic and trade cooperation and project construction since the launch of the economic corridor in 2013. On this basis, it profoundly shows that insufficient political mutual trust, lagging-behind transportation infrastructure, limited cultural exchanges and cooperation, prominent economic and trade completion frictions, rising risks in investment environment, and obstruction by external forces, seriously affect the smooth progress of the economic corridor's construction. Specific policy recommendations include strengthening mutual political trust, promoting interconnection, enhancing cultural cooperation, and innovating with economic and trade cooperation models.

Keywords: Bangladesh-China-India-Myanmar Economic Corridor; Interconnection; Economic and trade cooperation

B. 11　Prospects for Construction of China-South

Africa Free Trade Area　　*Li Jingrui, Hou Zhuojun* / 197

Abstract: BRICS countries are important economies in the world. The establishment of free trade area is an important engine to realize trade cooperation and accelerate common development among BRICS countries. China and South Africa have a long history of close economic and trade, so it is necessary to study the trade competitiveness and complementarity of the two countries, explore experience and point out the direction for the construction of China-South Africa Free trade area. In this paper, HS (2002) customs code is selected to analyze the trade competitiveness and complementarity of China and South Africa by measuring the trade intensity index, specialty coefficient, consistency coefficient, explicit comparative advantage index and trade complementarity index of China and South Africa. The results show that the trade competition between China and South Africa is not strong, but the complementarity is high. China and South Africa have a sound foundation for building a free trade area, but we need to work together to overcome some difficulties.

Keywords: Emerging Economies; Brics Countries; Free Trade Area; Trade Competitiveness; Trade Complementarity

Contents ↖↘

B.12 Ideas and Prospects for Building BRICS Free Trade Area

Liu Wenge, Zhang Chuanshi / 212

Abstract: Since the establishment of the BRICS mechanism, a comprehensive and multi-level cooperation mechanism has been formed. With the growing national strength of our five countries, BRICS cooperation has become deeper and more concrete. The influence of BRICS cooperation has gone beyond the scope of the five countries and become a constructive force for promoting world economic growth, improving global governance and promoting democracy in international relations. However, as an important part and promoter of regional multilateral economic and trade cooperation, the construction of free trade area has not yet entered the agenda of BRICS cooperation mechanism building. To this end, it is necessary to analyze the great significance and necessity of BRICS countries to start negotiations on the construction of free trade area for further deepening practical cooperation, the opportunities and challenges faced by starting negotiations on free trade area, explore the feasibility and basic countermeasures to eliminate differences and enhance consensus, and start negotiations on free trade area as soon as possible.

Keywords: BRICS; Free Trade Area; Complementarity

281

皮 书

智库成果出版与传播平台

❖ 皮书定义 ❖

皮书是对中国与世界发展状况和热点问题进行年度监测，以专业的角度、专家的视野和实证研究方法，针对某一领域或区域现状与发展态势展开分析和预测，具备前沿性、原创性、实证性、连续性、时效性等特点的公开出版物，由一系列权威研究报告组成。

❖ 皮书作者 ❖

皮书系列报告作者以国内外一流研究机构、知名高校等重点智库的研究人员为主，多为相关领域一流专家学者，他们的观点代表了当下学界对中国与世界的现实和未来最高水平的解读与分析。截至 2022 年底，皮书研创机构逾千家，报告作者累计超过 10 万人。

❖ 皮书荣誉 ❖

皮书作为中国社会科学院基础理论研究与应用对策研究融合发展的代表性成果，不仅是哲学社会科学工作者服务中国特色社会主义现代化建设的重要成果，更是助力中国特色新型智库建设、构建中国特色哲学社会科学"三大体系"的重要平台。皮书系列先后被列入"十二五""十三五""十四五"时期国家重点出版物出版专项规划项目；2013~2023 年，重点皮书列入中国社会科学院国家哲学社会科学创新工程项目。

皮书网

（网址：www.pishu.cn）

发布皮书研创资讯，传播皮书精彩内容
引领皮书出版潮流，打造皮书服务平台

栏目设置

◆ **关于皮书**
何谓皮书、皮书分类、皮书大事记、
皮书荣誉、皮书出版第一人、皮书编辑部

◆ **最新资讯**
通知公告、新闻动态、媒体聚焦、
网站专题、视频直播、下载专区

◆ **皮书研创**
皮书规范、皮书选题、皮书出版、
皮书研究、研创团队

◆ **皮书评奖评价**
指标体系、皮书评价、皮书评奖

◆ **皮书研究院理事会**
理事会章程、理事单位、个人理事、高级
研究员、理事会秘书处、入会指南

所获荣誉

◆ 2008 年、2011 年、2014 年，皮书网均
在全国新闻出版业网站荣誉评选中获得
"最具商业价值网站"称号；
◆ 2012 年,获得"出版业网站百强"称号。

网库合一

2014年，皮书网与皮书数据库端口合
一，实现资源共享，搭建智库成果融合创
新平台。

皮书网

"皮书说"
微信公众号

皮书微博

权威报告·连续出版·独家资源

皮书数据库
ANNUAL REPORT(YEARBOOK) DATABASE

分析解读当下中国发展变迁的高端智库平台

所获荣誉

- 2020年，入选全国新闻出版深度融合发展创新案例
- 2019年，入选国家新闻出版署数字出版精品遴选推荐计划
- 2016年，入选"十三五"国家重点电子出版物出版规划骨干工程
- 2013年，荣获"中国出版政府奖·网络出版物奖"提名奖
- 连续多年荣获中国数字出版博览会"数字出版·优秀品牌"奖

皮书数据库　　　"社科数托邦"
　　　　　　　　微信公众号

成为用户

　　登录网址www.pishu.com.cn访问皮书数据库网站或下载皮书数据库APP，通过手机号码验证或邮箱验证即可成为皮书数据库用户。

用户福利

- 已注册用户购书后可免费获赠100元皮书数据库充值卡。刮开充值卡涂层获取充值密码，登录并进入"会员中心"—"在线充值"—"充值卡充值"，充值成功即可购买和查看数据库内容。
- 用户福利最终解释权归社会科学文献出版社所有。

社会科学文献出版社　皮书系列
SOCIAL SCIENCES ACADEMIC PRESS (CHINA)

卡号：436573258856
密码：

数据库服务热线：400-008-6695
数据库服务QQ：2475522410
数据库服务邮箱：database@ssap.cn
图书销售热线：010-59367070/7028
图书服务QQ：1265056568
图书服务邮箱：duzhe@ssap.cn

S 基本子库
SUB DATABASE

中国社会发展数据库（下设 12 个专题子库）

紧扣人口、政治、外交、法律、教育、医疗卫生、资源环境等 12 个社会发展领域的前沿和热点，全面整合专业著作、智库报告、学术资讯、调研数据等类型资源，帮助用户追踪中国社会发展动态、研究社会发展战略与政策、了解社会热点问题、分析社会发展趋势。

中国经济发展数据库（下设 12 专题子库）

内容涵盖宏观经济、产业经济、工业经济、农业经济、财政金融、房地产经济、城市经济、商业贸易等 12 个重点经济领域，为把握经济运行态势、洞察经济发展规律、研判经济发展趋势、进行经济调控决策提供参考和依据。

中国行业发展数据库（下设 17 个专题子库）

以中国国民经济行业分类为依据，覆盖金融业、旅游业、交通运输业、能源矿产业、制造业等 100 多个行业，跟踪分析国民经济相关行业市场运行状况和政策导向，汇集行业发展前沿资讯，为投资、从业及各种经济决策提供理论支撑和实践指导。

中国区域发展数据库（下设 4 个专题子库）

对中国特定区域内的经济、社会、文化等领域现状与发展情况进行深度分析和预测，涉及省级行政区、城市群、城市、农村等不同维度，研究层级至县及县以下行政区，为学者研究地方经济社会宏观态势、经验模式、发展案例提供支撑，为地方政府决策提供参考。

中国文化传媒数据库（下设 18 个专题子库）

内容覆盖文化产业、新闻传播、电影娱乐、文学艺术、群众文化、图书情报等 18 个重点研究领域，聚焦文化传媒领域发展前沿、热点话题、行业实践，服务用户的教学科研、文化投资、企业规划等需要。

世界经济与国际关系数据库（下设 6 个专题子库）

整合世界经济、国际政治、世界文化与科技、全球性问题、国际组织与国际法、区域研究 6 大领域研究成果，对世界经济形势、国际形势进行连续性深度分析，对年度热点问题进行专题解读，为研判全球发展趋势提供事实和数据支持。

法律声明

　　"皮书系列"（含蓝皮书、绿皮书、黄皮书）之品牌由社会科学文献出版社最早使用并持续至今，现已被中国图书行业所熟知。"皮书系列"的相关商标已在国家商标管理部门商标局注册，包括但不限于 LOGO（▇）、皮书、Pishu、经济蓝皮书、社会蓝皮书等。"皮书系列"图书的注册商标专用权及封面设计、版式设计的著作权均为社会科学文献出版社所有。未经社会科学文献出版社书面授权许可，任何使用与"皮书系列"图书注册商标、封面设计、版式设计相同或者近似的文字、图形或其组合的行为均系侵权行为。

　　经作者授权，本书的专有出版权及信息网络传播权等为社会科学文献出版社享有。未经社会科学文献出版社书面授权许可，任何就本书内容的复制、发行或以数字形式进行网络传播的行为均系侵权行为。

　　社会科学文献出版社将通过法律途径追究上述侵权行为的法律责任，维护自身合法权益。

　　欢迎社会各界人士对侵犯社会科学文献出版社上述权利的侵权行为进行举报。电话：010-59367121，电子邮箱：fawubu@ssap.cn。

社会科学文献出版社